中国石化
档案管理实务手册

本书编委会 编

中国石化出版社
HTTP://WWW.SINOPEC-PRESS.COM
·北京·

图书在版编目(CIP)数据

中国石化档案管理实务手册 / 本书编委会编 .
—北京：中国石化出版社，2021. 3(2025. 9 重印)
ISBN 978-7-5114-6177-3

Ⅰ. ①中… Ⅱ. ①中… Ⅲ. ①石油化工企业-档案管理-中国-手册 Ⅳ. ①G275. 3-62

中国版本图书馆 CIP 数据核字(2021)第 042842 号

中国石化出版社出版发行
地址:北京市东城区安定门外大街 58 号
邮编:100011 电话:(010)57512500
发行部电话:(010)57512575
http://www. sinopec-press. com
E-mail:press@ sinopec. com
北京科信印刷有限公司印刷
全国各地新华书店经销
*
787 毫米×1092 毫米 16 开本 27. 25 印张 350 千字
2021 年 5 月第 1 版 2025 年 9 月第 2 次印刷
定价:68. 00 元

《中国石化档案管理实务手册》编委会

《中国石化档案管理实务手册》编写组

PREFACE

前言

档案是企业核心信息资源和重要知识资产，档案工作是企业重要的基础性、支撑性工作。中国石化历来高度重视档案工作，认真贯彻落实党中央国务院关于档案工作的决策部署，主动适应生产经营与改革发展的需要，强化档案工作领导，理顺档案管理体制机制，深化档案资源建设，提升档案集约化、规范化、标准化管理水平，加快档案基础设施、档案信息化建设步伐，保障档案安全，提高服务能力，有效发挥了档案资源在服务重大决策、保障生产经营、促进科技进步、维护企业权益、推动文化建设、维护企业稳定、保护职工利益等方面的独特作用。

迈入“十四五”，中国石化构建“一基两翼三新”产业格局，打造世界领先洁净能源化工公司，对档案工作提出了更高要求，迫切需要各单位进一步加强档案人才队伍建设，加快推进档案治理体系和治理能力的现代化，高效发挥档案工作价值。为了方便广大干部员工尤其是领导干部和专兼职档案人员了解和掌握档案管理基本知识，提高业务素质和操作技能，中国石化综合管理部组织编撰了这本实务手册。本手册以国家和中国石化现行的档案法律法规、管理制度、标准规范为遵循，紧密结合工作实际，按照“如何做就如何写”的原则，精心梳理档案工作内容，认真总结中国石化上中下游各板块档案管理经验，比较全面系统地介绍了中国石化档案管理各项工作的要求、程序、步骤和方法，力求做到符合中国石化档案管理实际，简单明了，通俗易懂，具有权威性、指导性、操作性、实用性强的特点，使读者学有所依、用有所据。

希望广大干部员工尤其是领导干部和专兼职档案人员认真学习和用好这本手册，不断强化档案意识、提高档案业务能力，全面推进档案管理创新创效，在中国石化打造世界领先洁净能源化工公司进程中贡献档案力量。

CONTENTS

目录

第一篇　综合篇

第二篇　实操篇

第三篇　管理篇

第一篇

综 合 篇

第一章　档案工作概述

一、档案

（一）档案的概念

《中华人民共和国档案法》将档案的定义表述为："本法所称档案，是指过去和现在的机关、团体、企业事业单位和其他组织以及个人从事经济、政治、文化、社会、生态文明、军事、外事、科技等方面活动直接形成的对国家和社会具有保存价值的各种文字、图表、声像等不同形式的历史记录"。

《档案工作基本术语》(DA/T 1)将档案的定义表述为："国家机构、社会组织或个人在社会活动中直接形成的有价值的各种形式的历史记录"。

《中国石化档案管理办法》(中国石化制〔2020〕222 号)将档案的定义表述为："本办法所称档案是指各单位在研发、生产、服务、经营和管理等活动中形成的，具有保存价值的各种文字、图表、声像等不同形式的历史记录"。

上述档案的定义表达了 7 个方面的含义：档案的形成时间(历史性)；档案产生的主体(多元性)；档案来源渠道(广泛性)；档案形成的特点(原始性)；档案保存的目的(价值性)；档案的表现形式(多样性)；档案的本质属性(记录性)。

(二)档案的性质与作用

1. 档案的性质

(1) 档案的原始记录性。档案具有原始、直接、真实的特点，原始记录性是档案最基本的性质。原始记录性也是档案和图书、情报等文字记录的重要区别所在。

(2) 档案的信息性。除了原始记录性以外，档案和文书一样也有信息性的性质，也是一种重要的信息资源。

(3) 档案的知识性。档案的内容反映了一定历史时期的社会发展状况，人们对客观事物的认识程度以及当时生产力发展的水平，是人类知识的传承体。

2. 档案的作用

档案的作用主要表现在凭证和参考两个方面。

(1) 凭证作用。档案是历史的真凭实据。从档案的形成看，它是形成者当时、当地、当事直接使用的文件材料转化而来的，是未经任何改动的原件，即使其内容不真实、不准确，也都是原本、客观地记录了人们当时的思想和行为，是令人信服的历史证据。从档案自身特点看，它记录了形成者留下的历史真迹，是确凿无疑的原始文件和历史凭证，可以成为查考、研究、维权和处理问题时具有法律效力的依据。

(2) 参考作用。档案反映社会实践活动正反两方面的经验教训，可为后人提供广泛借鉴。它是人们查考既往实践、探索事物发展过程及其规律，总结和吸取历史经验教训，开拓创新的必备参考材料，具有广泛的情报价值。

国有企业档案作为企业各项活动的原始记录，是企业资产的载体和证据，是企业知识资产和信息资源的重要组成部分，也是国家档案资源体系的重要组成部分，是企业研发、生产、经营、管理不可缺少的依据。由于国有企业档案包含了大量重要敏感信息，不仅具有重要的信息价值，还具有极高的证据价值，事关党和国家核心利益，涉及企业的核心竞争力、职工群众的切身利益和社会稳定。在企业产品的研发、生产和销售以及提高效率、开拓市场、降低成本等方面，企业档案起到的作用是无可替代的。在企业经营管理中，档案不仅是制定战略、规范管理、维护权益的重要依据，也是追溯历史、提炼文化、凝聚人心的主要资源。

（三）中国石化档案的分类

2001 年前，中国石化各单位档案一般分为文书档案、科技档案、专业档案三类。其中科技档案包括产品档案、科学技术研究档案、基本建设档案、设备仪器档案、油气田勘探开发档案等；专业档案，又称专门档案，包括会计档案、人事档案、照片档案、录音录像档案、教学档案等。

2001 年，中国石化依据国家档案局《工业企业档案分类试行规则》，印发了《中国石化集团企业档案分类规则（试行）》（中国石化厅〔2001〕55 号）。2011 年，中国石化对规则进行了修订，下发了《中国石化档案分类规则》（中国石化办〔2011〕214 号）。规则将中国石化生产企业全部档案分为党群工作类、行政管理类、经营管理类、生产技术管理类、产品类、科学技术研究类、基本建设类、设备仪器类、会计档案类、职工档案类、油气田勘探开发类等 11 个一级类目。将科研单位、销售企业、专业公司和总部机关档案类目分为文书类、会计类、合同类、基建类、声像类、实物类和专门类。

2019 年 12 月，中国石化发布企业标准《企业档案分类规则》（Q/SH 0760—2019），该规则 2020 年 3 月 1 日开始实施。规则依据“全宗管理、标准一致、区别对待、尊重历史”的原则，将中国石化档案按照档案实体和电子档案分别进行了分类。

档案实体类目设置（见表 1-1）：每个全宗的档案实体共设置管理类、产品类、科学技术研究类、基本建设类、设备仪器类、会计档案类、人事档案类、油气田勘探开发类 8 个规定性一级类目和其他档案类 1 个选择性一级类目。

表 1-1　档案实体类目细分表

代码＼名称	一级类目	二级类目	三级类目
S1	管理类	宜按年度设置	宜按组织机构或问题设置
S2	产品类	宜按产品型号、种类设置	宜按产品名称设置
S3	科学技术研究类	宜按课题设置	宜按阶段设置
S4	基本建设类	宜按 Q/SH 0704 或 DA/T 28 标准规定设置	
S5	设备仪器类	宜按区域或装置设置	宜按专业或设备类别设置
S6	会计档案类	宜按独立核算的经济实体设置	宜按年度设置
S7	人事档案类	宜按中国石化干部人事档案管理规定要求设置	
S8	油气田勘探开发类	宜按 Q/SH 0167 标准规定设置	
S9	其他档案类	宜按不同载体或不同档案集合设置，如：光盘、磁盘、磁带、奖牌、奖杯、奖状、印章、权证等	

电子档案类目设置(见表 1-2)：依据电子文件业务领域的不同，电子档案共设置经营管理类、生产运营类、客户服务类 3 个一级类目。

表 1-2　电子档案类目细分表

代码＼名称	一级类目	二级类目	三级类目
D1	经营管理类	宜按业务系统名称设置，二级类目代码宜采用 001-999 编码	执行原系统分类架构
D2	生产运营类	宜按业务系统名称设置，二级类目代码宜采用 001-999 编码	执行原系统分类架构
D3	客户服务类	宜按业务系统名称设置，二级类目代码宜采用 001-999 编码	执行原系统分类架构

（四）全宗

1. 全宗的概念

全宗是一个独立的机关、团体、企事业单位或个人在各项活动中形成的档案有机整体，它是档案部门对档案进行管理的基本单位，也可理解为一个立档单位的全部档案。立档单位即形成档案全宗的单位，又称“全宗构成者”。

一般情况下，具备下列三个条件的单位，可构成一个立档单位，其形成的档案可以构成全宗。

（1）可以独立行使职权，并能以自己的名义单独对外行文。

（2）设有会计单位或经济核算单位，自己可以编制预算或财务计划。

（3）设有管理人事的机构或人员，并有一定的人事任免权。

2. 全宗设置要求

凡是新成立的单位，其档案构成新的全宗。几个单位撤销合并成立一个新的单位，合并后其档案自新单位成立之日起形成一个新的全宗，合并前各单位的档案各自为一个全宗。如果撤销合并是以某个原有单位为主体（核心），其他单位相关职能并入这个主体（核心）单位的，合并后其形成的档案归该主体（核心）单位的全宗管理，不另立新全宗，其他被撤销合并单位撤销合并前的档案各自为一个全宗。合并后又恢复的单位，或由于某种原因，单位中断工作，隔一段时间又恢复，其主要职能没有根本改变（职能扩大或缩小）的，不建立新的全宗。单位基本职能未发生根本变化，单位名称变更、业务范围变化、隶属关系改变、内设机构调整、工作地点变动等，其档案均不构成新全宗，但应在全宗介绍里予以说明。

从一个单位内设机构划出成立一个新的单位的，其档案自成立之日起形成新的全宗。成立之前形成的档案，属于原单位全宗。某一单位成为另一单位内设机构的，其改变前的档案为一个全宗，改变后形成的档案为新单位全宗档案的一部分，不单独构成全宗。某一单位的内设机构划归另一单位的，其划归前的档案为原所在单位全宗档案的一部分，划归后形成的档案为并入单位全宗档案的一部分。

几个单位合署办公的，如文件分别处理，它们所形成的档案应各自构成全宗，如文件统一处理，其所形成的档案构成联合全宗。

临时机构一般不单独建立全宗，其档案归入主管单位全宗统一管理。但属于党委、政府直接领导，执行全局性任务，时间较长，形成档案较多的，可单独建立全宗。

派出机构形成的档案一般不建立全宗，归入主管或派出单位全宗管理。若派出机构相对固定常设、机构较大、形成的文件材料较多、驻地较远，也可从方便管理利用角度考虑，单独建立全宗。

3. 全宗号的编制

由单位标识号和所属单位全宗流水号两部分组成。单位标识号按《企业档案分类规则》(Q/SH 0706—2019)附录 B 标识。所属单位全宗流水号由单位档案部门统一制定。

示例

TJSH 05

05——所属单位全宗流水号(天津分公司炼油部)

TJSH——单位标识号(中国石油化工股份有限公司天津分公司)

(五) 全宗卷

全宗卷是由记录和说明全宗立档单位及档案历史和现状的有关文件材料组成的专门案卷，是管理全宗档案的重要工具。

1. 全宗卷的内容(见表 1–3)

表 1–3　全宗卷内容及分类表

类号	类别	基本内容
1	全宗介绍类	全宗指南(全宗介绍)、大事记等说明全宗背景和档案状况的文件材料
2	档案收集类	档案接收和征集工作办法、标准，档案资料交接文据和相关目录，档案来源和档案历史转移过程说明材料等
3	档案整理类	文件材料分类、保管期限和归档范围的规定，档案整理工作方案、整理工作说明和小结等

续表

类号	类别	基本内容
4	档案鉴定类	档案保管期限鉴定、档案开放鉴定、档案分级鉴定、档案销毁鉴定、珍贵档案考证鉴定等鉴定工作制度、组织、方案和标准，鉴定工作形成的报告、请示及批复，鉴定及销毁处置档案的目录(清册)等
5	档案保管类	档案保管工作制度，档案安全检查、档案破损情况调查与修复(抢救)、重点档案保护等工作的记录和说明材料，档案保管状况分析和工作总结、报告等
6	档案统计类	档案基础统计台账、档案工作基本情况统计报表、档案工作统计分析材料等
7	档案利用类	档案利用制度、检索工具编制情况、档案编研与出版情况、档案展览与公布情况、珍贵档案介绍、档案利用效果典型事例等
8	新技术应用类	应用现代技术管理档案的情况记录、工作报告及说明材料，档案信息化和数字化工作情况，电子档案(文件)创建和应用环境(硬件和软件)及数据格式说明等
9	综合全宗卷	管理馆藏、全宗属类、全宗群或联合全宗的综合性业务工作规范和管理制度中涉及的多个全宗的文件材料等

2. 全宗卷的整理方法

(1) 装订。全宗卷内的文件材料以件为单位进行装订。

(2) 分类和排列。同一全宗卷的文件材料先按上述标准分入不同类目，同一类目的文件材料再按形成时间顺序排列。

(3) 编号。在每份文件材料的首页上方空白处编号。文件材料的编号格式为：全宗号-类号-件号。

全宗号：填写文件材料所属全宗的编号。

类号：用阿拉伯数字"1~9"标识表1-3所列各类别对应的类号。

件号：填写文件材料在相应类目中的流水排列序号。

示例

TJSH05-2-1

件号(档案收集类第1件文件材料)

类号(档案收集类)

全宗号(天津分公司炼油部)

(4) 编目。全宗卷中的文件材料分类别，以件为单位，按照排列顺序编制文件目录。目录格式及填写要求同管理类档案归档文件目录。

(5) 装盒。全宗卷文件材料按照分类编号顺序装盒。文件材料较多，一盒装不下时，可按分类编号顺序装入数盒。

3. 全宗卷的管理

管理全宗较多的档案馆(室)，宜将全部馆(室)藏档案的全宗卷集中保管。按照全宗编号顺序排列。保管单一全宗的档案室，全宗卷宜与档案一并保管，将全宗卷置于该全宗档案的卷首；也可以将全宗卷纸质档案目录放在一起管理。

二、档案工作

(一)档案业务工作基本内容

档案业务工作可以概括为档案的收、管、用三个方面。按照工作流程分为收集、整理、鉴定、保管、统计、检索、利用、编研 8 个环节。

1. 收集

档案收集是通过一定的方式和手续把散存在单位各部门及个人手中的档案材料集中到档案部门统一保管的工作，是档案业务工作的一个关键性、基础性环节。档案收集包括收集、征集两种形式。收集是档案部门按照单位归档制度要求，接收单位内各部门形成的应归档文件材料。征集是档案部门根据有关规定征收散存、散失档案和其他文献、实物的活动。

收集工作的基本原则是坚持"应收尽收、应归尽归"，确保归档文件的齐全、完整、准确、有效；要求档案部门树立"为现实服务、替未来着想"的管理理念，立足为企业生产经营、改革发展服务，遵循文件材料的形成规律，加强档案业务指导，细化文件材料归档范围，确保归档文件指向清楚、归档责任明确、要求具体；要强化归档管控，在完善年度归档管理的基础上，积极推行"随办随归""电子档案单套制归档"等管理模式，不断适应新形势、新载体管理需要。

2. 整理

档案整理是按照一定原则对档案实体进行系统分类、组合、排列、编号和基本编目，使之有序化的过程。档案的整理分两个阶段。一是按照“谁形成（主办）、谁整理”的原则，由形成者对归档文件材料的整理。主要是鉴别文件材料的完整性、准确性和系统性，将其组织成保管单位，并进行基本编目。二是在归档后档案部门的整理。主要是对形成部门归档的档案进行科学的分类、排列、编制档号及案卷目录等检索工具。

档案整理应遵循其自然形成规律，保持文件材料之间的有机联系，便于保管和利用。要求形成者和档案部门应严格执行国家、行业和企业档案整理规范，提升档案整理质量。如管理类文件的整理应符合《归档文件整理规则》（DA/T 22）；产品、科学技术研究、基本建设类、设备仪器、油气勘探开发等科技档案的整理应符合《科学技术档案案卷构成的一般要求》（GB/T 11822）；电子文件的整理应符合《电子文件归档与电子档案管理规范》（GB/T 18894）等。

3. 鉴定

档案鉴定工作是鉴别档案的现实价值和历史价值，确定保管期限，决定档案存毁的一项工作。档案鉴定的任务，是要解决档案的量大质杂与档案保管、利用档案要求优质化的矛盾。适时有效的鉴定工作，可以缓解档案库房库容紧张的状况，降低保管成本，优化馆藏，有效提高馆藏质量，突出重点，保护好有价值的档案。

档案鉴定工作分两个方面。一是归档前，鉴别文件材料有无保管价值，剔除无保存价值的文件材料，甄别文件材料的完整性和准确性，确保归档材料质量，划定每个保管单位的保管期限。二是在档案管理阶段，对已经达到保管期限的档案进行审查，对失去保存价值的档案作销毁处理；对具有保存价值的档案，重新确定保管期限；审查档案的密级，根据实际情况予以调整。

4. 保管

档案的保管是保护档案的安全，延长档案寿命的一项工作。包括档案保护技术工作和库房管理工作。档案保管的任务，是解决档案的易损性与社会要求长期保管和利用档案的矛盾。

5. 统计

档案的统计是对反映和说明档案及档案工作现象的数量特征进行搜集、整理和分析的活动。档案统计包括档案的收进、移出、整理、鉴定、保管、利用情况，以及档案机构、人员、经费、设备的登记和统计。档案统计是取得各种反馈信息、对档案工作进行监督的重要手段之一，是档案部门了解情况、总结经验、进行决策、制订计划的依据。

6. 检索

档案的检索又称档案编目，是对档案内容和形式进行分析、选择、浓缩和记录，并按照一定次序编排成为各种目录的工作过程。档案目录包括：①检索性目录，如案卷目录、卷内目录、分类目录、专题目录等；②介绍性目录，如档案馆指南、全宗指南等。档案的编目工作是为了解决不断增长的馆(室)藏档案与利用者对档案信息特定需要之间的矛盾。

7. 利用

档案的利用是利用者以阅读、复制、摘录等方式使用档案的活动，是以档案信息资源为前提，以利用者为服务对象，以满足利用者需求为目的，通过多种信息传输渠道和媒介传递档案信息，实现档案价值的过程。

档案利用应简化手续，方便快捷，合规安全，推荐用复制件或数字副本代替原件提供利用。

8. 编研

档案的编研是指档案部门为满足利用者对档案信息的需求，以馆(室)藏档案为对象，围绕一定主题，对档案信息进行不同层次加工，使之转化为各种形式的出版物，主动提供和报道信息的活动。档案编研包括档案信息的编纂、档案信息报道性材料的编写和档案信息撰述性资料的编写。

档案编研工作是主动开发并提供档案资源的有效手段。各单位应积极创新档案编研成果形式，深入开发档案信息资源，实现档案信息资源的开放共享，充分发挥档案作用。

（二）档案工作的基本原则

《中华人民共和国档案法》第四条规定："档案工作实行统一领导、分级管理的原则，维护档案完整与安全，便于社会各方面的利用。"

《企业档案工作规范》（DA/T 42）规定："企业档案工作应以企业资产关系为纽带，实行统一领导、统一管理、统一制度、统一标准。""企业档案工作应以满足企业各项活动在证据、责任和信息等方面的需求为导向，运用现代技术与管理方法，通过资源整合和开发，为企业研发、生产、经营、管理和持续发展提供有效服务。""企业应维护档案的完整、准确、系统与安全。"

三、档案法规体系

（一）国家法律

针对档案工作的国家法律主要包括两个方面。

（1）《中华人民共和国档案法》是我国档案工作的基本法律，是国家档案法律体系的核心。

（2）各种国家法律中有关档案工作的条款。如《中华人民共和国刑法》《中华人民共和国文物保护法》《中华人民共和国森林法》《中华人民共和国专利法》《中华人民共和国会计法》等法律中都有涉及档案的相关条款，这些条款和《中华人民共和国档案法》一样，是约束一切档案行为的准则。

（二）行政法规

国务院制定的档案方面的法规称为档案行政法规。主要包括一些决定、条例、规定、办法等，如由国务院公布的《机关档案工作条例》《档案法实施办法》等。此外，在国务院颁布的一些法规里也有与档案工作有关的条款，如《党政机关公文处理工作条例》等，也属于行政法规系列。

（三）地方性法规

全国各地方人民代表大会及其常务委员会制定的有关档案工作方面的决定、条例、规定、办法，称档案地方性法规。如《广东省档案管理规定》《河南省档案管理条例》《深圳经济特区档案与文件收集利用条例》等。这些地方性法规在本地区内有很强的针对性和操作性，对于地方档案工作的开展具有重要的指导意义。

（四）规章

（1）部门档案规章。部门档案规章是国务院各部、办、委、局制定的关于档案和档案工作的法规文件，也有些规章是几个部委联合制定的。如国家档案局制定的《档案馆工作通则》，国家档案局财政部制定的《会计档案管理办法》等。

（2）地方政府规章。地方政府档案规章是由全国各地方人民政府制定的有关档案工作方面的决定、条例、规定、办法等，是各地根据本地区具体情况制定的针对本地区档案和档案工作特点的规章，如有必要，经地方人大审议，可上升为地方性法规。如《广东省名人档案管理办法》等。

四、中国石化档案管理有关制度目录

（1）中国石化档案管理办法（中国石化制〔2020〕222 号/制度编号：JZGSH-B010208-21-052-2020-2）。

（2）中国石化总部机关档案管理实施细则（中国石化办〔2015〕361 号）。

（3）中国石化境外档案管理规定（中国石化制〔2020〕263 号/制度编号：JZGSH-B0111-22-082-2020-2）。

（4）中国石化干部人事档案管理规定（中国石化党组办〔2019〕25 号）。

（5）中国石化档案工作评价规定（中国石化办〔2011〕215 号）。

（6）中国石化管理类文件材料归档管理规定（中国石化办〔2016〕186 号）。

（7）中国石油化工集团公司决策档案管理实施细则（中国石化办〔2016〕459 号）。

（8）中国石化总部机关会议音、视频资料归档管理规范（中国石化办〔2016〕298 号）。

（9）中国石化会计档案管理办法（中国石化办〔2016〕519 号）。

（10）中国石化声像档案管理细则（中国石化办〔2011〕260 号）。

（11）中国石化建设项目档案验收细则（中国石化综〔2020〕177 号）。

（12）中国石化审计档案管理办法（中国石化审〔2019〕341 号）。

（13）中国石化安全事故档案管理办法（中国石化办〔2013〕271 号）。

（14）中国石化知识产权档案管理办法（中国石化办〔2013〕272 号）。

（15）中国石化物资采购招标投标电子文件归档管理办法（暂行）（中国石化物〔2019〕197 号）。

（16）中国石化建设工程电子招标投标交易平台电子文件归档和电子档案管理办法（试行）（中国石化办〔2018〕429 号）。

（17）中国石化档案数字化规范（中国石化办〔2013〕592 号）。

（18）中国石化业务系统电子文件归档管理规范（中国石化制〔2020〕285 号/制度编号：JZGSH- B0111-23-085-2020-1）。

（19）中国石油化工股份有限公司地质资料管理办法（石化股份油〔2016〕198 号）。

（20）中国石油化工股份有限公司地质资料电子文档管理细则（石化股份油〔2016〕222 号）。

（21）中国石油化工股份有限公司实物地质资料管理细则（石化股份油〔2016〕225 号）。

（22）中国石油化工股份有限公司对外合作矿业权区块资料包管理办法（试行）（石化股份油〔2016〕226 号）。

（23）中国石油化工股份有限公司地球物理数据灾备管理办法（试行）（石化股份油矿〔2019〕3 号）。

五、中国石化档案管理有关企业标准目录

（1）建设工程项目档案管理规范（Q/SH 0704—2016），2016 年 8 月 26 日

发布，2017年1月1日实施。

（2）企业档案分类规则（Q/SH 0760—2019），2019年12月3日发布，2020年3月1日实施。

（3）电子文件归档元数据规范（Q/SH 0761—2019），2019年12月3日发布，2020年3月1日实施。

（4）石油天然气勘探与开发地质成果报告编制格式要求（Q/SH 0166—2016），2016年11月15日发布，2017年3月1日实施。

（5）石油天然气勘探与开发地质资料立卷归档规则（Q/SH 0167—2016），2016年11月15日发布，2017年3月1日实施。

（6）地质档案元数据及著录规则（Q/SH 0347—2016），2016年11月15日发布，2017年3月1日实施。

（7）地质资料电子文件制作细则（Q/SH 0348—2010），2010年4月12日发布，2010年8月15日实施。

（8）地震勘探资料归档及保管要求（Q/SH 0391—2010），2010年12月7日发布，2011年6月1日实施。

（9）油气田地面建设工程项目竣工资料和交工技术文件编制规定（Q/SH 0249—2009），2009年2月10日发布，2009年8月20日实施。

第二章　档案工作组织和责任

一、档案工作组织

（一）国家和地方档案工作机构

1. 档案主管部门

我国档案工作实行统一领导、分级管理的原则。国家档案主管部门（国家档案局）主管全国的档案工作，负责全国档案事业的统筹规划和组织协调，建立统一制度，实行监督和指导。县级以上地方档案主管部门（省、市、县档案局）主管本行政区域内的档案工作，对本行政区域内机关、团体、企业事业单位和其他组织的档案工作实行监督和指导。乡镇人民政府应当指定人员负责管理本机关的档案，并对所属单位、基层群众性自治组织等档案工作实行监督和指导。

2. 档案馆

档案馆是集中管理特定范围专门档案的机构，分为国家档案馆、部门档案馆和企业、事业单位档案馆三类。

（1）国家档案馆。国家档案馆是归口中央或地方各级档案行政管理部门（或与有关部门）直接管理的文化事业或科学技术事业机构。包括综合档案馆和专门档案馆。

综合档案馆是按行政区划或历史时期设置的，收集和管理所辖范围内多种门类档案的档案馆。在中央设有中央档案馆、中国第一历史档案馆、中国第二历史档案馆。在地方按行政区划省(自治区、直辖市)、计划单列市、市(地、州、盟)、县(旗、市、区)分级设有综合档案馆。综合档案馆具有爱国主义教育基地、档案安全保管基地、档案利用服务中心、政府公开信息查阅中心和电子档案备份管理中心5个方面的基本职能。

专门档案馆指收集和管理某一专门领域或某种特殊载体形态档案的档案馆。如中国照片档案馆、各大中城市设立的城市建设档案馆等。

(2) 部门档案馆。部门档案馆是中央和地方某些专业主管部门所属的，收集管理本部门档案的事业机构。如国家气象局气象档案馆等。

(3) 企业、事业单位档案馆。企业、事业档案馆负责收集管理本企业、事业及其所属单位形成的档案。

3. 档案室

档案室是机关、团体、企业事业单位或其他社会组织内部设置的集中管理本单位档案的专门机构，履行本单位档案业务监督指导和档案保管利用两种职能，定期向相关档案馆移交具有长久保存价值的档案。

4. 文件中心

文件中心是集中保管并提供利用机关、事业单位处理完毕的文件的机构，是介于文件形成单位与档案馆之间的中间性或过渡性文件管理机构。文件由文件中心管理的单位，一般不再设档案室。

(二) 中国石化档案机构

中国石化档案工作实行统一领导、分级管理。

综合管理部是中国石化档案工作的归口管理部门，负责贯彻执行党和国家有关档案工作的方针政策和法律法规，制订并组织实施中国石化档案工作的发展规划、管理制度和业务标准规范；负责宏观协调、监督和指导各单位档案工作；负责中国石化总部档案管理工作。

集团公司人力资源部(党组组织部)负责对集团公司干部人事档案工作进行宏观指导、政策研究、制度建设、协调服务和监督检查，负责集中管理党组管理的领导人员、党组委托人事部管理的领导人员和总部机关(含总部部门派出机构)人员的人事档案正本。

各企事业单位、股份公司各分(子)公司负责本单位档案管理工作。目前，中国石化各单位按照企业规模分别设立了档案管理中心、档案馆、档案室负责本单位的档案管理工作。各单位的档案管理模式按照集中程度可分为集中统一管理、分级管理两种。

1. 集中统一管理模式

即企业建立了统一的档案管理制度，对全部档案实行集中或相对集中管理。如中原油田、镇海炼化、北京石油分公司。中原油田 1994 年开始实行“专业化管理、区域性服务”档案管理模式，档案管理中心(档案馆)是油田具有管理职能的档案专业化服务单位，其下属各档案室作为档案管理中心(档案馆)的派出机构，负责所在区域油田单位档案工作的监督指导、档案资料实体管理和利用服务工作。镇海炼化 2002 年在公司机构扁平化改革中，设立了公司档案馆(隶属公司综合管理部)，对公司档案工作实行统一领导、统一制度，公司各部门和二级单位产生的档案统一向公司档案馆归档。北京石油分公司 2008 年在销售系统首家成立了综合档案室(隶属总经理办公室)，对公司档案实行统一管理。

集中统一管理模式，符合国家档案局“进一步提高档案资源集中管理能力，实现更高层次上的档案集中统一管理”的要求，有利于加强企业档案工作，充分发挥企业档案部门的整体功能，是中国石化各企业档案管理的发展方向。

2. 分级管理模式

即在企业内对档案实行分级管理。如胜利油田、仪征化纤、湖南石油分公司等现行档案管理模式即属此类。胜利油田档案工作实行两级管理，在油田层面设档案管理中心，各二级单位设综合档案室。档案管理中心负责制订油田档案工作发展规划与计划，建立健全油田档案管理规章制度，指导和检查各二级单位档案管理工作，同时负责保管油田机关各部门档案和各二级单位进馆档案。各二级单位综合档案室在业务上接受油田档案管理中心的业务指导和检查，同时负责本单位档案管理工作，对本单位档案进行集中管理。这种管理模式的优点是管理灵活、职责明确、利用方便。

二、档案管理职责

（一）企业管理职责

（1）企业应贯彻国家有关档案工作法律、法规和方针政策，建立健全档案工作规章制度，完善档案管理网络，将档案工作纳入企业发展规划和工作计划，为档案工作持续发展提供保障。

（2）企业应指定1名领导班子成员分管档案工作，分管档案工作的领导要定期听取工作汇报，及时研究并协调解决档案工作中的重大问题。

（3）企业应明确负责档案管理工作的职能部门，根据《档案法》赋予的档案业务监督指导和档案保管利用两种职能，合理设置档案工作岗位，配备相应人员。各单位档案收集保管利用人员的配备要根据档案资源数量，参照《地方各级档案馆人员编制标准（试行）》（国档联发〔1985〕2号）执行；要根据本层级机构数量、下属单位数量、项目数量等配备档案业务监督指导人员。有干部人事档案业务指导职能的，还应配备相应的干部人事档案业务指导人员；要保证档案部门履行职责和开展业务所需的经费，并将档案经费纳入企业年度预算。

（4）企业应将文件形成、积累和归档要求纳入各部门、项目及专项工作职责和有关人员岗位职责，并对分管领导、部门和项目负责人及有关人员职责履行情况进行考核。

（5）企业应采取必要措施，维护和确保档案的完整、准确、系统和安全。

（6）企业资产与产权变动时应做好档案的处置工作。

（7）企业应对档案工作中做出成绩的集体或个人给予表彰和奖励；对违反有关规定造成档案损失的相关人员给予处分。

（二）企业部门职责

企业各部门是企业文件材料的形成部门，是企业档案信息资源的源头，企业各部门文件材料归档是否齐全、完整，整理是否科学，直接决定着企业档案工作的质量和利用服务水平。企业部门应履行以下档案工作职责：

（1）企业各职能或承办部门及项目负责人，应对本部门或项目归档文件的完整和系统负责。

（2）企业各职能或承办部门及项目文件形成者，应负责积累文件，并对归档文件的齐全、准确和形成质量负责。

（3）专兼职档案人员，应负责收集、整理应归档的文件，对归档文件的整理质量负责。

（三）企业档案部门职责

（1）贯彻执行档案工作的法律、法规和政策措施。业务上接受上级档案主管部门的指导和检查。

（2）适应中国石化发展要求，建立健全档案管理制度，完善档案工作流程，明确岗位职责及制定考核管理措施。

（3）指导业务部门文件材料的形成、积累和整理归档工作，研究制定具有本单位特点，覆盖全面、分类准确、指向清晰、操作性强的归档范围，落实归档要求，推进档案资源建设。

（4）统一管理本单位的档案和有关重要资料，积极开展档案统计、库房管理、安全检查、利用服务等工作。

（5）围绕本单位中心工作开展档案开发利用，积极为单位的决策管理、历史研究、生产经营、企业文化建设提供档案编研成果。

（6）组织实施档案信息化建设，管理本单位档案管理系统，不断完善其功能，有计划地开展档案数字化工作，负责电子文件的收集与管理工作。

（7）监督档案形成部门（包括项目和专项工作）归档落实情况，并实施考核；指导合资合作、驻外机构的档案工作；组织开展建设项目和专项工作档案检查验收。

（8）开展档案知识宣传与培训，不断提高全员档案意识，提高档案管理人员的理论水平和专业素质。

三、档案人员要求

中国石化档案人员应遵纪守法，忠于职守、具有专业知识。档案部门负责人应具有中级以上专业技术职称或大学本科以上学历。档案人员应具备大学专科以上学历或同等学识水平，并定期接受档案业务培训。干部人事档案的管理人员应为中共党员。当前，中国石化档案工作人员应特别注重提升以下6种能力：

（1）创新能力。积极探索档案管理的新思路、新方法，推进档案管理由传统管理方式向开放、主动、服务管理方式提升。

（2）科学规范能力。做到管理有法可依、有章可循，推进档案管理文本化、制度化、标准化建设，实现统一制度、统一标准。

（3）服务能力。坚持管理与服务并重，在不断加强档案资源建设的同时，努力开发档案信息资源为公司发展提供优质服务。

（4）信息化管理能力。积极推进档案信息化和提高电子文件的管理能力，努力实现档案信息资源采集自动化、存储数字化、管理网络化、服务人性化。

（5）综合管理能力。通过档案资源整合，进一步加强员工档案、驻外机构档案、声像档案、设备档案、产品档案和安全事故档案的管理，增强核心档案资源的保护能力，为档案开发奠定基础。

（6）档案资源开发能力。由被动的、常规的查询服务向主动的深度开发、专题编研转变。档案开发与利用要注重加强核心档案资源的保护能力，服务企业决策的信息提供能力，企业重要权益的保障能力，生产经营、工程建设、技术改造和重大活动的支持能力，改革发展历程的反应能力，先进企业文化的传承能力，企业员工正当权益的保护能力等方面的建设。

第二篇

实 操 篇

第三章 管理类档案

管理类档案是指企业在经营管理、生产技术管理、行政管理、党群工作等各项管理工作中直接形成，并办理完毕的具有保存价值的各种形式的文件材料。

一、管理类档案的收集

(一)责任分工

管理类档案的收集坚持“应收尽收、应归尽归”“谁形成、谁整理、谁归档”的原则，文件材料形成者是归档文件完整性、准确性的责任者，其形成部门是收集、整理和归档的责任主体。各部门根据工作职责、业务流程、内控管理、机构调整等变化情况，及时细化本部门归档范围，形成归档明细表，报本单位档案部门审核批准后实施。

每年初，业务部门按照归档明细表和年度归档工作安排，指定专人整理归档本部门各岗位形成的文件材料，并录入中国石化档案管理系统。

(二)归档范围

下列管理类文件材料属归档范围：

(1) 反映本单位在研发、生产、服务、经营、管理等各项活动和基本历史面貌的，对本单位各项活动、国家建设、社会发展和历史研究具有利用价值的文件材料。

（2）本单位在各项活动中形成的对维护国家、企业和职工权益具有凭证价值的文件材料。

（3）本单位需要贯彻执行的有关机关和上级单位的文件材料；非隶属关系单位发来的需要执行或查考的文件材料；社会中介机构出具的与本单位有关的文件材料；所属和控股企业报送的重要文件材料。

（4）有关法律法规规定应归档保存的文件材料。

（5）其他对本单位各项活动具有查考价值的文件材料。

下列管理类文件材料属不归档范围：

（1）有关机关和上级主管单位制发的普发性不需本单位办理的文件材料，任免、奖惩非本单位工作人员的文件材料，供工作参考的抄件等。

（2）本单位文件材料中的重份文件，无查考利用价值的事务性、临时性文件，未经会议讨论、未经领导审阅和签发的文件，一般性文件的历次修改稿、各次校对稿，无特殊保存价值的信封，不需办理的一般性来信、来电记录，单位内部互相抄送的文件材料，本单位负责人兼任外单位职务形成的与本单位无关的文件材料，有关工作参考的文件材料。

（3）非隶属关系单位发来的不需贯彻执行和无参考价值的文件材料。

（4）所属和控股企业报送的供参阅的一般性简报、情况反映，其他社会组织抄送不需本单位办理的文件材料。

管理类文件材料的归档范围及保管期限见本章附录。

（三）质量要求

1. 纸质文件

（1）归档文件应为原件，无原件的可将具有凭证作用的复制件归档。归档文件不得随意更改替换。

（2）归档文件应确保齐全、完整、准确。破损文件应予修复，字迹模糊或易退变的应复制，原件与复制件一并归档。

（3）书写材料、纸张、装订材料应符合长期保存的要求。

2. 电子文件

（1）归档电子文件格式应符合《电子文件归档与电子档案管理规范》（GB/

T 18894）要求，以文字、图像、表格组成的电子文件优先选用 PDF 格式；永久保存或明确需纸质件保存的，须同时以纸质形式归档，纸质件应与电子文件保持对应关系。

（2）纸质文件转换为电子文件的，应建立纸质文件与电子文件的对应关系。

（3）中国石化业务信息管理系统形成的电子文件，归档时应同时满足以下条件：

① 电子文件来源真实有效，由相应的信息系统生成和传输。

② 已采取防篡改措施。

③ 已转换为符合归档格式的电子文件。

（4）外部单位提供的电子文件，满足以下条件的，可以电子文件形式归档保存，不能满足的，须复制纸质件一并保存。

① 非永久保存的电子文件。

② 含有符合国家规范的电子签名。

③ 在档案存续期内，可在第三方验证真实可靠。

④ 电子文件及其电子签名等信息能被档案管理系统正常地保存和读取。

（5）磁带、光盘、胶片、移动硬盘等特殊载体存储的电子文件，须通过相关设备检测，确保载体无损、无病毒，文件信息完整、准确、可读。

（四）归档时间

管理类文件一般在次年 6 月底之前移交归档。权证文件材料、重大事件形成的文件材料应在办结后 1 周内移交归档。企业内部机构变动，人员调动、离岗时应清退的文件材料，在 1 个月内移交归档。

（五）归档手续

管理类文件移交时需履行归档手续。归档手续包括《归档材料移交书》（见图 3-1）和《归档材料目录清单》（见图 3-2）。移交时应通过归档部门主管领导审核和档案部门检查，检查无误后交接双方履行签字手续，办理移交。移交书一式二份，交接双方各持一份，档案部门持有的移交书放入全宗卷归档保存。特藏档案归档，采取密封等特殊处理专项移交。

<table>
<tr><td colspan="2"></td><td colspan="8">归档材料移交书</td></tr>
<tr><td colspan="2"></td><td>归档单位</td><td colspan="7"></td></tr>
<tr><td rowspan="7">归档单位填写</td><td rowspan="2">类别</td><td colspan="2">数量</td><td rowspan="2">类别</td><td rowspan="2">数量</td><td rowspan="2">类别</td><td rowspan="2">数量</td><td rowspan="2">类别</td><td rowspan="2">数量</td></tr>
<tr><td>非电子</td><td>电子</td></tr>
<tr><td>纸质文件材料</td><td></td><td></td><td>奖状</td><td></td><td>锦旗</td><td></td><td>证书</td><td></td></tr>
<tr><td>照片</td><td></td><td></td><td>奖杯</td><td></td><td>字画</td><td></td><td>光盘</td><td></td></tr>
<tr><td>录音、录像</td><td></td><td></td><td>牌匾</td><td></td><td>题词</td><td></td><td>其他</td><td></td></tr>
<tr><td colspan="9">数量的填写格式说明：非电子的格式为“数量+计量单位”，如19张；电子的格式为“数量+计量单位+电子文件总容量大小”，如19 张500M</td></tr>
<tr><td colspan="4">经检查，我单位本次所归档的文件材料情况如下：(说明：根据归档材料的实际情况打√选其一，缺原件或缺附件的须填上缺少的文件数量)
□ 全部为原件，正文与附件齐全、完整、准确、有效
□ 有____份文件缺原件，有____份文件共缺少附件____份
归档内容及说明(说明：内容较长时可打印在本表背面)：

附件：归档材料目录清单

归档人(签字)：
归档部门主管领导(签字)：
归档单位(公章)
年　月　日</td><td>档案部门填写</td><td colspan="4">经核对，本次归档材料的情况如下：
□ 全部符合归档要求，账物相符
□ 有部分不符合归档要求，但归档单位已经无法补救
不符合归档要求情况如下：

接收人(签字)：
档案部门(公章)
年　月　日</td></tr>
</table>

图3-1　归档材料移交书式样

归档材料目录清单

归档时间:2020年4月26日

序号	文件编号	题名	责任者	日期	密级	页数	备注
1	设备[2019]1号	关于印发2019年天然气净化专业达标指标的通知	设备管理处(炼化管理处)	20190109		7	
2	设备[2019]2号	关于印发2019年天然气处理专业达标指标的通知	设备管理处(炼化管理处)	20190109		7	
3		中原石油勘探局2019年度设备报表	设备管理处(炼化管理处)	20191231		35	
4		中原油田分公司2019年度设备报表	设备管理处(炼化管理处)	20191231		156	
5		中原油田普光分公司2019年度设备报表	设备管理处(炼化管理处)	20191231		82	
6		设备管理处(炼化管理处) 2019年工作总结	设备管理处(炼化管理处)	20191203		12	
7		中原油田车辆修理资质证书	设备管理处(炼化管理处)	20191231		26	
8		设备调拨通知单	设备管理处(炼化管理处)	20191231		3	
9		中原油田分公司各单位年度预算及执行情况	设备管理处(炼化管理处)	20191231		1	
10		收送泵专用车技术方案	设备管理处(炼化管理处)	20191031		5	
11		牵引车+管材运输半挂车技术方案	设备管理处(炼化管理处)	20191031		6	
12							

归档单位: 归档人:徐曼 接收人:赵雌霞 接收单位:

图3-2 归档材料目录清单示例

归档检查时要注意检查文件材料的附件是否齐全完整，签字、盖章是否完备；电子文件是否与纸质文件保持一致；领导人重要批示的文件处理单是否随同文件一并归档。

二、管理类档案的整理

管理类档案的整理执行《归档文件整理规则》(DA/T 22)，以件为单位进行整理。

(一)组件

1. 件的构成

一般以每份文件为一件。正文、附件为一件；文件正本与定稿(包括重要文件的历次修改稿)为一件；转发文与被转发文为一件；原件与复制件为一件；正本与翻译本为一件；中文本与外文本为一件；报表、名册、图册等一册(本)为一件(作为文件附件时除外)；简报、周报等材料一期为一件；会议纪要、会议记录一般一次会议为一件，会议记录一年一本的，一本为一件；来文与复文(请示与批复、报告与批示、函与复函等)一般独立成件，也可为一件。有文件处理单或发文稿纸的，文件处理单或发文稿纸与相关文件为一件。

2. 件内文件排序

文件材料排序时，正文在前，附件在后；正本在前，定稿在后；转发文在前，被转发文在后；原件在前，复制件在后；不同文字的文本，无特殊规定的，汉文文本在前，少数民族文字文本在后；中文本在前，外文本在后；来文与复文作为一件时，复文在前，来文在后；有文件处理单或发文稿纸的，文件处理单在前，收文在后；正本在前，发文稿纸和定稿在后。

(二)纸质文件的修整、装订、编页

1. 修整

纸质文件装订前，应对不符合要求的文件材料进行修整。修整内容包括：

去除易锈蚀、易氧化的金属或塑料装订用品，对破损文件进行修补，对字迹模糊或易退变的文件进行复制。幅面过大的文件，应在不影响其日后使用效果的前提下进行折叠。

2. 装订

纸质文件一般以件为单位装订。文件材料装订应牢固、安全、简便，做到文件不损页、不倒页、不压字，装订后文件平整，有利于文件材料的保护和管理。装订要尽量减少对文件材料本身的影响，原装订方式符合要求的，应维持不变。用于装订的材料，不能包含或产生可能损害文件的物质。不使用回形针、大头针、燕尾夹、热熔胶、办公胶水、装订夹条、塑料封等装订材料进行装订。

永久保管的纸质文件，宜采取线装法装订。页数较少的，使用直角装订（见图 3-3）或缝纫机轧边，文件较厚的，使用“三孔一线”装订。使用不锈钢订书钉或糨糊装订的，装订材料应满足文件材料长期保存的需要。10 年定期保管的文件材料、装订成册不便拆钉的刊物、书籍等文件材料可不拆钉。

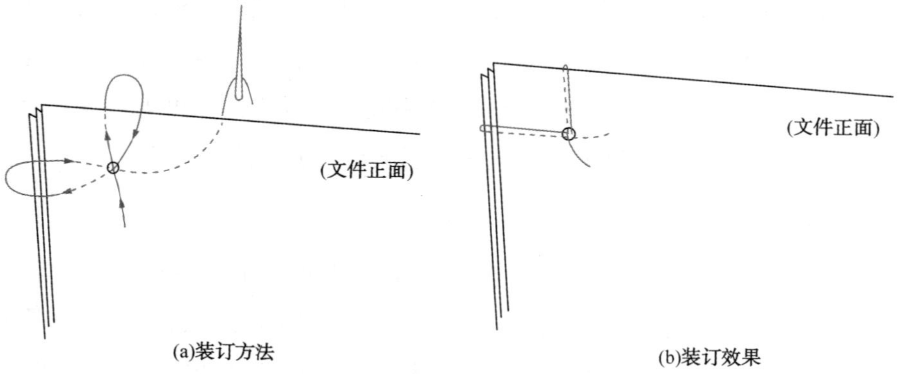

图 3-3　直角装订方法及效果

3. 编页

纸质文件材料以件为单位编制页码。页码应逐页编制，宜用打号机或黑色签字笔分别标注在文件正面右上角或背面左上角的空白位置。文件材料已印制成册并编有页码的，拟编制页码与文件原有页码相同的，可以保持原有页码不变。

（三）分类

管理类档案一般按“年度—机构（问题）—保管期限”或“年度—保管期限—机构（问题）”进行分类。规模较小或公文办理程序不适合按机构（问题）分类的立档单位，可以采取“年度—保管期限”等方法进行分类。本章选用“年度—机构（问题）—保管期限”的分类方法。即先将归档文件按年度分类，每个年度下按机构（问题）分类，再在机构（问题）下按保管期限分类。保管期限分为永久、30 年、10 年三类。年度按文件材料文件形成年度划分。跨年度形成的文件材料归入办结年度。几份文件作为一件，有多个年度时，归入最后形成年度。

示例

2019 年—经理办公室—永久

2019 年—经理办公室—30 年

2019 年—经理办公室—10 年

2019 年—人力资源部—永久

2019 年—人力资源部—30 年

2019 年—人力资源部—10 年

……

（四）排列

文件材料在分类方案的最低一级类目内，按时间结合事由排列。同一事由中的文件，按文件形成先后顺序排列。会议文件、统计报表等成套性文件可集中排列。

（五）编号

文件材料依分类方案和排列顺序编写档号。

档号的结构：全宗号-一级类目代码．年度-机构（问题）代码-保管期限-件号。上、下位代码之间用“-”连接，同一级代码之间用间隔符“．”分开。如

"TJSH05-S1. 2019-BGS-Y-1"。

全宗号：档案部门给立档单位编制的代号。编制方法见本书第一章。

一级类目代码：用"S1"标识。

年度：文件材料的形成年度，以4位阿拉伯数字标注公元纪年，如"2019"。

保管期限：保管期限分为永久、30年、10年，分别以代码"Y""30""10"标识。

机构(问题)代码：机构(问题)代码采用汉语拼音字母标识，如办公室代码"BGS"，团委代码"TW"等。文件材料不按照机构(问题)分类的，应省略机构(问题)代码。

件号：件号是文件材料在分类方案最低一级类目内的排列顺序号，用阿拉伯数字从"1"开始标识。

文件材料应在首页加盖归档章[式样见图3-4(a)]并填写相关内容。电子文件可以由系统生成归档章。归档章内容包括全宗号、年度、保管期限、机构(问题)、件号、页数。其中全宗号、年度、保管期限、件号、页数为必备项，机构(问题)可以作为选择项。为便于识记，归档章保管期限可以使用"永久""30年""10年"代码标识，机构(问题)可以用机构(问题)代码标识，也可以用规范化简称标识。归档章填写示例见图3-4(b)和图3-4(c)。

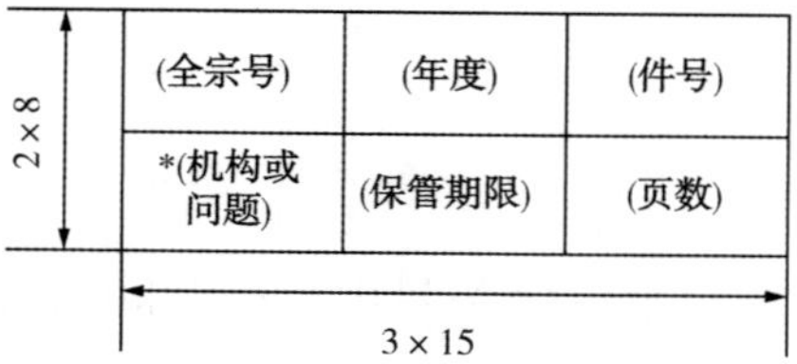

(a)归档章式样　　单位: mm

TJSH05	2019	1
BGS	Y	123

(b)归档章示例一

TJSH05	2019	1
办公室	永久	123

(c)归档章示例二

图3-4　归档章式样及填写示例

归档章加盖在文件材料首页上端空白位置。归档章不要遮盖领导批示、文章或文件内容；有文件处理单的，归档章盖在处理单上；文件首页确无盖章位置或重要文件必须保持原貌的，可在文件首页前面另附一页纸加写文件题名再加盖归档章；加盖归档章时统一使用红色印泥。填写归档章中各项目时应使用碳素墨水等符合档案保护要求的字迹材料，禁止使用圆珠笔、铅笔、纯蓝墨水等不耐久的书写材料进行填写。

(六)编目

文件材料利用中国石化档案管理系统依据档号顺序逐件编制归档文件目录。归档文件目录设置序号、档号、文号、责任者、题名、日期、密级、页数、备注等项目(见图 3-5)。

归档文件目录

序号	档号	文号	责任者	题名	日期	密级	页数	备注
1	ZYYT003-S1.2019-BGS-Y-1	中油办〔2019〕1号	中原油田分公司	关于印发《地质资料归档监管实施细则》的通知	20190102		25	

图 3-5 归档文件目录示例

序号：填写归档文件顺序号。

档号：按照管理类档案档号编制要求填写。

文号：文件的发文字号。没有文号的，不用标识。文号填写时照实抄录，发文机关代字、年度、顺序号都不能省略，如“津石化发〔2019〕45 号”。

责任者：制发文件的组织或个人，即文件的发文机关或署名者。责任者填写时使用全称或通用简称，不能使用“本厂”“本公司”等含义不明、难以判断的简称。联合发文一般将所有责任者照实抄录，责任者过多(达到或超过三个)可省略，最后要加一个“等”字。立档单位是联合发文责任者之一时，立档单位的名称不能省略。对于未署责任者的文件材料，要尽量考证出其责任者，考证出的责任者在填写时外加方括号“[ ]”。

题名：文件标题。凡文件标题能反映文件内容的，照录原标题。填写题名时，正题名能反映文件内容时，副题名一般无须抄录；没有标题、标题不规范，或者标题不能反映文件主要内容、不方便检索的，应全部或部分自拟标题，自拟内容外加方括号“[ ]”。如“通告[关于加强城市道路交通管理的通告]”“关于贯彻执行中发〔1985〕29 号文件[加强档案工作的领导]的通知”。批复不另行文，只在请示件上署上签批意见的，在请示件题名的后面补充。如“关于购买计算机的请示[批复]”。正文与附件为一件时，附件独立性强，正文题名不能反映出附件内容，在正文题名后依次列出附件题名，附件题名前加“附件×”。如“关于印发九个档案管理制度的通知[附件 1. 归档制度 2. 档案借阅制度]”。

日期：文件的形成时间，以国际标准日期表示法标注年月日，如“20190909”。

密级：文件密级按文件实际标注情况填写。没有密级的，不用标识。

页数：每一件文件材料的页面总数。文件中有图文的页面为一页。

备注：注释文件需说明的情况。如文件缺损、修改、补充、移出、销毁等。需说明的情况较多，备注栏难以填写时，可在备注栏中加注“＊”号，将具体内容填入备考表中。

归档文件目录由中国石化档案管理系统生成或使用电子表格进行编制，采用 A4 幅面，页面宜横向设置。

归档文件目录除保存电子版本外，还应打印装订成册。装订成册的归档文件目录，应编制封面。封面设置全宗号、全宗名称、年度、保管期限、机构(问题)。全宗名称填写全称或规范化简称，机构(问题)为选择项，根据实际情况选择是否填写。归档文件目录可以按年装订成册，也可每年区分保管期限装订成册(见图 3-6)。

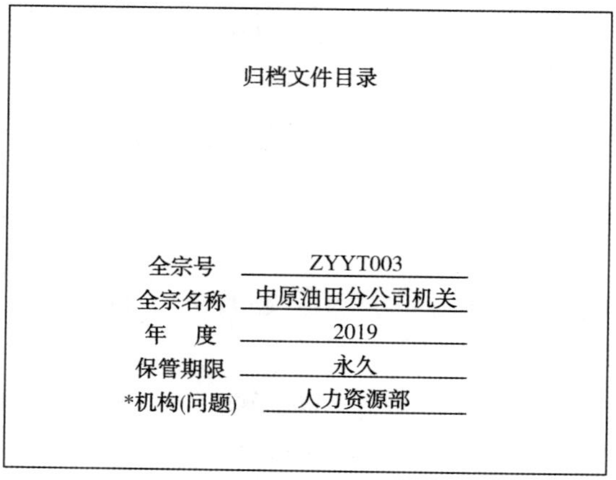
归档文件目录

全宗号 ZYYT003
全宗名称 中原油田分公司机关
年　度 2019
保管期限 永久
*机构(问题) 人力资源部

图 3-6　归档文件目录封面示例

(七)装盒

将文件材料按顺序装入档案盒，并填写档案盒盒脊及备考表项目。不同年度、机构(问题)、保管期限的归档文件不能装入同一个档案盒。

1. 档案盒

档案盒封面应标明全宗名称(见图3-7)。档案盒的外形尺寸为310mm×220mm(长×宽),盒脊厚度可以根据需要设置为20mm、30mm、40mm、50mm等。

档案盒根据摆放方式的不同,在盒脊或底边设置全宗号、年度、保管期限、起止件号、盒号等必备项,并可设置机构(问题)等选择项(见图3-8)。其中,起止件号填写盒内第一件文件和最后一件文件的件号,起件号填写在上格,止件号填写在下格;盒号即档案盒的排列顺序号,推荐使用同一全宗下按年度流水排列。档案盒应采用无酸纸制作。

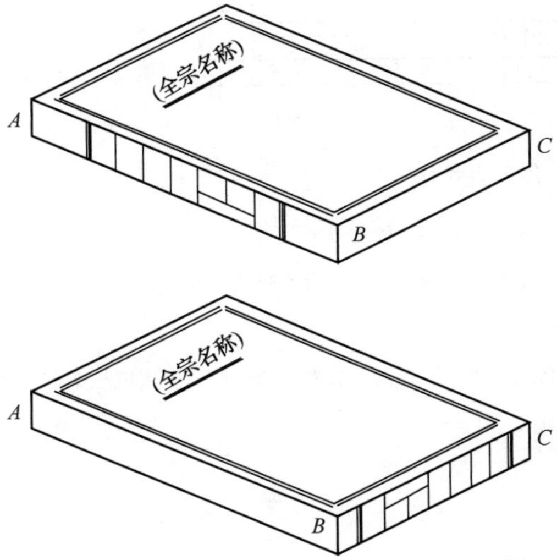

A=B=C=20mm、30mm、40mm、50mm等

图3-7 档案盒封面式样及规格

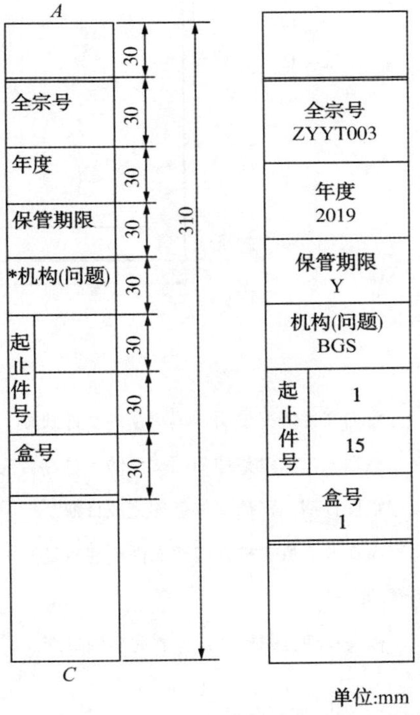

(a)档案盒盒脊式样 (b)档案盒盒脊示例

图3-8 档案盒盒脊式样及示例

2. 备考表

备考表置于盒内文件之后,项目包括盒内文件情况说明、整理人、整理日期、检查人、检查日期(见图3-9)。

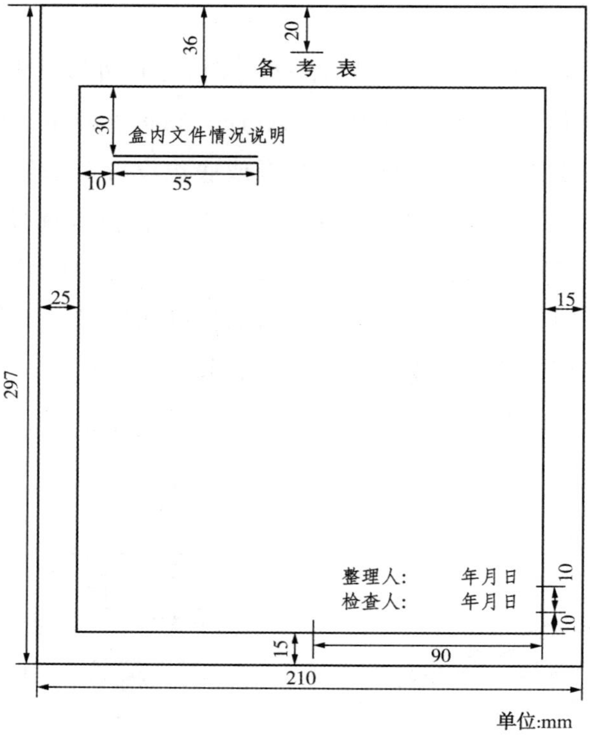

图 3-9 备考表式样

盒内文件情况说明：填写盒内文件缺损、修改、补充、移出、销毁等情况。

整理人：负责整理归档文件的人员签名或签章。整理人一般为归档部门兼职档案人员。

整理日期：归档文件整理完成日期。

检查人：负责检查归档文件整理质量的人员签名或签章。检查人一般为归档部门负责人或档案部门档案管理人员。

检查日期：归档文件检查完毕的日期。

三、决策档案的收集整理

决策档案是指各单位在执行“三重一大”决策制度过程中形成的，反映决策过程和决议的文字材料及图表、声像等各种原始记录。

1. 职责分工

（1）公司办公室（党委办公室）负责根据领导班子会、党委常委会、党委全委会议定的“三重一大”等决策事项，按季度形成“三重一大”决策事项清单，并于下季度首月10日之前将决策事项清单(纸质版和电子版)反馈档案部门(见图3-10)；负责决策审定文件的收集、整理，按季度随决策事项清单向档案部门归档；负责督促各提报部门根据“三重一大”决策事项清单，及时向档案部门归档决策前期文件和执行文件；负责配合档案部门做好决策档案管理的检查与考核。

××单位“三重一大”决策事项清单

序号	上会时间	会议类型			决策事项	是否当会决策	决策审定文件归档情况	提报部门	提报部门归档工作		备注
		领导班子会	党委常委会	党委全委会					负责人	联系电话	

编制人(签字): 接收人(签字):
编制单位(盖章): 接收单位(盖章):

注:1.公司办公室(党委办公室)负责“三重一大”决策事项清单的建立，并按季度向档案部门反馈。
2.“决策审定文件归档情况”需详细注明已归档文件名称。
3.“备注”中注明决策事项是否涉及多个部门、前期决策会议是否讨论及讨论时间等。
4.本清单一式两份，公司办公室(党委办公室)、档案部门各一份。

图3-10 “三重一大”决策事项清单式样

(2) 档案部门负责决策档案管理的业务指导、检查与考核，负责决策档案的接收。

(3) 各提报部门负责决策前期文件和执行文件的收集、整理和归档；应明确负责文件材料收集人，做好文件材料收集核对、整理编目和归档移交工作。决策事项涉及两个及以上部门的，由主办部门统一归档。

2. 归档范围

(1) 决策前期文件。

重大事项决策的启动程序文件材料：决策提出依据文件(合资合作会谈记录)、初步可行性论证、签报、会议纪要、组织实施方案等。

决策方案拟制形成的文件材料：调研、重大事项决策草案及说明、有关法律和政策依据、各方面提出的主要意见、意见处理情况和理由说明、评估论证报告及评审意见、风险评估报告等。

合法性审查形成的文件材料：各级审查论证意见及对意见处理的情况和理由说明、主要调研成果报告等。

（2）决策审定文件。

即集体讨论审定形成的文件材料：会议通知、参会人员名单、审议审定会议的原始记录、决议会议纪要、会议汇报材料等。

（3）决策执行文件。

审定后形成的文件材料：上级审批文件，与有关单位协商来往函件，主办部门向公司决策班子报送的材料，决策执行效果评估、决策执行责任等。

合资合作事项签署的战略协议、备忘录及会议议程、参会人员名单等。

（4）其他具有保存价值的文件材料。

3. 归档要求

（1）归档文件须为原件，归档后不得随意更改替换。

（2）归档单位应确保各决策程序文件及文件内容的完整，任何人不得拒绝归档。

（3）书写材料、纸张、装订材料应符合长期保存的要求。

（4）电子文件须打印纸质件一并归档保存。

（5）光盘、移动硬盘、磁带等特殊载体存储的文件，须通过相关设备检测，确保载体无损、无病毒，文件信息完整、准确、可读。

（6）实物档案应整洁、无破损，并附背景说明信息。

（7）绝密、核心商业秘密及严格控制知悉范围的（如决策审定文件等），密封处理后移交归档。

（8）决策事项清单和决策审定文件、会议纪要按季度向档案部门归档；会议记录本等持续记录文件按年度归档；决策前期文件、决策执行文件按季度归档。

4. 整理要求

（1）决策档案按“一事一档”整理立卷，统一编制档案号，一项决策为一个档案号。档号结构同管理类档案。

示例

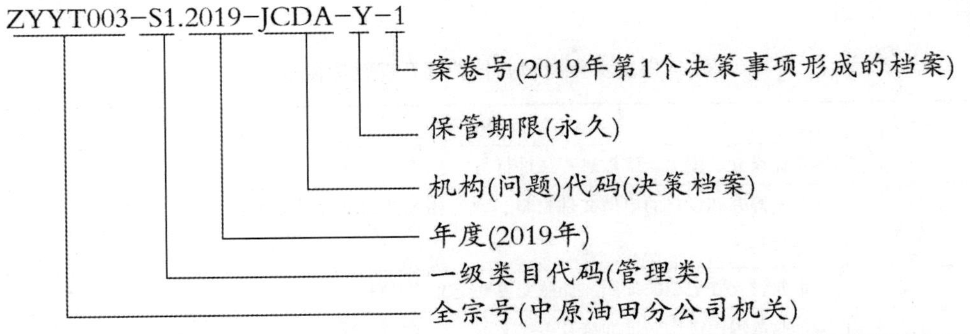

（2）每一档案号内的文件材料以“件”为保管单位，按形成时间顺序排列。编目、装订方法同管理类文件材料。

（3）决策档案保管期限一般为“永久”。

（4）决策档案应建立专题目录、实行专人专柜管理。

附录

管理类文件材料归档范围及保管期限表

序号	归档范围	保管期限
1	本企业设立、变更、解散过程文件材料	
1.1	本企业筹办和设立的申请文件材料、政府相关部门批准设立本企业的相关文件材料	永久
1.2	本企业设立登记相关证照、证照变更登记文件材料	永久
1.3	本企业章程送审稿、批准稿及正式文本	永久
1.4	企业合并、分立、改制、上市、破产、解散或其他变更公司形式等过程中形成的文件材料	永久
2	本企业董事会、监事会、股东会构成及变更等方面的文件材料	
2.1	本企业董事会、监事会、股东会构成及变更文件材料，发起人协议	永久
2.2	董事会、监事会、股东代表大会会议形成的文件材料	
2.2.1	会议通知、议程、报告、决议、决定、公报声明、记录、领导人讲话、总结、纪要、讨论通过的文件材料、参加人员名单	永久
2.2.2	讨论未通过的文件材料	10年
2.3	董事、监事、股东履职和维护权益过程形成的文件材料	
2.3.1	重要的	永久
2.3.2	一般的	30年
3	本企业资本登记、资本变动、融资文件材料	
3.1	国有资产管理部门对本企业国有资本金核算、确认、划转、变更的文件材料	永久
3.2	其他非国有组织或机构资本对本企业投资、投入核算登记、确认文件材料	永久
3.3	本企业证券和股票发行、增资扩股、股权变更等文件材料	
3.3.1	上市辅导和准备阶段形成的文件材料	
3.3.1.1	评估报告、审计报告、承销商出具的核查意见，股票发行上市辅导汇总报告、发行人律师意见书，律师工作报告，股东大会决议，董事会通过的资金运用方案决议，固定资产投资项目建议书，招股说明书及发行公告(含财务报告、盈利预测报告)	永久
3.3.1.2	与中介机构签订的上市辅导协议、尽职调查材料	30年
3.3.2	发行申请书、证监会核准文件材料、审核过程中提出的审核反馈意见	永久

续表

序号	归档范围	保管期限
3.3.3	股票发行申请报告及证券交易所的批复、发行方案、股票发行定价分析报告、路演推介文件材料	永久
3.3.4	上市推荐书、上市公告书、确定股票挂牌简称的函	永久
3.3.5	股票首次发行过程中形成的其他文件材料	
3.3.5.1	重要事项	永久
3.3.5.2	一般事项	30 年
3.3.6	股票增发、配股文件材料	永久
3.3.7	增资扩股文件材料	永久
3.3.8	股权转让文件材料	永久
3.3.9	债权融资文件材料	永久
3.4	本企业股东、股权登记文件材料	永久
3.5	本企业融资工作中形成的其他文件材料	
3.5.1	重要事项	永久
3.5.2	一般事项	30 年
4	本企业资产管理文件材料	
4.1	资产权属证明文件材料	
4.1.1	本企业土地、房屋、基础设施等不动产产权登记文件材料，重要的技术装备、设备等固定资产登记文件材料，自然资源的所有权、使用权、收益权等申请、批准、登记的文件材料	永久
4.1.2	本企业拥有的商标权、专利权、著作权、计算机软件、商业秘密、技术诀窍等知识产权创造、申请、审批、登记、运用、保护和管理中产生的文件材料	永久
4.1.3	本企业特许经营权证文件材料，本企业资质认证、商誉评估、信用评级等文件材料	永久
4.1.4	本企业其他固定资产和无形资产权属文件材料	永久
4.1.5	本企业境外资产与产权权属文件材料	
4.1.5.1	重要的	永久
4.1.5.2	一般的	30 年
4.2	本企业资产与产权转让、买卖、抵押、租赁、许可、变更、清算、评估、处置、注销等资产变动文件材料，因产权变动所致职工身份变化的材料	永久
4.3	本企业其他债权、债务登记文件材料	
4.3.1	重要的	永久

续表

序号	归档范围	保管期限
4.3.2	一般的	30年
4.4	境内、外投资文件材料	
4.4.1	投资企业董事会、股东会文件材料、投资企业的财务报告、红利分配文件材料，股权证、转让协议等股权管理文件材料	永久
4.4.2	本企业在并购、参股、股权受让、基金业务及债权型投资等投资业务中形成的其他文件材料	
4.4.2.1	重要的	永久
4.4.2.2	一般的	30年
5	本企业总经理办公会、党政联席会会议文件材料	
5.1	通知、议程、报告、决议、决定、公报声明、记录、领导人讲话、总结、纪要、讨论通过的文件材料，参加人员名单	永久
5.2	讨论未通过的文件材料	10年
6	本企业召开的工作会议、专题会议的文件材料	
6.1	请示、批复、通知、名单、日程、报告、讲话、总结、决议、决定、纪要、媒体宣传报道、录音录像	
6.1.1	重要的	永久
6.1.2	一般的	30年
6.2	代表发言、经验交流文件材料、简报	10年
7	本企业承办的大型展览会、博览会、论坛、学术会议、国际性会议的文件材料	
7.1	请示、批复、申办和筹办组委会组建文件材料、主要活动安排、议程、名单、主报告(原文及译文)、辅助报告(原文及译文)，领导人贺词、题词、讲话，会徽设计、简报、新闻报道	永久
7.2	代表发言、经验交流	30年
7.3	委员会、分会会议和学术会议的讨论记录，会议代表登记表、接待安排	30年
8	有关机关和上级主管部门领导、社会知名人士检查、视察、调研本企业工作时形成的文件、工作汇报、录音录像等文件材料	
8.1	重要的	永久
8.2	一般的	30年
9	本企业向有关机关、上级主管单位的请示、报告与有关机关、上级主管单位批复、批示	
9.1	重要事项	永久

续表

序号	归档范围	保管期限
9. 2	一般事项、无批复重要事项	30 年
9. 3	无批复的一般事项	10 年
10	本企业收到的有关机关、上级主管单位等相关机构制发的文件材料	
10. 1	涉及本企业经营管理重要事项和其他重要事项的文件材料	永久
10. 2	与本企业经营管理等工作有关的一般性文件材料	10 年
11	本企业与金融机构、中介机构及其他组织和个人来往文件材料	
11. 1	本企业非资本经营业务中与银行、保险、证券、基金管理等金融机构业务往来的文件材料	
11. 1. 1	重要事项	永久
11. 1. 2	一般事项	30 年
11. 2	本企业非资本经营业务中与会计、审计、法律事务所等机构往来文件材料	
11. 2. 1	重要事项	永久
11. 2. 2	一般事项	30 年
11. 3	本企业与所属境外企业和机构业务往来文件材料	永久
11. 4	本企业与其他单位或个人发生业务关系形成的文件材料	
11. 4. 1	本企业签署的战略合作协议、重要谈判的合同协议	永久
11. 4. 2	本企业签署的长期合同或协议及其补充件	
11. 4. 2. 1	重要的	永久
11. 4. 2. 2	一般的	30 年
11. 4. 3	本企业签署的短期合同或协议及其补充件	
11. 4. 3. 1	重要的	30 年
11. 4. 3. 2	一般的	10 年
11. 5	本企业对其他单位或个人的资信调查、客户管理等文件材料	
11. 5. 1	重要的	30 年
11. 5. 2	一般的	10 年
11. 6	本企业对外发布的公告、公示等文件材料	
11. 6. 1	重要事项	永久
11. 6. 2	一般事项	30 年
12	直属单位、所属和控股企业的请示、报告、函与本企业的批复、复函等文件材料	
12. 1	重大问题	永久
12. 2	一般性问题	30 年

续表

序号	归档范围	保管期限
13	本企业经营决策、建设项目(含境外项目)管理、企业管理、资本经营、财务、物资管理、产品与服务业务管理、市场开发与营销、产品与服务销售管理、售后服务管理、客户信息、信誉、统计等管理工作文件材料	
13.1	经营计划、决策文件材料	
13.1.1	本企业中长期规划、纲要,重要的经营决策文件材料	永久
13.1.2	本企业年度计划、任务目标、总结、统计文件材料	永久
13.1.3	本企业半年、季度、月份等计划、总结、统计文件材料	10年
13.1.4	本企业、所属和控股企业的经营目标责任书、业绩考核评价文件材料	30年
13.2	建设项目工作文件材料	
13.2.1	建设项目工作规划、计划、总结等文件材料	永久
13.2.2	建设项目工作制度、办法、规定等文件材料	永久
13.2.3	项目前期立项、规划、论证、设计、招投标、协议、合同、申请、审批等文件材料	永久
13.2.4	项目检查、竣工验收、重要的专项报告、审批意见	永久
13.3	企业管理文件材料	
13.3.1	企业管理规划、计划、总结、实施方案、制度、规定、办法等	永久
13.3.2	企业管理方案实施、检查验收文件材料	30年
13.4	资本经营工作文件材料	
13.4.1	资本经营工作规划、计划、总结、条例、制度、办法、规定、决定等	永久
13.4.2	资本经营工作通知、纪要、记录、调研报告	30年
13.5	财务工作文件材料	
13.5.1	财务管理制度、规定、办法、总结	永久
13.5.2	财务管理工作计划、报告、通知	30年
13.5.3	固定资产新增、报废、调拨文件材料	30年
13.5.4	生产财务和成本核算文件材料	永久
13.5.5	资金管理、价格管理、会计管理文件材料	永久
13.5.6	本企业税务登记、交纳、减免、返还等工作文件材料	永久
13.5.7	本企业经营盈亏情况报告、报表	
13.5.7.1	重要的	永久
13.5.7.2	一般的	30年
13.5.8	本企业财务预、决算报告	永久
13.6	物资管理文件材料	

续表

序号	归档范围	保管期限
13. 6. 1	物资管理工作制度、规定、办法	永久
13. 6. 2	物资台账、统计报表	30 年
13. 6. 3	物资分配计划、记录	10 年
13. 6. 4	物资采购审批手续、招投标文件材料、合同、协议、来往函件，物资保管台账、出入库记录等	
13. 6. 4. 1	重要物资的	30 年
13. 6. 4. 2	一般物资的	10 年
13. 7	产品与服务管理文件材料	
13. 7. 1	产品与服务发展规划、计划、总结等	永久
13. 7. 2	产品与服务管理制度、办法、规定等	永久
13. 7. 3	调查研究文件材料	
13. 7. 3. 1	产品与服务市场调查、技术调查、考察、预测报告、调研综合报告	10 年
13. 7. 3. 2	产品与服务的技术、经济可行性研究报告，市场需求分析报告、收益预测分析报告	30 年
13. 7. 4	产品与服务决策文件材料	
13. 7. 4. 1	产品与服务发展建议书、技术建议书、协议书、委托书、合同等	永久
13. 7. 4. 2	专题分析报告、专题会议纪要	30 年
13. 7. 4. 3	研制或开发计划、方案及方案论证报告	30 年
13. 7. 5	阶段评审文件材料	30 年
13. 8	市场开发与营销	
13. 8. 1	市场营销工作总结、制度，营销组织、市场网络建设、境外市场拓展、品牌建设等文件材料	永久
13. 8. 2	市场营销工作规划、计划等	30 年
13. 8. 3	产品销售计划文件材料，产品订货会、市场分析和用户调查文件材料	30 年
13. 8. 4	产品市场推广、营销宣传等文件材料	30 年
13. 8. 5	业务开办、产品上市或终止的申请、报备、批复等文件材料	永久
13. 9	销售管理文件材料	
13. 9. 1	销售管理制度、规定、办法，销售合同、协议、函件	永久
13. 9. 2	售后服务文件材料	30 年
13. 10	客户信息及资信调查文件材料	
13. 10. 1	重要客户的	永久
13. 10. 2	一般客户的	30 年

续表

序号	归档范围	保管期限
13.11	企业认证、达标等活动的呈报、审批文件材料，企业获得的资质、信誉证书方面的文件材料	永久
13.12	企业形象宣传文件材料	永久
13.13	统计工作文件材料	
13.13.1	统计工作制度、规定、办法，综合性统计报表	永久
13.13.2	生产、技术、经济统计报表及分析文件材料，工业普查报表	永久
13.13.3	一般性统计分析文件材料	30年
14	本企业生产组织、质量管理、能源管理、设备管理、安全、环保、计量管理、科技管理、信息化管理、标准、图书情报等管理工作文件材料	
14.1	生产组织工作文件材料	
14.1.1	生产组织工作制度、办法、总结等	永久
14.1.2	生产组织工作规划、计划、报告	30年
14.1.3	生产作业计划编制、执行及调度工作文件材料	10年
14.1.4	生产调度会议记录	30年
14.1.5	生产活动分析文件材料	10年
14.2	质量管理工作文件材料	
14.2.1	质量工作条例、制度、规定、总结，质量体系建设、运行及管理文件材料，产品创优获奖证书	永久
14.2.2	质量工作规划、计划、措施	30年
14.2.3	产品质量检测、化验、试验文件材料	30年
14.2.4	全面质量管理工作形成的文件材料	30年
14.2.5	质量异议处理、事故分析及处理文件材料、质量认证、检查、评比文件材料	永久
14.2.6	产品召回、理赔等文件材料	永久
14.3	能源管理工作文件材料	
14.3.1	能源管理工作规定、总结	永久
14.3.2	能源管理计划、统计报表，能源消耗定额管理文件材料	30年
14.3.3	节能工作文件材料	30年
14.4	设备仪器管理工作文件材料	
14.4.1	设备仪器管理工作制度、规定、办法、总结等	永久
14.4.2	设备仪器管理工作规划、计划等	30年
14.5	安全生产工作文件材料	

续表

序号	归档范围	保管期限
14.5.1	安全技术管理制度、办法、总结，自然灾害、生产安全事故抢救、调查、处理文件材料	永久
14.5.2	安全技术管理规划、计划、通报、会议记录、安全体系建设文件材料等	30年
14.5.3	安全、消防教育、应急演练活动文件材料	10年
14.6	环境保护工作文件材料	
14.6.1	环境保护工作制度、总结，环保调查、监测、分析文件材料	永久
14.6.2	环境保护工作规划、计划	30年
14.6.3	环境影响评价书、环保污染防治措施、总结、报告，污染事故抢救、调查、处理文件材料	永久
14.7	计量管理工作文件材料	
14.7.1	计量工作制度、规定、办法、总结等	永久
14.7.2	计量工作规划、计划等	30年
14.7.3	计量设备、仪器、器具定期检查记录	10年
14.8	科技管理工作	
14.8.1	科技管理工作制度、总结，新产品开发、科技攻关项目、科技成果管理、技术引进文件材料	永久
14.8.2	科技发展规划、计划、办法等	30年
14.8.3	技术革新与合理化建议文件材料	10年
14.8.4	学术交流活动文件材料	10年
14.9	信息化管理工作文件材料	
14.9.1	企业信息化管理制度、总结等文件材料	永久
14.9.2	信息化发展规划、计划、办法等	30年
14.9.3	企业信息化总体设计方案，信息系统设计、开发、实施过程评审文件材料	30年
14.9.4	信息系统运行维护、数据管理、安全保密等的方案、记录、报告	30年
14.10	标准管理工作文件材料	
14.10.1	标准工作制度、规定、办法、总结，企业基础标准、技术规范、管理标准、工作标准、生产技术规范编写、评审、发布文件材料	永久
14.10.2	标准工作规划、计划等	30年
14.11	图书、情报工作文件材料	
14.11.1	图书、情报工作制度、规定、办法、总结	永久
14.11.2	图书、情报工作规划、计划等	30年

续表

序号	归档范围	保管期限
15	本企业组织机构设置、人力资源、文秘、机要、档案、保密、保卫、综合治理、信访、法律、外事、风险管理、内控与审计、社会责任、基本建设管理等管理工作文件材料	
15.1	本企业组织机构设置、撤并、名称变更、岗位职责设计、人员编制、印信启用和作废等文件材料	永久
15.2	人力资源管理工作文件材料	
15.2.1	人力资源规划、工作计划、制度、办法、决定、报告等	永久
15.2.2	企业人员录用、转正、聘任、调资、定级、停薪留职、辞职、离退休、死亡、抚恤、安置等文件材料	永久
15.2.3	干部和职工的任免、升降、奖惩、考核、职称评聘等方面文件材料	永久
15.2.4	老干部、离退休人员管理有关文件材料	永久
15.2.5	企业人员薪酬、待遇等劳动人事管理文件材料	永久
15.2.6	企业签订的劳动合同	永久
15.2.7	企业先进单位、劳动模范、先进工作者的文件材料	
15.2.7.1	本企业及省部级(含)以上表彰、奖励的	永久
15.2.7.2	其他表彰、奖励的	30年
15.2.8	对本企业有关人员的处分文件材料	
15.2.8.1	受到警告(不含)以上处分的	永久
15.2.8.2	受到警告处分的	30年
15.2.9	本企业人员参加社会保障、医疗保险、商业保险、住房公积金、劳动保护、职业安全、医疗卫生、计划生育等文件材料	永久
15.2.10	企业职工培训工作文件材料	
15.2.10.1	重要的	30年
15.2.10.2	一般的	10年
15.2.11	职工调动工作的行政、工资关系的介绍信及存根	永久
15.2.12	职工名册	永久
15.3	文秘、机要、档案、保密工作文件材料	
15.3.1	文秘、机要、档案、保密工作制度、规定、办法、总结等文件材料	永久
15.3.2	文秘、机要、档案、保密工作规划、计划文件材料	30年
15.3.3	档案开发、编研成果，档案移交清单、销毁清册	永久
15.3.4	保密资格认证方案、申请、审查、批准文件材料	30年
15.3.5	保密工作检查方案、通知、结论、通报等文件材料	30年

续表

序号	归档范围	保管期限
15. 4	安全保卫工作	
15. 4. 1	安全保卫、民兵、预备役工作规划、计划、总结、报告、报表等	30 年
15. 4. 2	保卫部门的安全检查、调查方案、记录、通报	30 年
15. 4. 3	自然灾害防范、交通管理文件材料	30 年
15. 5	综合治理工作文件材料	
15. 5. 1	重要事项	永久
15. 5. 2	一般事项	30 年
15. 6	信访工作文件材料	
15. 6. 1	重要事项	永久
15. 6. 2	一般事项	30 年
15. 7	法律工作文件材料	
15. 7. 1	五年普法规划、年度计划、规章、制度、办法等	30 年
15. 7. 2	法院判决书、调解书等诉讼和仲裁等文件材料	永久
15. 7. 3	一般法律事务工作文件材料	30 年
15. 7. 4	案件、纠纷、行政处罚、复议文件材料及公证事务中结论性材料	永久
15. 7. 5	案件、纠纷、行政处罚、复议文件材料及公证事务中调查、协调过程形成的文件材料	30 年
15. 8	外事工作文件材料	
15. 8. 1	国际交往中发表的公报，签订的协议、协定、备忘录，重要的会谈记录、纪要等	永久
15. 8. 2	出访考察、参加国际会议、接待来访等外事活动、出访审批文件材料	永久
15. 8. 3	产品进出口审批和办理手续、执行日程、考察报告等一般性文件材料	30 年
15. 9	风险管理、内控、审计工作文件材料	
15. 9. 1	风险管理、内控、审计工作制度、总结，审计意见、审计报告、专项审计通知、报告、批复、结论、调查与证明等文件材料	永久
15. 9. 2	风险管理、内控与审计工作方案、计划、报告、纪要等	30 年
15. 9. 3	内部控制管理手册、风险识别、评估、控制等过程形成的文件材料，重大风险评估报告，风险管理体系建设文件材料	30 年
15. 10	社会责任工作文件材料	
15. 10. 1	本企业社会责任报告	永久
15. 10. 2	参与和投入社会公益、慈善、捐赠事业的记录文件材料	永久
15. 10. 3	赈灾、扶贫、献血、拥军优属等文件材料	永久

续表

序号	归档范围	保管期限
15.11	本企业的史、志、年鉴、大事记、组织沿革等编研成果，本企业编辑出版的书、报、刊等出版物	永久
15.12	本企业编制的简报、工作信息	30年
15.13	本企业编制的通报、情况反映、参考资料等	10年
15.14	基本建设管理文件材料	
15.14.1	基本建设工作管理制度、规定、办法、总结	永久
15.14.2	基本建设工作规划、计划，专项工作通知等文件材料	30年
16	本企业党、团、工会等党群工作文件材料	
16.1	企业党员代表大会、职工代表大会、共青团代表大会	
16.1.1	请示、批复、批示、通知、名单、议程、报告、领导人讲话、选举结果、会议记录、讨论通过的文件、决议、纪要、公告等文件材料	永久
16.1.2	大会发言、交流、会议简报	10年
16.1.3	重要的贺信、贺电，筹备工作、选举工作中形成的文件材料，小组会议记录、会务工作安排、总结等文件材料	10年
16.1.4	讨论未通过的文件材料	10年
16.2	党委会、党委常委会、工会委员会、工会会员代表大会、共青团常委(扩大)会，党群机关办公会会议文件材料	
16.2.1	通知、议程、报告、决议、决定、公报声明、记录、领导人讲话、总结、纪要、讨论通过的文件、参加人员名单	永久
16.2.2	讨论未通过的文件材料	10年
16.3	党务综合性工作	
16.3.1	各项条例、规章制度、办法，工作计划、总结，“三重一大”等重要专项活动工作通知、报告，重要调研文件材料、党务工作大事记等	永久
16.3.2	情况反映、工作简报及一般文件材料	30年
16.4	组织工作	
16.4.1	党员干部考察、考核、任免、政审决定等	永久
16.4.2	入党、转正、退党、转入、转出等决定及党员名册，党团组织关系的介绍信及存根	永久
16.4.3	党委(党组)组织工作规章制度	永久
16.4.4	党群机构设置、调整、人员编制等方面决定及通知	永久
16.4.5	党费收支文件材料	30年
16.4.6	党员学习教育等活动形成的文件材料	

续表

序号	归档范围	保管期限
16. 4. 6. 1	重要的	永久
16. 4. 6. 2	一般的	10 年
16. 4. 7	党员统计年报	永久
16. 5	企业宣传统战工作报告、会议纪要、调研、计划、总结文件材料、民主党派人员名单登记、活动记录、精神文明建设方面文件材料	
16. 5. 1	重要的	永久
16. 5. 2	一般的	30 年
16. 6	纪检与监察工作	
16. 6. 1	纪检与监察工作的规定、决定、通报、通知、会议记录、纪要、计划、总结	永久
16. 6. 2	党风廉政反腐工作文件材料	30 年
16. 6. 3	违纪案件立案报告、调查依据、审查结论、处理意见等文件材料	
16. 6. 3. 1	重大案件	永久
16. 6. 3. 2	一般案件	30 年
16. 7	工会、女工、共青团工作规划、年度计划、总结、规章制度、决定、通知、会议记录	永久
16. 8	职工民主管理、表彰先进、劳保福利、职工维权、工会会费与财务管理文件材料、工会统计年报、工会会员名册	永久
16. 9	女工工作、劳动竞赛、文体活动、计划生育等方面文件材料	
16. 9. 1	重要的	永久
16. 9. 2	一般的	10 年
16. 10	共青团组织发展、劳动竞赛、表彰先进、团费管理、文体活动等文件材料	
16. 10. 1	重要的	永久
16. 10. 2	一般的	10 年
16. 11	民间团体工作，民政协调工作中形成的文件材料	
16. 11. 1	民间团体设立、变更、撤销等的请示、批复、章程等文件材料	永久
16. 11. 2	民间团体活动过程形成的文件材料	
16. 11. 2. 1	重要事项	30 年
16. 11. 2. 2	一般事项	10 年
17	本企业其他事务管理文件材料	
17. 1	企业接待工作计划、方案，重要来宾有关的照片、录音、录像、题词、讲话、批示等	

续表

序号	归档范围	保管期限
17.1.1	重要的	永久
17.1.2	一般的	30年
17.2	企业住房房产分配、出售、出租工作文件材料	永久
17.3	企业职工承租、购置企业房产的合同、协议和有关手续	永久
17.4	新闻媒体对本企业重要活动、重大事件、典型人物的宣传报道	永久
17.5	企业文化建设文件材料	
17.5.1	企业文化建设方案	永久
17.5.2	企业文化建设其他文件材料	
17.5.2.1	重要的	永久
17.5.2.2	一般的	30年
17.6	企业纪念、庆典活动文件材料	
17.6.1	重要的	永久
17.6.2	一般的	30年
18	各种非纸质载体、介质及实物形式的文件材料	
18.1	无法输出纸质的或无纸质的二维、三维、数据库类电子文件	
18.1.1	重要的	永久
18.1.2	一般的	30年
18.2	各种有保存价值的实物	
18.2.1	重要的	永久
18.2.2	一般的	30年
18.3	其他各种非纸质载体、介质文件材料	
18.3.1	重要的	永久
18.3.2	一般的	30年

第四章　产品档案

产品档案是指产品计划决策、设计、试制、鉴定、生产、销售、评优、认证等全过程中形成的具有保存价值的不同形式、不同载体的历史记录。

一、产品档案的收集

(一)责任分工

产品文件按产品产生的不同阶段，分别由承担计划决策、设计、试制、鉴定、生产、销售、评优、认证等职责的部门收集、整理，并向本单位档案部门移交归档。

(1) 产品计划决策、设计阶段形成的文件，由项目负责人(单位)收集、整理、归档。

(2) 产品试制、鉴定阶段形成的文件，由试制单位收集、整理，移交项目负责人(单位)统一归档。

(3) 产品正式生产后形成的文件，由生产单位收集、整理、归档。

(4) 产品销售阶段形成的文件，由销售部门收集、整理、归档。

(5) 产品评优、认证阶段形成的文件，由承担单位或部门收集、整理、归档。

(二)归档范围(见表4-1)

表4-1　产品文件材料归档范围及保管期限表

阶段	归档范围	保管期限
计划决策阶段	1. 市场调查、技术调查、考察、预测报告、调研综合报告	10年
	2. 技术、经济可行性研究报告、市场需求分析报告、收益预测分析报告	30年
	3. 产品开发计划任务书及其审批文件、上级指示和有关指导性文件	永久
	4. 专题分析报告、专题会议纪要	30年
	5. 研制方案、方案论证报告	30年
	6. 技术建议书、协议书、委托书、合同	永久
设计阶段	1. 产品研究、设计计划	30年
	2. 技术、经济初步评价	30年
	3. 研究试验大纲、试验报告	30年
	4. 产品设计标准	永久
	5. 产品总图、技术设计说明书、产品设计图样、专题技术请示报告、设计评审报告	30年
试制、鉴定阶段	1. 试制计划、方案、规程、报告	永久
	2. 工艺研究报告、工艺总体方案论证	永久
	3. 试制工艺流程、工艺标准	30年
	4. 试制工艺文件和工艺装备文件	30年
	5. 工艺评审报告	永久
	6. 试制运行记录、化验记录、试制过程纪要	30年
	7. 原材料与半成品、成品检验方法批准书	30年
	8. 理化分析报告、化学配方、化学反应式、计算公式	30年
	9. 技术标准协议、试制质量分析报告	30年
	10. 专题会议记录、纪要、合理化建议	30年
	11. 重大故障分析和排除措施报告	30年
	12. 试制总结报告	永久
	13. 试验计划、方案、规程	永久
	14. 试验所需仪器与设备清单	30年
	15. 试验原始数据与材料、试验记录、计算手稿	永久
	16. 试验分析报告	30年
	17. 试验总结报告	永久

续表

阶段	归档范围	保管期限
试制、鉴定阶段	18. 鉴定申请报告及批复、试制、试验鉴定大纲、技术鉴定材料(申请批复、评价材料、会议纪要)	永久
	19. 成套设计文件、全套设计定型图纸	30 年
	20. 标准化审查报告、可靠性试验情况报告	30 年
	21. 产品质量和技术经济分析报告	10 年
	22. 设计定型报告、证书、鉴定验收书	永久
	23. 试用或试运行报告	30 年
	24. 有关的论文、专著	30 年
生产阶段	1. 小批生产方案、计划及上级的有关指示、批复	30 年
	2. 小批生产工序工程能力分析报告	30 年
	3. 关键件、重要件、关键工序的质量控制及检测报告	30 年
	4. 原料鉴定卡片、配用设计表	30 年
	5. 历次更改与补充的设计及工艺文件和更改通知单	30 年
	6. 小批生产总结报告、小批生产鉴定书	永久
	7. 产品研制完成报告	30 年
	8. 产品许可证、合格证、使用说明书、装箱单、产品介绍	30 年
	9. 申请正式投产报告、批复、通知	永久
	10. 生产技术规程、操作规程、安全生产规程、产品检验规范	永久
	11. 技术标准(国际标准、国家标准、行业标准、企业标准)	永久
	12. 企业标准编制说明、审批书及修改、修订的通知	永久
	13. 生产定型(结构、配方)设计文件	永久
	14. 工艺文件、工艺作业指导书、工艺说明书	30 年
	15. 全套工艺文件、工艺装备图纸	30 年
	16. 产品改进与更新建议书、合理化建议、QC 成果	30 年
	17. 产品质量技术攻关会议记录、纪要和成果	30 年
	18. 重大质量事故分析、质量异议处理结果	30 年
	19. 各种操作记录、产品检验报告单	30 年
	20. 产品特性重要度分级	30 年
	21. 技术条件	30 年
	22. 通用件、标准件等材料明细表	30 年
	23. 样本或样品、标本等实物的目录(包括成品、中间产品及原材料)	30 年
	24. 各种更改单、更改记录及技术通知单	30 年
	25. 专利登记表、专利证书、商标注册材料等材料	永久

续表

阶段	归档范围	保管期限
销售阶段	1. 产品用户清册	30 年
	2. 产品销售调查报告、用户反馈意见、改进产品意见书	30 年
	3. 产品说明书、宣传品、广告样张	30 年
	4. 产品用户效验协议	30 年
评优阶段	1. 创优规划、措施、工艺操作规程	30 年
	2. 国内外对比材料	10 年
	3. 上级检(抽)查结果和理化分析报告	30 年
	4. 主要用户评价材料	10 年
	5. 创优申请、审批表	30 年
	6. 优质产品评定书、获奖奖章、奖状、证书	永久
认证阶段	1. 认证申请书、信函	30 年
	2. 跟踪服务材料	30 年
	3. 认证检测报告、检查报告	30 年
	4. 原材料修改换页说明	30 年
	5. 产品检验报告	永久
	6. 各种认证证书	永久

注：同一产品型号内，不仅包含产品从计划决策、设计、试制、鉴定、生产、评优、认证全过程的文字材料，还包括各阶段产生的照片、录音、录像等声像材料，计算机程序文件和样品、标本等实物。

(三)归档要求

(1) 产品文件的形成积累，应列入产品设计和生产管理工作程序、管理制度，纳入相关部门职责范围和有关人员的岗位职责。

(2) 产品文件形成积累应做到“三同时”，即制订产品设计、生产计划，同时明确文件的归档计划；检查产品设计、生产工作，同时检查文件形成积累工作；产品鉴定、评优、认证，同时审查已形成的文件，并提出审查意见。

(3) 产品开发项目及生产单位负责人应指定专人负责产品设计、生产过程中形成的文件材料的积累与整理，保证文件材料的系统、完整、准确。

(4) 产品档案的归档项目，应以产品开发计划、产品生产计划为依据，结合研制生产的实际情况，做到按种类组卷，同一系列的产品档案，只在某一主要产品的档案中将有关的文件材料收集齐全，其他种类的档案只保存本种类必要的特有的文件材料。

（5）归档的文件材料应当完整、系统、准确。

（6）归档时间：开发产品鉴定后3个月内归档。一般产品在投产1年后归档。

（7）归档份数：产品文件一般归档一套，定型生产的主产品和重要产品可归档两套。

（8）归档手续：产品档案移交时需履行归档手续，归档手续式样见表4-2。移交时经交接双方检查无误后履行签字手续。移交书一式两份，交接双方各持一份。

二、产品档案的整理

（一）文件鉴别

（1）完整性。产品从计划决策到评优认证各阶段形成的文件应完整成套。详见表4-1产品文件材料归档范围及保管期限表。

（2）准确性。产品文件记载和反映的内容，应当同产品开发、生产的实际过程相一致；图纸与变更单一致，图纸的更改符合有关标准要求。

（3）根据归档文件的利用价值确定其保管期限。保管期限详见表4-1产品文件材料归档范围及保管期限表。

（4）涉密文件应按保密规定管理，该卷档案必须符合保密要求。

（二）整理要求

（1）产品档案的整理应遵循产品文件的形成规律，保持文件的有机联系，便于保管和利用。

（2）卷内文件一般文字在前，图样在后；批文在前，请示在后；正件在前，附件在后；印件在前，定稿在后；译文在前，外文在后。

表 4-2(a)　文件材料归档移交书式样

文件材料归档移交书							
	记录编号		使用单位				
序号	项目名称	内容	编号	起止年度	数量	数量单位	备注
	(指产品档案名称)	(指归档移交的类别或内容)					
合　计							
归档单位：(指归档移交机构) 根据(指归档范围、相关标准制度等依据性文件要求)，归档文件完整、准确、系统(详见附件目录) 移交人(签字)： 分管领导(签字)：　(单位盖章) 移交日期：　年　月　日			档案部门：(指档案接收机构) 经审查清点，以上归档文件符合(指接收单位的归档范围、合同、相关标准及档案整理等要求)，同意接收 接收人(签字)： 分管领导(签字)：　(单位盖章) 接收日期：　年　月　日				

表 4-2(b)　文件材料归档移交清单(式样)

文件材料归档移交清单

记录编号：

序号	文件编号	责任者 (或编制单位)	题　　名	日期	页数	保管期限	备注

移交人：　　　　接收人：　　　　移交归档时间：

(说明：本表按装订的 1 件或 1 册逐行填写，不能按类填写)

（3）文字材料幅面尺寸规格宜为A4幅面，同一案卷内文件材料的幅面规格应当基本一致。大于A4幅面的文件材料，应向内折叠成标准幅面。对小幅面不易装订的材料，应当平行或阶梯式粘贴在标准幅面的白纸上，并按自左至右、自上而下的顺序，在被粘贴文件材料的右下角自“1”起编号，在托裱纸底部注明“此页共×张”。

（4）图样材料采用“手风琴”式折叠法，图面朝里，标题栏外露。图纸折叠执行《技术制图复制图的折叠方法》(GB/T 10609.3)。

（5）案卷编目、案卷装订、卷盒表格规格及其制成材料依据《科学技术档案案卷构成的一般要求》(GB/T 11822)执行。

(三)整理步骤

1. 分类

中国石化产品档案的分类，执行《企业档案分类规则》(Q/SH 0760)。实体产品档案一级类目代码为“S2”，二级类目宜按产品种类、型号设置，三级类目宜按产品名称设置。产品档案类目划分参照表4-3。

表4-3　产品档案类目划分表

一级类目	二级类目	三级类目
产品档案	石油产品	燃料油(气)、溶剂与化工原料、润滑剂、蜡、沥青、石油焦、人造石油等
	化工产品	有机化工、无机化工、合成树脂与塑料、合成橡胶与合成乳胶、化肥等
	化纤产品	合成纤维、长丝、短丝、切片等
	精细化工产品	催化剂、添加剂、合成材料助剂、表面活性剂、合成洗涤剂等
	机械仪器产品	石油和石油化工专用机械产品、通用机械仪器产品等
	其他	基建产品、轻工产品等

2. 组卷

（1）产品档案按产品种类、型号分别组卷。

（2）同一产品文件一般按计划决策、设计、试制、鉴定、生产、销售、评优、认证等阶段分别组卷。各阶段文件较少时可合并组卷；较多时，可在各阶段内按问题、结构(部件或组件)或专业、系统分别组卷；机电产品图样材料按产品设计、工艺、工装分别组卷。

(3) 文字材料一般按其所反映问题的有机联系结合时间顺序组卷。

(4) 产品开发过程中形成的管理性文件，归入该产品文件。

(5) 产品文件组卷时，文件的保管期限应服从文件内容的完整，即价值服从成套性。

(6) 产品换代、改型，以基型产品为基础，保存一套完整的基型产品文件，换代、改型产品可只保存更改部分的文件。

(7) 开发新产品采用的标准图、通用图，可不划归新产品文件保存，但应当在相应的目录中标注所采用图样的名称及编号。

3. 排列

(1) 产品档案宜按产品种类、型号排列。

(2) 同一产品的文件，按计划决策、设计、试制、鉴定、生产、销售、评优、认证等阶段排列。

(3) 文字文件一般按其所反映问题结合时间顺序排列。

(4) 图样文件按图纸目录或图号排列，没有图纸目录或图号的，按其所反映对象的隶属关系和有机联系排列。

4. 页号编写

卷内文件可以以件为单位或以卷为单位编写页号，以有效内容的页面为一页；已有页号的文件可不再重新编写页号；案卷封面、卷内目录、卷内备考表不编写页号；页号从“1”开始，各件之间不连续编写页号；页号编写位置：单面书写文件在右下角；双面书写的文件，正面在右下角，背面在左下角。折叠后的图纸一律在右下角编写页号。

5. 案卷编目

一个案卷一般由案卷封面、卷内目录、卷内文件、卷内备考表四部分组成，产品档案由若干个案卷组成，并最终形成案卷目录。其中案卷封面、卷内目录、卷内备考表、案卷目录的内容、格式及编写应符合《科学技术档案案卷构成的一般要求》(GB/T 11822)要求。卷内目录填写示例见表 4-4。

表 4-4　仪征化纤工业丝级聚酯切片产品档案卷内目录

卷内目录

档号：×××-S2. ××. ×××-×××

序号	文件编号	责任者	文件题名	日期	页号	备注
1	仪化股技科〔2005〕6 号	技术中心	关于《工业丝切片试生产技术方案》的批复	20110112	1	
2	仪化股聚生〔2005〕6 号	聚酯中心	关于《工业丝切片试生产技术方案》的请示	20110108	3	
3		聚酯中心	工业丝专用切片试生产总结	××××××××	27	
4	仪化股技科〔2005〕83 号	技术中心	关于《聚酯 12 单元工业丝专用切片生产技术方案》的批复	××××××××	33	
5	仪化股聚生〔2005〕152 号	聚酯中心	关于《聚酯 12 单元工业丝专用切片生产技术方案》的请示	××××××××	35	
6	仪化股生艺〔2008〕23 号	聚酯中心	聚酯十二单元工业丝专用切片生产方案	××××××××	46	
7	仪化股聚生〔2008〕64 号	生产技术部	关于聚酯十三单元 IG701 试生产方案的批复	××××××××	57	
8	QDT39—2009	聚酯中心	关于《十三单元 IG701 试生产方案》的请示	××××××××	60	
9	QDH. 04—2010	股份公司	聚酯装置工艺技术规程	××××××××	64	
10	QDT03—2009	股份公司	仪化股份公司产品说明书(聚酯切片)	××××××××	102	
11	GB/T 14190—2008	股份公司	聚酯切片产品出厂定等质量指标	××××××××	106	
12	QDT38—2009	股份公司	聚酯切片特殊产品质量指标	××××××××	112	
13		国家××局	纤维级聚酯切片(PET)试验方法	××××××××	128	
14		股份公司	工业丝切片专用料开发鉴定资料(工作报告、研究报告、IG701 专用切片开发和试生产及试用、IG702 专用切片试生产及试用、工业丝专用料配方研究、用户试用指南、测试报告、应用报告、经济效益报告、产品标准、查新报告)	××××××××	152	
15		聚酯中心	IG701 样品	××××××××	224	
16		聚酯中心	IG702 样品	××××××××	225-227	

6. 案卷装订

（1）案卷内文件可整卷装订或以件为单位装订，同一类型档案装订形式应统一。

（2）以件为单位装订的案卷，应在其每件文件首页上方空白处加盖档号章(式样见图 4-1)。

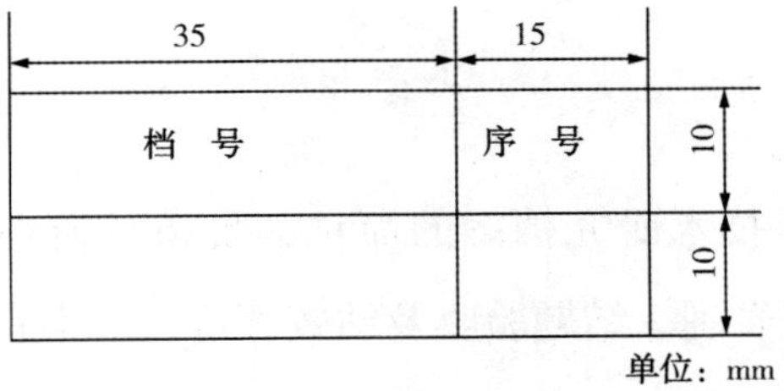

图 4-1　档号章式样

7. 装盒

将编制好的案卷封面、卷内目录、卷内备考表，以及整理好的文件装入档案盒。卷盒表格规格及其制成材料依据《科学技术档案案卷构成的一般要求》(GB/T 11822)执行。

第五章　科研档案

科研档案是科学技术研究档案的简称，是指科研项目(课题)在立项论证、研究实施及过程管理、结题验收及绩效评价、成果管理等过程中形成的，具有保存价值的文字、图表、数据、图像、音频、视频等各种形式和载体的文件材料以及标本、样本等实物。

一、科研档案的收集

科研文件材料一般是按项目(课题)、分阶段形成的。研究周期长的课题按阶段归档；研究周期短的课题在任务结束时，按归档时间要求及时一次性归档。

(一)归档范围和保管期限(见表5-1)

表5-1　科研文件材料归档范围和保管期限表

科研过程	归档范围	保管期限
立项论证阶段	项目指南、可行性研究报告，项目经费预算文件材料，申报书及相关证明；立项评审文件材料，预算申诉、评审文件材料；立项(含预算)批复，任务合同书(含预算书)及各类协议等	重要的永久、一般的30年

续表

科研过程	归档范围	保管期限
研究实施及过程管理阶段	研究计划、组织实施工作方案，研究、实验任务书、大纲，实验、探测、测试、观测、观察、野外调查、考察等的原始记录和整理记录，综合分析报告；设计文件、图样，集成电路布图，工艺文件，计算文件，数据处理文件；科学数据；研制的样机、样品、标本等的实物及其目录、图片等。 中期、年度等阶段执行进展情况报告、总结报告、研究成果等；项目、人员、进度、经费等的调整、变更文件材料；撤销项目已开展工作、已使用经费、已购置设备仪器、阶段性成果、知识产权等情况文件材料。 专家咨询、中期检查、中期评审、项目监督工作形成文件材料。 建设的中试线、试验基地、示范点一览表、图片及数据等	重要的永久、一般的30年
结题验收及绩效评价、成果管理阶段	验收申请书，验收承诺书；工作总结报告，技术报告，项目经费决算等财务情况文件材料。 验收通知，验收评审文件材料；验收现场测试报告，第三方检测、测试、评估报告，用户使用报告及证明、典型用户报告、产业化审核报告等；验收结论书，结题书面通知等。 绩效自评价报告，专家评议文件材料、评价结论等绩效评价工作文件材料。 研究报告、论文、专著、数据库等研究成果文件材料；自评价报告，科技报告；专利、软件及其他知识产权文件材料。 产业化报告、证书、出版物等成果应用、获奖、宣传推广文件材料	重要的永久、一般的30年

（二）收集要求

（1）本单位科技管理部门在下达科研计划（含横向委托课题）时，同时向项目（课题）组下达建档任务。项目（课题）组应明确专人负责科研文件材料的收集、整理、审核，结题验收后按照要求及时归档。档案部门负责对建档工作进行监督、指导。

（2）项目（课题）组成员要按照本项目（课题）合同内容约定及表5-1归档

范围要求，形成并积累项目(课题)文件材料，文件材料的载体及书写材料等应有利于长期保存及提供利用。既要保证科研档案的原始性、完整性、系统性，又要促进科研工作的准确性、严密性、延续性。

（3）科研项目结题验收时，各单位按照有关规定对科研档案的完整性、准确性、系统性进行审查或验收。一是要对照项目(课题)合同内容约定及表5-1归档范围的要求，审查项目(课题)文件材料是否是原件，是否完整、准确、系统；二是审查项目(课题)纸质文件材料对应的电子文件形成情况，是否严格执行“纸(质)电(子)一致”的标准。

（4）科研项目(课题)成果验收完毕且其文件材料经档案部门验收合格后，项目(课题)负责人或指定专人将本项目(课题)形成的全部应归档文件材料向档案部门移交归档，履行归档手续。

（5）归档完成后，根据实际情况，科研项目(课题)负责人应完成本项目(课题)档案补充工作，内容包括但不限于课题奖励申报、推广应用阶段产生的文件等。

（6）对未取得成果或因故中断的科研项目(课题)，已经完成的工作所形成的文件材料亦应归档。

（7）本单位在承担中国石化系统内部其他单位或系统外其他单位委托的科研项目(课题)时，项目(课题)组需按委托单位要求完成归档任务，并同时向本单位档案部门归档该项目(课题)所形成的科研档案材料。

（8）符合下列条件的单位，科研电子文件可仅以电子形式归档。

① 形成的科研电子文件来源真实有效。

② 形成科研电子文件的系统能够准确、完整、有效接收和读取电子文件，能够输出符合国家标准归档格式的电子文件，设定了经办、审核、审批等必要的审签程序。

③ 使用的电子档案管理系统能够有效接收、管理、利用电子文件，功能符合电子档案的长期保管要求。

④ 采取有效措施，防止科研电子档案被篡改。

⑤ 建立科研电子档案备份制度，能够有效防范自然灾害、意外事故和人为破坏的影响。

⑥ 从外部接收的电子文件来源可靠、程序规范、要素合规。

（三）科研档案的移交

科研档案在归档时，应至少包括一套原始的纸质文件材料及电子文件。不涉密的电子文件可通过系统内部网络线上传输，涉密电子文件或者不具备内网传输条件的，采用移动硬盘或光盘移交档案部门。

二、科研档案的整理

（一）归档前科研文件材料的整理

1. 科研文件材料鉴别

科研文件材料鉴别包括归档文件材料完整性鉴别、准确性鉴别、文件属性鉴别、文件密级鉴别、保管期限鉴别等。

完整性鉴别，指鉴别科研项目（课题）在立项论证、研究实施及过程管理、结题验收及绩效评价、成果管理等阶段形成的全部材料是否齐全、成套。

准确性鉴别，指鉴别科研文件材料同它所记载和反映的科研对象或科研过程是否一致，同一个项目（课题）的科研文件材料相互之间在内容上是否协调一致。

文件属性鉴别，指将科研项目（课题）研究过程中直接形成的科研文件材料与管理性文件材料、科技资料、项目（课题）参考资料等区分开。

文件密级鉴别，指按照保密管理相关规定，确定归档科研文件材料的密级与保密期限。涉密科研文件材料应严格按照定密流程履行相应的定密审批手续。

保管期限鉴别，指根据科研文件材料的内容、重要性等，结合相关标准，对归档科研文件材料的保管期限进行划定，分为永久和30年两种。

2. 科研文件材料组卷

科研文件材料按项目（课题）组卷。下分子项目（子课题）多的，可根据具体情况，按二级或三级子项目(子课题)组卷。科研项目(课题)持续年限较长的，可按科研工作阶段结合工作年度进行组卷。

3. 科研文件材料排列

科研文件材料宜遵循系统、成套性特点，按立项论证阶段、研究实施及过程管理阶段、结题验收及绩效评价、成果管理阶段等科研过程结合时间、重要程度进行排列。一般情况下，正文在前、附件在后，印件在前、定稿在后，复文在前、来文在后。

4. 科研文件材料装订

科研文件材料以件为单位装订。超出卷盒幅面的科研文件材料均应折叠，折叠方法可参照《技术制图复制图的折叠方法》(GB/T 10609.3)和《石油天然气勘探与开发地质成果报告编制格式要求》(Q/SH 0166)执行。破损的科研文件材料应修复，文件上金属物、橡皮筋等须去除。

5. 科研文件材料编号

页号编制：科研文件材料以件为单位编写页号，以有效内容的页面为一页，采用阿拉伯数字从“1”开始依次标注。单面书写的在右下角编号，双面书写的在正面右下角、背面左下角编号。成套的图纸、报告等其他科研文件材料，在编制时已有编号，不必另行编号。单页附图、附表等，可不编号。

6. 加盖档号章

以件为单位组卷的案卷，应在每件文件首页上方空白处加盖档号章(式样见第四章图 4-1)。其中档号由档案部门填写；序号按照流水号，从“1”开始编写。

7. 归档前的验收及归档手续

档案部门在接收科研部门提交的科研项目(课题)文件材料时，需要进行质量审查验收，审查验收合格的在文件材料归档说明书上签署意见，并开具归档证明一式两份，由交接双方签字后各执一份备查。归档证明式样见表 5-2。

表 5-2 科研文件材料归档证明式样

科研文件材料归档证明

编号：

项目名称						
项目来源			项目编号			
类别	序号	文件题名	份数	件数	电子文件数据量(MB)	备注
合同						
正文	1					
审批	1					
附件	1					
	2					
附图	1					
	2					
其他	1					
	2					
数据体或软件	1	光盘　　张，数据　　GB				
	2	硬盘　　盘，数据　　GB				
提交单位			接收单位(盖章)			
提 交 人			接 收 人			
联系电话			联系电话			
项目负责人			接收日期			
项目验收日期			归档号			

(二)归档后科研档案的整理与编目

归档后科研档案的整理应在前面所列原则的基础上，充分利用形成部门原有的整理基础，对科研档案进行分类、案卷排列、档号编制与检索工具编制等。

1. 分类

科研档案分类执行《企业档案分类规则》(Q/SH 0760)规定。科研档案的实体一级类目为科学技术研究类，代码为S3；二级类目按课题设置。

2. 案卷排列

科研档案按照大类分项排列，每个大类再按照单个项目(课题)排列。在一个项目(课题)内形成若干数量的案卷，宜按立项论证、研究实施及过程管理、结题验收及绩效评价、成果管理等阶段进行排列。

3. 档号的编制

科研档案档号格式为：全宗号-分类号-案卷号。

全宗号：档案部门给立档单位编制的代号。编制方法见本书第一章。

分类号：一般由类目代码和项目代号两部分组成，两者之间用间隔符“.”分开。一级类目代码为“S3”。

案卷号：填写科研档案按顺序排列后的流水号。

档号给定后，由档案管理人员在卷内目录、备考表、案卷封面、档号章、案卷脊背上清晰注明。

4. 卷内目录和备考表的编制

卷内目录(示例见表5-3)排列在文件首页之前。

表5-3　卷内目录示例

卷内目录

档号：SYKY01-S3. ×××-×××

序号	文件编号	责任者	文件题名	日期	页数	备注
1		×××	中国石化地质资料共享工作方案研究与建设任务书(含设计书)	20150401	19	
2		×××	中国石化地质资料共享工作方案研究与建设研究报告	20160201	52	

序号：应依次标注卷内文件排列顺序。

文件编号：应填写文件文号或型号或代字、代号等。

责任者：应填写文件形成者或第一责任者。

文件题名：应填写文件全称，文件没有题名的，应由立卷人根据文件内容拟写题名。

日期：应填写文件形成的时间，以国际标准日期表示法标注年月日，如“20150909”。

页数：应填写每件文件总页数。

备注：根据实际情况填写需注明的情况。

备考表应排列在卷内文件的尾页之后，式样参考《科学技术档案案卷构成的一般要求》（GB/T 11822）。填写要求：

说明：应标明案卷内全部文件总件数、总页数以及在组卷和提供利用过程中需要说明的问题。

立卷人：应由立卷责任者签名。

立卷日期：应填写完成立卷的时间。

档号、互见号、检查人信息在归档后的整理阶段由档案管理人员填写。

5. 案卷封面及卷脊的编制

案卷封面印在案卷盒正面，亦可采用内封面形式，式样参考《科学技术档案案卷构成的一般要求》（GB/T 11822）。填写要求：

案卷题名：应简明、准确地揭示卷内科研文件材料的内容。

立卷单位：应填写负责组卷的部门或单位。

起止日期：应填写案卷内科技文件形成的最早和最晚的时间。

保管期限、密级：应由项目（课题）负责人依照有关规定划定，填写时，填写卷内文件中最长的保管期限、最高密级。

案卷脊背，式样参考《科学技术档案案卷构成的一般要求》（GB/T 11822），印制在卷盒侧面，主要包括保管期限、档号、案卷题名，填写方法与案卷封面相同。

6. 科研档案检索工具的编制

科研档案总目录（示例见表 5-4），内容主要包括总顺序号、归档时间、案卷题名、档号、份数、件数、编制单位、编制日期、密级、保管期限、备注等。

科研档案专题目录（示例见表 5-5），内容主要包括序号、档号、文件题名、件数、形成时间、编制单位、编写者、关键词、摘要、备注等。

表 5-4　科研档案总目录(示例)

总顺序号	归档时间	案卷题名	档号	份数	件数	编制单位	编制日期	密级	保管期限	备注
1001	20160410	中国石化地质资料共享工作方案研究与建设	×××-S3. ×××-×××	1	3	石油勘探开发研究院	20160210	内部	永久	

表 5-5　科研档案专题目录(示例)

专题名称：中国石化地质资料利用服务提升

序号	档号	文件题名	件数	形成时间	编制单位	编写者	关键词	摘要	备注
1	×××-S3. ×××-×××	中国石化地质资料共享工作方案研究与建设	3	20160210	中石化石油勘探开发研究院	×××，×××，×××	静态地质资料、动态地质资料数据、共享利用、利用服务、共享平台	本项目分析了中国石化地质资料管理的现状，厘清了静态地质资料与动态地质资料数据的管理单位、管理系统、管理制度等内容，分析了油气勘探开发科研生产工作对静态地质资料和动态地质资料数据的共享需求，梳理了静态地质资料与动态地质资料数据的共享利用服务现状、服务形式、服务内容、审批流程、存在的主要局限与问题等内容。在此研究基础上，分析了建设中国石化地质资料共享平台的意义，提出了建设思路、步骤以及保障措施，并对地质资料共享利用提出了具体工作建议	
2	……	……	…	……	……				

第六章 建设项目档案

建设项目档案是指从建设项目的提出、可行性研究、立项、审批、勘察、设计、采购、施工、监理、生产准备、生产考核到竣工投产的全过程形成的具有保存价值的各种形式的历史记录。

建设项目一般可分为油气田项目、炼油化工项目、油品销售项目、专业公司项目、矿区(社区)项目、科研信息项目等。按照《中国石化投资管理办法》(中国石化计〔2020〕300号)，建设项目根据业务特点和投资额大小，按审批权限划分为一、二、三类项目。

一、项目文件的形成

(一)项目文件形成的基本要求

(1) 项目前期文件、管理性文件应符合国家有关法律法规、相关行业的规定；工程技术文件应符合国家、行业有关技术规范和标准的规定。

(2) 项目文件应及时收集，确保文件准确、有效，并能全面反映工程建设活动和工程实际状况。

(3) 项目文件应格式规范、内容准确、字迹清楚、图表清晰、编号规范、签字及盖章手续完备。

(4) 归档的项目文件应为原件。因故用复制件归档时，应加盖复制件提供单位的公章或档案证明章，确保与原件一致。

(5) 项目文件载体和书写材料应满足长期保存的要求，不得使用热敏纸、可擦除光盘等不利于长期保存的材料或载体，不得使用易褪色的书写材料。

（6）重要活动及事件、原始地形地貌、建设过程中的工程形象进度、隐蔽工程、关键节点工序、重要部位、地质及施工缺陷处理、工程质量、安全事故、重要芯样等应形成照片和音视频文件。数码照片像素应在800万以上，单幅照片不小于3MB。

（7）非纸质文件应与其文字说明一并归档。外文（或少数民族文字）材料若有汉译文的，应一并归档，无译文的要译出标题和目录后归档。

（二）交工技术文件编制

1. 交工技术文件的编制依据

（1）油气田工程项目交工技术文件的编制，执行《石油天然气建设工程交工技术文件编制规范》（SY/T 6882）、《石油天然气建设工程施工质量验收规范》（SY 4200系列）；或《油气田地面建设工程项目竣工资料和交工技术文件编制规定》（Q/SH 0249）、《石油化工安装工程施工质量验收统一标准》（SH/T 3508）；或各单位发布的相关企业标准。

（2）石油化工建设工程项目交工技术文件的编制，执行《石油化工建设工程项目交工技术文件规定》（SH/T 3503）、《石油化工建设工程项目施工过程技术文件规定》（SH/T 3543）、《石油化工安装工程施工质量验收统一标准》（SH/T 3508）、《建筑工程施工质量验收统一标准》（GB 50300）等。

（3）油气长输管道、油气库、加油加气站项目交工技术文件的编制，执行《石油天然气建设工程交工技术文件编制规范》（SY/T 6882）、《石油天然气建设工程施工质量验收规范》（SY 4200系列）、《建筑工程施工质量验收统一标准》（GB 50300）等。

（4）建设工程项目中有关铁路、公路、港口码头、电信、电站、35kV以上送变电工程和海上石油工程等工程交工技术文件的编制，应按国家相关标准规定执行。

（5）锅炉、压力容器、压力管道、起重机械、电梯等特种设备安装工程交工技术文件的编制，除执行《石油化工建设工程项目交工技术文件规定》

(SH/T 3503)外，还应执行特种设备安全技术监察机构的规定。

(6) 土建工程中的钢结构、房屋建筑工程及其附属建筑电气、暖通、建筑智能化等交工技术文件的编制，应执行建设工程项目所在地建设行政主管部门的规定。设备基础、构筑物等执行《石油化工建设工程项目交工技术文件规定》(SH/T 3503)。

(7) 监理文件的编制，执行《石油化工建设工程项目监理规范》(SH/T 3903)。

(8) 国家、行业有关规章制度要求需要归档保存的工程记录，但上述规定中未提供相应表格的，建设单位宜根据工程实际情况提供适宜表格，可征求监理、施工等单位意见后以正式文件下发执行。

2. 交工技术文件的编制要求

(1) 建设工程项目的参建单位应与工程进度同步形成、积累、编制交工技术文件。

(2) 建设单位应在合同或相关文件中明确对交工技术文件的要求和管理责任，在项目开工前根据项目特征或具体要求明确交工技术文件编制方案(示例见附录6-1)。

(3) 工程项目开工前，建设单位应按《建筑工程施工质量验收统一标准》(GB 50300)、《石油天然气建设工程施工质量验收规范》(SY 4200 系列)、或《石油化工安装工程施工质量验收统一标准》(SH/T 3508)组织划定工程项目的单项工程、单位(子单位)工程，施工单位(或总承包单位)应组织划定分部(子分部)工程、分项工程、检验批，并随工程的进展不断补充完善，以便项目质量控制工作的开展和项目交工技术文件的编制。

(4) 工程项目开工前，参建单位应根据项目的具体情况及建设单位的交工技术文件编制方案，制定交工技术文件编制细则(示例见附录6-2)，进一步规范交工技术文件的编制和分类组卷方法。

(三) 竣工图的编制

1. 竣工图编制要求

(1) 工程竣工时应编制竣工图，竣工图编制单位应执行《石油化工建设工程项目交工技术文件规定》(SH/T 3503)和《建设项目档案管理规范》(DA/T 28)规定。

(2) 竣工图应完整、准确、规范、清晰、修改到位，真实反映项目竣工时的实际情况。

(3) 应将设计变更、工程联系单、技术核定单、洽商单、材料变更、会议纪要、备忘录、施工及质检记录等涉及变更的全部文件汇总后经监理审核，作为竣工图编制的依据。

(4) 竣工图应依据工程技术规范按单位工程、分部工程、专业编制，并配有竣工图编制说明和图纸目录。竣工图编制说明的内容应包括竣工图涉及的工程概况、编制单位、编制人员、编制时间、编制依据、编制方法、变更情况、竣工图张数、套数等。

(5) 施工图有变更的应重新绘制竣工图，签署栏中的版次号标注为J版(以竣工图“竣”字汉语拼音第一个字母大写为标识)；部分施工图无变更的，终版施工图作为竣工图；目录标注为J版；重新绘制竣工图应按原图编号，图幅、比例、字号、字体应与原图一致。图纸设计、校对、审核、审定人员签字真实完整。竣工图的结构、建筑图纸必须盖有注册结构师、建筑师的执业专用章，压力管道、压力容器等必须加盖设计单位的专项资质章。图纸变更主体修改部位应采用云图标识示意。新增加的文字说明，应在其涉及的竣工图上作相应的添加和变更。

(6) 按图施工整套设计文件无变更的，终版施工图作为竣工图，目录标注J版作为竣工图，并加以说明。用施工图编制竣工图的，应使用新图纸，不得使用复印的白图编制竣工图。

(7) 建设单位应负责组织或委托有资质的单位编制项目总平面图和综合管线竣工图。委托厂家设计的竣工图，以厂家提供的竣工图为准，设计单位编制竣工图时应将厂家提供的竣工图统筹考虑，或纳入设计单位编制的竣工图统一编制，或在目录中标明具体出处，保持竣工图的成套性。

(8) 监理单位应在竣工图编制说明、图纸目录和所有的竣工图上逐张加盖并签署竣工图审核章。印章应使用红色印泥，盖在标题栏附近空白处。竣工图审核章样式见图6-1。

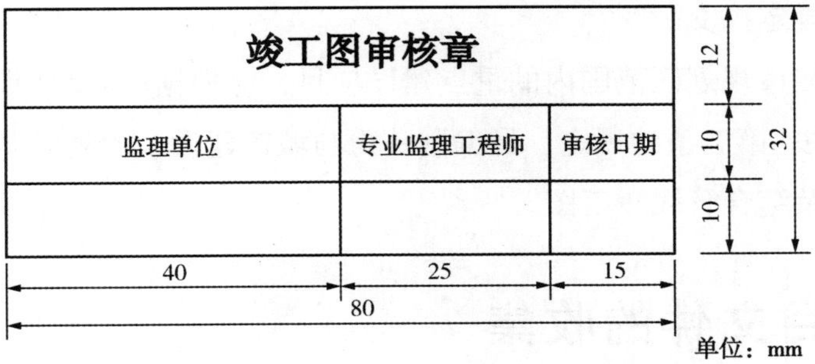

图 6-1 竣工图审核章式样

（9）国外引进项目、引进技术或由外方承包的建设项目，外方提供的竣工图应由外方签字确认。

（10）同一建筑物、构筑物重复的标准图、通用图可不编入竣工图中，但应在图纸目录中列出图号，指明该图所在位置并在竣工图编制说明中注明；不同建筑物、构筑物应分别编制竣工图。

2. 竣工图章的使用

石油化工项目竣工图审核章执行《建设项目档案管理规范》（DA/T 28）。由施工单位编制竣工图的应加盖竣工图章。式样见图 6-2。

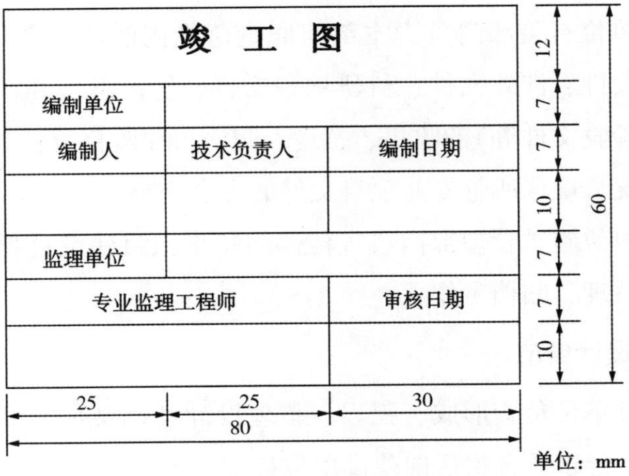

图 6-2 竣工图章式样

3. 竣工图套数

项目竣工图一般为两套。如设计合同条约中约定了套数，竣工图套数按合同条件的规定提交。

在大中城市规划区范围内的重点建设项目，应根据《城市建设档案归属与流向暂行办法》第五条的规定，另编制一份与城市建设、规划及其管理有关的主要建筑物及综合管线竣工图。

二、项目文件的收集

（一）项目文件收集的职责与分工

1. 建设单位

（1）建设单位项目施工管理部门对勘察设计单位、施工单位、乙供单位、监理单位等参建单位交工文件的收集、整理、归档等负主体责任，负责指导、监督各参建单位按时完成交工文件的收集、整理和归档。

（2）建设单位档案管理部门负责对本单位有关部门项目文件的形成、整理和归档工作进行监督、指导和考核，并参与各参建单位项目文件的归档指导工作，负责项目档案的接收、保管与提供利用。

（3）建设单位有关部门负责本部门职责范围内的项目文件（项目前期文件、项目管理文件、涉外文件、科研项目文件、生产准备和试生产、专项验收、项目竣工验收文件等）的收集、整理、归档，并监督所管专业项目文件的流向和归档情况，确保所管专业项目文件的齐全完整。

（4）建设单位施工管理部门或宣传部门负责项目建设过程中形成的声像材料的收集、整理、归档工作。

2. 勘察、设计单位

勘察、设计单位负责形成、积累、整理设计基础文件、设计文件、竣工图，进行组卷，经审核合格后向建设单位移交。

3. 施工单位、检测单位

（1）施工单位负责形成、积累、整理施工文件，提交项目监理单位、建设单位工程管理部门审核后归档。

（2）实行工程总承包的项目，工程总承包单位负责指导、审查、汇总各分包单位施工文件、设备随机文件及竣工图，经项目监理单位、建设单位工程管理部门审核后归档。

（3）检测单位负责无损检测报告和其他检测报告的编制，交由被检测工程的施工单位汇入相关工程卷。

（4）负责施工过程重要声像材料的收集、整理、归档工作。

4. 采购单位

负责锅炉、起重机械、塔、容器、反应器、冷换设备、动设备、成套设备等具有特定设备位号的设备出厂资料的编制和移交。

5. 监理单位

（1）负责监理文件的形成、积累、整理，经项目建设单位工程管理部门审核后归档。

（2）负责督促、检查施工单位或总承包单位编制、整理施工文件及竣工图，审核、签署施工文件及竣工图的完整、准确、系统情况。

（3）负责监理过程重要声像材料的收集、整理、归档工作。

（二）项目文件的收集要求

1. 工作要求

（1）项目文件形成、积累和管理应列入项目建设计划和有关部门及人员的职责范围、工作标准或岗位责任制，并有相应的检查、控制及考核措施。

（2）在与项目承包单位签订合同协议时，应对归档项目文件的套数、版本、费用、质量、立卷人、移交时间等提出明确要求，作为建设项目档案接收的依据。

（3）要抓住合同签订、文件材料归档审查、设备开箱验收、竣工验收等重要环节和关键阶段收集建设项目文件。

2. 管理制度和业务规范体系要求

（1）项目文件管理业务规范中应包含但不限于以下内容：

① 项目文件管理流程、文件格式、编号、归档要求等。

② 竣工图的编制单位、编制要求、审查流程和责任等。

③ 照片和音、视频文件摄录的责任主体、阶段、节点、部位、内容、技术参数、归档要求等。

(2) 档案管理业务规范中应包含但不限于以下内容:

① 项目档案管理办法。

② 档案分类方案。

③ 归档范围和档案保管期限表。

④ 整理编目细则。

(三)项目文件的收集范围

(1) 建设单位应参照《建设工程项目档案管理规范》(Q/SH 0704)附录A《建设项目行政许可归档文件参考表》和附录B《中国石化建设工程项目文件材料归档范围参考表Ⅰ》收集归档。与项目有关的重要职能活动、具有查考利用价值的各种载体文件,应收集齐全,归入建设项目档案。各参建单位应按相关标准规定及项目管理制度或合同约定向建设单位移交项目档案。

(2) 设计单位应参照《建设工程项目档案管理规范》(Q/SH 0704)附录C《中国石化建设工程项目文件材料归档范围参考表Ⅱ》收集归档。

(3) 施工单位应参照《建设工程项目档案管理规范》(Q/SH 0704)附录B《中国石化建设工程项目文件材料归档范围参考表Ⅰ》和《石油化工建设工程项目施工过程技术文件规定》(SH/T 3543)要求收集归档。

(4) 监理文件包括施工监理文件、设备监造文件、施工环境监理文件和采购监理文件。监理单位应按《石油化工建设工程项目监理规范》(SH/T 3903)和《建设工程项目档案管理规范》(Q/SH 0704)附录B要求收集归档。

施工环境监理文件是受建设单位委托的监理单位,对建设项目从开工建设到竣工验收的整个工程建设期的环境影响进行监理服务过程中形成的各种形式的文件材料。归档范围主要包括施工环境监理规划、监理实施细则、监理工作联系单、监理整改通知单及回复单、监理旁站等检查记录、监理月报、监理会议记录和纪要、监理各阶段总结、监理工作总结报告等。目前,许多地方环保管理部门发布了建设项目环境监理规范,各企业可结合当地有关规范，确定建设项目环境监理文件具体归档范围。

(5) 上述标准规范中没有纳入归档范围的，而国家、行业有关档案管理规范要求需要永久、长期归档保存的项目文件，也应注意进行补充收集与归档。涉及的标准包括但不限于《建设项目档案管理规范》(DA/T 28)附录B。

三、项目文件和项目档案整理的步骤和要求

(一)项目文件整理

项目文件整理是将项目建设各阶段形成的零散文件材料，按照一定原则形成每个案卷。项目文件整理的工作流程和要求如下：

1. 组卷

建设项目各阶段文件组卷方法与要求见本章第四节。

2. 卷内文件排列

建设项目各阶段文件排列方法与要求见本章第四节。

3. 装订

项目前期文件和竣工验收文件宜按件装订；交工技术文件、监理文件宜按卷装订；图纸可不装订，但应编写件号或机打页号；外文资料宜保持原有的装订形式；幅面大于A4的文件，应按《技术制图复制图的折叠方法》(GB/T 10609.3)的规定折叠；装订应去除金属物，采用线装、胶装等装订方式；破损的文件应修复；装订及裁切不得损坏文件信息。

4. 编写卷内文件页号

以卷为单位装订的，应逐页编写页号，已有页号的文件可不再重新编写页号。以件为单位装订的，每件文件单独编写页号，以有效页面为一页。页号编写位置：单面书写文件在右下角；双面书写文件，正面在右下角，背面在左下角。各装订单位之间不应连续编页号，均应从“1”开始按顺序编号。案卷封面、卷内目录、卷内备考表不编写页号。

5. 加盖档号章

以件为单位装订的案卷，应在其每件文件首页上方空白处加盖档号章（示例见图6-3）。

档　号	序　号
ZYYT091-S4.06.3-70	1

图6-3　档号章示例

6. 编目

包括编制案卷封面、卷内目录、卷内备考表和案卷脊背。案卷封面可印制在卷盒正表面，也可采用内封面形式。

（1）编制案卷封面。案卷封面（示例见图6-4）填写项目包括档号、案卷题名、立卷单位、起止日期、保管期限、密级。

档号:TJSH05-S4. × ×. × ×-1

× ×建设工程项目丙烯烃装置
反应回收单元设备基础竣工图

立卷单位　中国石化× ×工程有限公司
起止日期　20140215—20140218
保管期限　永久
密　　级

图6-4　案卷封面填写示例

档号：编制格式及要求见本节（二）2. 编制档号。

案卷题名：应简明、准确地揭示卷内文件的内容，且具有唯一性。常见命名方式如下：

① 施工文件案卷题名：工程项目名称+单位工程名称+部位和简要内容+文种。如“××管道工程线路工程第N标段线路穿越管道水下稳管检查、管沟回填等施工记录”。

② 竣工图案卷题名：工程项目名称+单位工程名称+简要内容（图纸名称）+文种（竣工图）。如“××管道工程线路工程第N标段储运专业竣工图”。

③ 监理文件案卷题名：工程项目名称+单位工程名称+监理部名称+部位和简要内容+文种。如“××管道工程监理工程第N标段监理细则”。

立卷单位：应填写文件组卷部门或项目负责部门的全称。例如：施工文件卷的立卷单位应填写施工单位，竣工图卷的立卷单位应填写设计单位，监理文件卷的立卷单位应填写监理单位。

起止日期：应填写卷内文件材料形成的最早日期和最晚日期。如“20140215—20140218”。

保管期限：应填写组卷时按本章附录 6-3 划定的保管期限。

密级：应填写卷内文件的最高密级，如没有密级，内容可以为空。

（2）编制案卷脊背。案卷脊背（式样及示例见图 6-5）印制在卷盒的侧面。填写项目包括档号、案卷题名、保管期限，可根据需要选择填写。

(a)案卷脊背式样 (b)案卷脊背示例

图 6-5 案卷脊背式样及示例

（3）编制卷内目录。卷内目录应排列在卷内文件目录文件首页之前。填写项目包括档号、序号、文件编号、责任者、文件题名、日期、页次（数）、备注。示例见表 6-1。

表 6-1(a)　卷内目录填写示例(按卷管理)

卷内目录

档号：××××-S4.701.01-1

序号	文件编号	责任者	文件题名	日期	页次	备注
1	××[2012]232 号	××公司	关于××改造工程可行性研究报告的批复	20120327	1	
2	××[2012]98 号	××公司	关于审批××改造工程可行性研究报告的请示	20120301	3	
3	RPT-0001	××公司	××改造工程可行性研究报告(终版)	20120221	7	
4	××[2012]1 号	××公司	关于委托开展××改造工程设计工作的函	20120304	104	
5		××公司	关于××改造工程的函	20120308	105	
6		××公司	××改造工程可行性研究报告调整说明	20120518	106-113	

表 6-1(b)　卷内目录填写示例(按件管理)

卷内目录

档号：××××-S4.701.01-1

序号	文件编号	责任者	文件题名	日期	页数	备注
1	××[2012]232 号	××公司	关于××改造工程可行性研究报告的批复	20120327	2	
2	××[2012]98 号	××公司	关于审批××改造工程可行性研究报告的请示	20120301	4	
3	RPT-0001	××公司	××改造工程可行性研究报告(终版)	20120221	97	
4	××[2012]1 号	××公司	关于委托开展××改造工程设计工作的函	20120304	2	
5		××公司	关于××改造工程的函	20120308	1	
6		××公司	××改造工程可行性研究报告调整说明	20120518	8	

序号：依次标注卷内文件的排列顺序。

文件编号：填写文件文号或图号或代字、代号等。

责任者：填写文件形成单位或第一责任者。

文件题名：填写文件全称。文件没有题名的，应由立卷人根据文件内容拟写题名。

日期：填写文件形成的时间。一份文件有多个日期时，填写最晚日期。以国际标准日期表示法标注年月日，如“20150909”。

页数(次)：按卷整理时，填写页次。页次要与对应文件的首页页码一致，最后 1 份文件的页次要填写该份文件起止页码，中间用“-”隔开。按件整理时，填写页数，应填写每份文件的总页数。

备注：根据实际需要填写需注明的情况。

(4) 编制卷内备考表。卷内备考表(示例见图 6-6)应排列在卷内全部文件之后，或直接印制在卷盒内底面。

卷内备考表

档号:×××-S4.701.01-1

互见号:

说明:本卷共6件，共16页。其中图纸0页。

立卷人:×××
2020年3月2日
检查人:×××
2020年3月3日

图 6-6　卷内备考表填写示例

互见号：填写反映同一内容不同载体档案的档号，并注明其载体类型。

说明：标明案卷内全部文件总件数、总页数以及在组卷和案卷提供使用过程中需要说明的问题。

立卷人：由立卷责任者签名。

立卷日期：填写完成立卷的时间。

检查人：由案卷质量审核者签名。

检查日期：填写案卷质量审核的时间。

7. 装盒

将编制好的案卷封面、卷内目录、卷内备考表，以及整理好的文件材料装入档案盒。

(二) 项目档案整理

项目档案整理是将项目建设各阶段形成的案卷按照一定原则进行有序排列，编制档号、案卷目录、利用中国石化档案管理系统建立档案目录和全文数据库的过程。项目档案整理的工作流程和要求如下：

1. 排列案卷

建设项目档案按项目立项、设计基础、设计、项目管理(土地房产管理、综合管理、投资管理、专项管理)、施工管理、信息系统文件、科研项目文件、监理管理、设备管理、竣工图、涉外文件、工艺文件、生产技术准备、试生产文件、竣工验收文件及项目后评估等阶段排列。具体可参照《建设工程项目档案管理规范》(Q/SH 0704)附录 B。

2. 编制档号

建设项目档案档号结构：全宗号-分类号-案卷号。

全宗号：档案部门给立档单位编制的代号。编制方法见本书第一章。

分类号：由一级类目代码、属类代号、建设项目代号、单项工程代号、阶段代号组成，各部分之间用间隔号"."分开。其中，属类代号、单项工程代号、阶段代号为选择项，由各单位档案部门根据建设项目实际情况决定是否标注。

(1) 一级类目代码：根据《企业档案分类规则》(Q/SH 0706)，实体基本建设档案一级类目代码用"S4"标识。

(2) 属类代号：由各单位根据实际确定。

(3) 建设项目代号：该建设项目在本单位档案分类编号方案最低一级类目内的建设项目排列顺序号。即项目归档顺序号。用阿拉伯数字从"1"开始编写。

(4) 阶段代号：推荐参照《建设工程项目档案管理规范》(Q/SH 0704)附录 B《中国石化建设工程项目文件材料归档范围参考表 I》中的阶段序号标注(见表 6-2)。

表 6-2 建设项目阶段代号表

阶段代号	阶段名称	阶段代号	阶段名称
01	项目立项	05	施工管理
02	设计基础	06	监理管理
03	设计	07	设备管理
04	项目管理	08	竣工图

续表

阶段代号	阶段名称	阶段代号	阶段名称
09	涉外	12	竣工验收
10	工艺、生产技术准备、试生产	13	后评价文件
11	财务、器材管理	14	科研及信息系统开发

案卷号：建设项目档案在本单位编号方案最低一级类目内的案卷排列顺序号，用阿拉伯数字从“1”开始编写。

示例 1

××石油公司建设项目档案档号示例

××××× 2 - S4.02. 2-1

案卷号(该加油站第1卷档案)

建设项目代号(该公司第2个加油站)

属类代号(加油站)

一级类目代号(基本建设类)

全宗号(××石油公司××市公司)

示例 2

××炼化公司工程项目档案档号示例

××××× 01 - S4.701. 1-1

案卷号(项目立项阶段第1卷)

阶段号(项目立项)

建设项目代号(该全宗归档的第701个建设项目)

一级类目代号(基本建设类)

全宗号(××炼化公司炼油部)

示例 3

××公司××输气管道工程项目档案档号示例

×××××01-S4. 02. 002. 01. 5-1

- 案卷号(项目立项阶段第1卷)
- 阶段号(施工管理)
- 单项工程代号(线路工程)
- 建设项目代号(该全宗归档的第2个管道工程)
- 属类代码(油气长输储运与经营设施工程)
- 一级类目代号(基本建设类)
- 全宗号(× ×公司)

示例 4

××公司××输气管道工程项目单项代号表

序号	单项名称	单项工程代号	备注
1	项目综合	00	各阶段无法归入某个单项工程的项目文件统一归入“项目综合”
2	线路工程	01	
3	穿跨越工程	02	
4	站场工程	03	
5	通信光缆工程	04	
6	隧道工程	05	
7	水土保持工程	06	
8	防腐工程	07	
9	竣工检测及数据采集地下线路及光缆探测工程	08	
10	管道干燥工程	09	
11	无损检测工程	10	
12	小型工程	11	
13	其他零星工程	12	

3. 编制案卷目录

建设项目档案案卷目录由序号、档号、案卷题名、总页数、保管期限、备注等项目组成。示例见表 6-3。

表 6-3 案卷目录示例

案卷目录

序号	档号	案卷题名	总页数	保管期限	备注
1	××××-S4.701.01-1	××改造工程可研报告及其请示、批复、审查意见	114	永久	
2	××××-S4.701.03-1	××改造工程基础设计请示、批复及基础设计审查意见	207	永久	
3	××××-S4.701.03-2	××改造工程基础设计第 1 册总说明书	71	永久	
4	××××-S4.701.03-3	××改造工程基础设计第 2 册设备/材料汇总表	17	永久	
5	××××-S4.701.03-4	××改造工程基础设计第 3 册技术规格书	190	永久	
6	××××-S4.701.03-5	××改造工程基础设计第 4 册消防设计专篇	8	永久	

序号：填写登录案卷的流水顺序号。
档号、案卷题名、保管期限：参照案卷封面填写。
总页数：填写案卷内全部文件的页数之和。
备注：根据管理需要填写案卷的密级、互见号或存放位置等信息。

4. 建立档案目录和全文数据库

项目档案目录数据库、全文数据库建设方法和要求见本书第十八章。

四、项目文件的整理方法

(一)项目立项、审批等文件

(1) 组卷：按问题结合时间组卷，文件较少时按阶段组卷。

(2) 装订：一般以件为单位装订。

(3) 卷内文件排列：按问题结合时间排列。

(4) 编目：以件为单位进行编目。

（二）设计基础与设计准备等文件

（1）组卷：按问题结合时间组卷，文件较少时按阶段组卷。

（2）装订：以件为单位装订。

（3）卷内文件排列：按问题结合时间排列。

（4）编目：以件为单位进行编目。

（三）设计文件

1. 总体设计、基础设计、方案设计等文件

（1）组卷：按设计单位编制的卷册分别组卷，一般以每一册为一卷，若每卷下的每册内容较少时，也可多册组成一卷。

（2）装订：一般保持其原有的装订不变。

（3）卷内文件排列：按设计单位编制的卷册顺序排列。

（4）编目：以件为单位进行编目。

2. 详细设计(施工图)文件

（1）组卷：一般分单元、专业进行组卷，每一单元每一专业为一卷或多卷。

（2）装订：施工图可不装订，单张图纸折叠成 A4 幅面装盒。

（3）卷内文件排列：按图纸目录排列。

（4）编目：每盒图纸作为一件进行编写页号，卷内目录以每张图纸填写一条目录(图纸目录、材料表、规格表、清单等一个图号填写一条目录)。

（四）项目管理文件

1. 征地、移民等文件

参照项目立项、审批等文件的整理方法。

2. 合同与招投标文件

（1）组卷：一般将一个招标项目的招投标文件组成一卷或多卷。合同、审批表及其他相关附件应装订在一起，作为一件归档。招标书、投标文件每册为一件。其他招标文件，已装订成册的文件可为一件，其他文件可按招标、

评标、定标文件组成若干件。

（2）装订：一般以件为单位进行装订。

（3）卷内文件排列：一般按招标工作流程的顺序进行排列。

（4）编目：以件为单位进行编目。

3. 项目计划与进度管理文件

一般以件为单位装订，分单项工程按阶段进行整理组卷。

4. 项目质量管理文件

项目质量管理涉及物资采购、进场、施工、中交等过程的质量控制，其所形成的文件多为项目施工文件的组成部分。一般按施工文件整理规定进行整理组卷。

5. 项目 HSE 管理文件

（1）建设单位形成的 HSE 管理文件按项目管理文件，以件为单位装订整理组卷。

（2）监理单位形成的 HSE 管理文件按监理文件整理组卷。

（3）总承包或施工单位形成的 HSE 管理文件按施工文件整理组卷。

6. 项目资金管理文件

（1）项目概算、预算、结算、决算文件按单项工程分阶段以件为单位装订整理组卷。

（2）施工期间的工程支付款申请及审批表，由监理单位负责纳入监理文件整理组卷。

（3）工程结算、决算文件，随竣工验收阶段其他文件一起整理组卷。

7. 项目涉外管理文件

项目涉外管理中形成的文件包括国外技术引进、国外设备和材料采购、人员出国考察、外国人员现场服务及国外各设计阶段文件，建设单位可按阶段、问题，以件为单位装订整理组卷。

8. 其他管理文件

项目管理过程中形成的其他应归档文件，由建设单位按问题以件为单位装订整理组卷。

(五)交工技术文件

1. 炼油化工工程建设项目交工技术文件

炼油化工工程建设项目交工技术文件按单项工程汇编整理。施工文件、材料质量证明文件、设备出厂资料、竣工图应按专业分类。

1）组卷。每个单项工程交工技术文件由8部分组成，组卷如下：

（1）施工综合卷(含工程质量验收)(可分卷)。

（2）土建工程卷(执行地标)。

（3）设备安装工程卷(可分卷，专业综合卷、动设备卷、静设备卷、锅炉安装卷……)。

（4）管道安装工程卷(可分卷，专业综合卷、施工文件卷)。

（5）电气安装工程卷(可分卷，专业综合卷、施工文件卷)。

（6）仪表安装工程卷(可分卷，专业综合卷、施工文件卷)。

（7）设备出厂资料卷(可分卷)。

（8）竣工图(按专业分卷，综合卷、专业卷)。

2）案卷构成及排序。

（1）单项工程施工综合卷：将涉及本单项工程综合性施工文件放入本卷。卷内文件包括但不限于：

① 工程开工报告。

② 工程中间交接证书。

③ 重大质量事故处理报告(发生时)。

④ 单位工程质量验收记录(分部工程和分项工程质量验收记录编入专业工程综合卷)。

⑤ 其他文件。

（2）土建工程、设备安装工程、管道安装工程、电气安装工程、仪表安装工程等专业综合卷：各专业施工文件的第一卷宜为专业综合卷，即将涉及本专业综合性施工文件放入本卷。卷内文件包括但不限于：

① 工程开工报告。

② 焊工、无损检测人员登记表。

③ 工程设计变更一览表及设计变更单。

④ 工程联络单一览表及工程联络单。

⑤ 工程中间交接证书。

⑥ 其他文件。

(3) 土建工程施工卷除执行专业综合卷规定外，尚应符合下列规定：

① 施工文件宜按单位工程、分部工程、分项工程顺序组卷。

② 卷内文件应按施工物资材料、施工记录、施工试验记录、过程质量验收记录等文件组卷。

(4) 设备安装工程施工卷除执行专业综合卷规定外，尚应符合下列规定：

① 按单位工程、分部工程、分项工程顺序组卷；动、静设备分别组卷。

② 整体到货的设备，卷内文件应按设备类别、位号、施工工序顺序组卷。每台(组)设备按设备开箱、基础复测、设备安装、垫铁隐蔽、检测、试验、内件安装、隐蔽验收、单机试车(动设备)等工序形成的记录、报告的顺序汇集成卷。同一设备的附属设备、附属设施、脱脂、防腐、保温、保冷及隔热耐磨衬里等施工文件宜一并编入主设备施工卷。

③ 现场组焊的锅炉、工业炉、压力容器、储罐等设备施工文件应单台组卷。

④ 大型机组现场组装的施工文件及成套设备现场安装的施工文件应单独组卷。

⑤ 设备的保温、保冷、脱脂、防腐及隔热耐磨衬等施工工程由专项施工单位施工的，可由专项施工单位按单位工程、分部工程、分项工程顺序将施工文件单独整理成卷，提交建设单位或汇总到设备安装工程卷中。

(5) 管道安装工程施工卷除执行专业综合卷规定外，尚应符合下列规定：

① 管道材料质量证明文件及复验报告可分类组卷，材料质量证明文件一览表按管道材料质量证明文件排列顺序填写并置于案卷中。

② 管道安装施工文件宜按试压包组卷，且试压包的内容应包括流程图、轴测图、管道焊接工作记录、管道焊接接头热处理报告、硬度检测报告、金属材料化学成分分析检验报告、管道无损检测结果汇总表、管道无损检测数量统计表、管道系统压力试验条件确认记录、管道系统压力试验记录，管道

试压包一览表按管道编号排列顺序填写并置于案卷中。

③ 管道组成件验证性和补充性检验记录、阀门试验确认表、安全阀调整试验记录、弹簧支/吊架安装检验记录、管道补偿器安装检验记录、安全附件安装检验记录、管道静电接地测试记录、管道焊接接头热处理曲线、管道系统泄漏性/真空试验条件确认与试验记录及管道吹扫/清洗检验记录等管道安装施工文件等，如不便于列入试压包，可分类汇编组卷。

④ 管道安装工程中的防腐、保温、保冷等施工文件宜单独组卷。防腐、保温、保冷、脱脂等单独委托施工的，应单独组卷提交。

（6）电气安装工程施工卷除应执行专业综合卷规定外，尚应符合下列规定：

① 安装检验(质量验收)记录、隐蔽工程记录及接地电阻测量记录等文件宜按单位工程、分部工程、分项工程顺序整理，按供配电系统设备、系统位号、安装工序等顺序组卷。

② 电气设备质量证明文件及随机资料可按设备类别分类组卷，也可按设备位号单独组卷。

③ 电气材料质量证明文件按材料类别、品种、规格等顺序组卷。

（7）仪表安装工程施工卷除应执行专业综合卷规定外，尚应符合下列规定：

① 仪表安装工程中的调试记录、安装检验记录宜按单位工程、分部工程、分项工程顺序整理，按控制、检测回路位号顺序组成卷或仪表控制系统安装文件单独组卷。

② 仪表设备质量证明文件及随机资料应按设备类别组卷，也可按设备位号组卷，开箱检验记录一并归入。

③ 仪表材料质量证明文件应按材料类别、品种、规格等顺序组卷。

（8）材料质量证明文件组卷应符合下列规定：

① 应在各专业中分别进行。材料质量证明文件一般按单位工程、分部工程、分项工程组卷；若无法细分到相关工程中，则将该专业材料质量证明文件按材料类别、品种、规格等顺序组卷。其中：压力管道以管道号为单位，按“一管一档”要求进行组卷；电气、仪表按类组卷；控制系统如DCS、ESD、

PLC以系统为单位组卷。

② 应编写材料质量证明文件一览表，材料质量证明文件按一览表中的顺序依次排列。

(9) 设备出厂资料组卷应符合下列规定：

① 按单台或成套采购的设备，宜单台或成套设备组卷。

② 设备出厂质量证明文件、设备使用维护说明书、图纸等技术资料应归档原件，且应按设备开箱检验记录、设备装箱单、设备出厂质量证明文件、设备使用维护说明书、图纸、设备数据手册、备品备件清单、备品备件合格证及使用说明书、辅助设备合格证及使用说明书的顺序排列。当有散装图纸时，图纸放在文字材料的后面。归档组卷时可不做拆分或合并装订。

③ 设备存在质量问题在施工现场进行整改的，相关整改及验收文件应一并编入。

④ 当主辅设备文件放在同一案卷时，一般先排主设备文件，后排辅助设备文件。

(10) 竣工图组卷应符合下列规定：

① 竣工图第一卷为竣工图综合卷，包括但不限于：竣工图编制说明、竣工图纸总分目录、设计变更一览表(附设计变更单、工程联络单等变更依据)、设计变更与竣工图修改对照表、交工技术文件移交证书、设计总结等。

② 宜按设计文件目录顺序组卷。

③ 竣工图每册厚度宜在40mm以内，标题栏须露在最外面；可不装订，但应采取一定措施固定其顺序，常见的方法有两种：一是每张图纸为一件，加盖档号章，不编写页号；二是每张图纸编写页号，不加盖档号章。

3) 其他要求。锅炉、压力容器、压力管道、起重机械、电梯等特种设备安装工程的交工技术文件应单独组卷。消防、环保、职业卫生、电信等设施安装交工技术文件宜单独组卷。

2. 油气田地面建设工程项目交工技术文件

油气田地面建设工程项目交工技术文件按单项工程、单位工程或装置、阶段、结构、专业组卷。

1）组卷。当施工单位负责材料、设备的采购时，设备材料卷由施工单位负责，否则，设备材料卷应由材料、设备采购单位负责。每个单项工程交工技术文件均由9部分组成，组卷如下：

（1）综合卷(可分卷)。

（2）设备材料卷(含设备出厂资料)(可分卷)。

（3）土建工程卷(可分卷)。

（4）设备安装工程卷(可分卷)。

（5）管道安装工程卷(可分卷)。

（6）电气安装工程卷(可分卷)。

（7）仪表安装工程卷(可分卷)。

（8）通信安装工程卷(可分卷)。

（9）竣工图卷(按专业分卷，综合卷、专业卷)。

2）案卷构成及排序。

（1）综合卷内容包括但不限于以下文件：交工技术文件封面、交工技术文件总目录、交工技术文件说明、施工组织设计、综合性工程技术专题洽商记录、开工报告、工程质量事故处理记录、工程交工验收证书、交工技术文件移交证书、单位工程质量验收资料等综合性交工技术文件，联动试车合格证书和工程交工验收证书可单独提交。

（2）各专业工程卷的组卷顺序为：综合卷、各单位工程施工文件卷。

（3）各专业工程综合卷内容包括但不限于以下文件：该专业工程交工技术文件封面、交工技术文件总目录、交工技术文件目录、交工技术文件说明、专业开工报告、综合性工程技术专题洽商记录、工程质量事故处理记录等。

（4）设备材料卷按品种、规格、材质、质量证明文件类型等分类排序。质量证明文件上应注明原材料使用部位(或区域)及使用数量。

（5）各专业工程卷内容包括但不限于以下文件：交工技术文件目录、交工技术文件说明、专业工程技术洽商记录、设计变更文件、设备材料代用审批单、单位工程质量验收资料、工程质量事故处理鉴定报告及本专业的施工记录、检测、实验报告。

建筑工程(包括钢结构和水暖卫设备、管道)卷宜按建筑物施工图设计文件编号及施工工序顺序编排。

管道安装工程卷宜按管道工艺流程、施工工序顺序编排。

设备安装工程卷宜按设备位号、安装工序顺序编排。

电气安装工程卷宜按系统供电顺序、设备位号及施工工序顺序编排。

仪表安装工程卷宜按测量、控制、报警等系统划分，按位号及施工工序顺序编排。

通信安装工程卷宜按系统及施工工序顺序编排。

(6) 竣工图组卷应符合下列规定：

① 竣工图第一卷为竣工图综合卷，包括但不限于：竣工图编制说明、竣工图纸总分目录、设计变更一览表(附设计变更单、工程联络单等变更依据)、设计变更与竣工图修改对照表、交工技术文件移交证书、设计总结等。

② 宜按设计文件目录顺序组卷。

③ 竣工图每册厚度宜在40mm以内，标题栏须露在最外面；可不装订，但应采取一定措施固定其顺序，常见的方法有两种：一是每张图纸为一件，加盖档号章，不编写页号；二是每张图纸编写页号，不加盖档号章。

3. 油气长输管道工程建设项目交工技术文件

油气长输管道工程通常由站场工程和线路工程两部分组成。

站场工程通常按站场划分单项工程，每个单项工程交工技术文件一般由13部分组成，组卷如下：

(1) 综合卷(含各专业综合部分)(可分卷)。

(2) 建筑工程卷(可分卷)。

(3) 工艺管网工程卷(可分卷)。

(4) 管材防腐工程卷(可分卷)。

(5) 储罐工程卷(可分卷)。

(6) 储罐防腐工程卷(可分卷)。

(7) 无损检测卷(可分卷)。

(8) 设备安装工程卷(可分卷)。

(9) 加热炉安装工程卷(可分卷，仅原油管道有)。

(10) 电气安装工程卷(可分卷)。

(11) 自动化仪表安装工程卷(可分卷)。

(12) 工程物资质量证明卷(可按专业分卷)。

(13) 竣工图卷(按专业分卷，综合卷、专业卷)。

线路工程一般按标段划分单项工程，每个单项工程交工技术文件一般由11部分组成，组卷如下：

(1) 综合卷(含各专业综合部分)(可分卷)。

(2) 管道工程卷(含土建、管道安装、阴保等专业施工文件单独组卷)(可分卷)。

(3) 管材防腐工程卷(可分卷)。

(4) 水保工程卷(可分卷)。

(5) 穿跨越工程卷(可分卷)。

(6) 隧道工程卷(可分卷)。

(7) 盾构工程卷(可分卷)。

(8) 无损检测工程卷(可分卷)。

(9) 通信安装工程卷(含质量验收)(可分卷)。

(10) 工程物资质量证明卷(含各专业)(可分卷)。

(11) 竣工图卷(按专业、桩号分卷，综合卷)。

4. 油库、加油站建设项目交工技术文件

油库、加油站每个单项工程交工技术文件一般由8部分组成，组卷如下：

(1) 综合卷。

(2) 土建工程卷。

① 综合册；

② 竖向工程技术册；

③ 辅助用房工程技术册；

④ 发油亭工程技术册。

(3) 设备安装工程卷。

① 综合册；

② 储罐技术册；

③ 机泵安装技术册。

(4) 管道安装工程卷。

① 综合册；

② 工艺管道技术册；

③ 给排水管道安装技术册；

④ 消防系统管道安装技术册。

(5) 电气安装工程卷。

① 综合册；

② 电气安装技术册。

(6) 自控安装工程卷。

① 综合册；

② 自控仪表安装技术册。

(7) 设备材料质量证明卷。

(8) 竣工图卷。

5. 滩浅海海上石油工程建设项目交工技术文件

滩浅海海上石油工程建设项目(以下简称海上工程)，指在作业水深0~18m的浅海海域新建、扩建和改建的石油地面建设工程，包括但不限于平台、海底管线、海底电缆等海洋石油生产设施的施工建设。平台分为下部基础、上部组块两部分。另外，如海缆工程资料内容较少时，可将综合卷，施工卷，材料、设备质量证明卷合并为一卷归档。每个单项工程交工技术文件一般由7部分组成。组卷如下：

(1) 综合卷(可分卷)。

(2) 平台下部基础施工卷(可分卷)。

(3) 平台上部组块施工卷(可分卷)。

(4) 海底管道施工卷(可分卷)。

(5) 海底电缆施工卷(可分卷)。

(6) 材料、设备质量证明卷(可分卷)。

（7）竣工图卷（可分卷）。

（六）监理文件

1. 组卷与排列

施工监理文件宜按单项工程、事由、时间组卷，分为综合卷、监理文件卷。

（1）监理综合卷、监理文件卷中的综合性文件，可按事项、时间组成一个或多个具体的案卷；质量、进度、投资、安全等控制性文件，可按单位工程组成一个或多个具体的案卷。

（2）监理单位应将监理单位形成的文件单独组卷。施工单位形成的记录另行组卷。

（3）监理大纲、监理规划、监理实施细则、监理规定、监理制度等分别组卷（文件多时）或合并组卷（文件少时）。

（4）一个监理单位的开工令集中一起组卷，按单项工程（标段）顺序排列。

（5）停（复）工令、监理通知及工作指令与施工单位的回复对应一起归档，一个单项工程（标段）排完再排列另一个单项工程（标段）。

（6）监理备忘录、监理月报、监理工地会议纪要，按照形成时间顺序组卷。

（7）专门针对某个单项工程（标段）的小型专题会议记录（纪要）等，分单项工程（标段）按时间顺序组卷。

（8）工程质量评估，按单项工程（标段）顺序排列组卷。

（9）索赔文件，监理对索赔人的索赔要求给予的批复和答复意见后附索赔报告文件，分单项工程（标段）后按时间顺序排列组卷。

（10）监理旁站记录：分别分单项工程（标段）按时间顺序组卷。

（11）监理日志分专业按时间顺序组卷。

（12）工程计量与支付报表，以单项工程（标段）为单元，按支付的月度顺序组卷。

（13）工序报验、材质报审表，按单项工程分专业组卷。

（14）工程质量控制文件，由监理单位发出的工程质量管理通用性文件、计划进度管理文件，分别按时间顺序单独组卷。

(15) 施工质量抽检文件，分单项，按分项工程组卷。

设备监造文件分单项工程、按单台(套、组)设备组卷。

2. 装订

可采用整卷装订或以件为单位装订。

3. 编目

以件为单位进行编目。

(七)生产准备与试生产文件

生产准备与试生产阶段可分为技术准备阶段，工程扫尾与单机试车阶段，系统清洗、吹扫、气密阶段，联动试车阶段，投料试车阶段，生产考核阶段。应根据各阶段文件的性质、内容分别按项目、时间整理组卷。

(八)项目竣工验收文件

建设工程项目竣工验收工作包括从工程实体验收到竣工验收资料归档等，包括交工验收、专项验收(消防、防雷、环境保护、安全设施和职业病防护设施等专项竣工验收)、竣工决算与审计、档案验收、竣工验收等工作。

1. 交工验收文件

各参建单位的工程交工证书，按《石油化工建设工程项目交工技术文件规定》(SH/T 3503)汇入项目交工技术文件综合卷。

2. 专项、专业验收文件

专项验收包括项目消防、防雷、职业卫生、劳动安全卫生、环境保护等设施和实施效果验收。专业验收包括竣工决算与审计、档案专业验收。

形成的验收文件分别按专项或专业，以件为单位整理组卷。

3. 竣工验收文件

竣工验收文件按项目、时间，以件为单位整理组卷。

(九)其他文件

(1) 科研文件按项目、课题组卷。

(2) 建设项目后评估、改扩建或重建所形成的项目文件应单独组卷。

(3) 电子文件立卷时，每个工程(项目)应建立多级文件夹，应与纸质文件在案卷设置上一致，并应建立相应的标识关系。

(4) 声像资料应按建设工程各阶段立卷，重大事件及重要活动的声像材料应按专题立卷，声像档案与纸质档案应建立相应的标识关系。

五、项目文件的归档

(一)项目文件的归档要求

(1) 建设单位各部门、各施工承包单位、监理单位应在建设项目完成后，将经整理、编目后所形成的项目档案按合同协议规定的要求，向建设单位档案部门归档。

(2) 根据基本建设程序和项目特点，归档可按阶段分期进行，也可在单项工程或单位工程完成并通过竣工验收后与竣工验收文件一并归档。

(3) 归档文件应完整、成套、系统。应记述和反映建设项目的规划、设计、施工及竣工验收的全过程；真实记录和准确反映项目建设过程和竣工时的实际情况，图物相符、技术数据可靠、签字手续完备。

(4) 勘察、设计、施工及监理单位需要向本单位归档的文件，应按国家有关档案管理的规定单独立卷归档。

(5) 外文资料应将题名、卷内章节目录译成中文，经翻译人、审校人签署的译文稿与原文一起归档。

(6) 项目档案(含竣工图)实行纸质文件与电子文件双套归档，电子版内容应与纸质版内容保持一致，且内容为不可更改。同时，电子版宜具有目录检索功能。电子文件具体归档要求执行《电子文件归档与电子档案管理规范》(GB/T 18894)等国家标准。

(7) 电子版交工技术文件应符合下列规定：

① 交工技术文件电子版应与其对应的纸质版一致，其归档格式应符合《建设工程文件归档规范》(GB/T 50328)要求。

② 交工技术文件电子版应以纸质版卷内目录中的序号为编制单元，一个序号的文件为一个电子文件，一卷为一个文件夹，文件夹名称与对应纸质版案卷“卷名”相同。

(二)项目文件的归档审查

(1) 交工技术文件和监理文件收集、编制和整理后，应依次由编制单位、监理单位、质监机构对文件的完整、准确情况和案卷质量进行审查或三方会审，经建设单位工程管理部门确认并办理交接手续后连同审查记录(式样见表6-4)全部交档案部门。

(2) 建设单位档案部门应按照国家、行业档案管理要求，对归档文件进行检查验收。

表6-4 项目档案审查记录(式样)

建设项目概况	(主要说明情况包括：项目名称、地点、项目内容、开竣工时间、涉及的参建单位，如设计、监理、施工、检测、桩基、防腐、质监站等)
项目档案概况	(主要说明情况包括：专人负责情况、与工程建设同步编制情况、审核流程情况、档案准确齐全完整情况、电子文件制作情况等)
编制单位审查意见	(意见须手写，如有问题可以提出，注明整改期限和要求) 项目经理：(公章) 日期： 年 月 日
监理单位审查意见	(意见须手写，如有问题可以提出，注明整改期限和要求) 项目总监：(公章) 日期： 年 月 日

续表

建设单位审查意见	（意见须手写，如有问题可以提出，注明整改期限和要求） 项目经理：（公章） 日期：　年　月　日
档案部门审查意见	（意见须手写，如有问题可以提出，注明整改期限和要求） 档案部门审查人：（公章） 日期：　年　月　日

（三）项目文件的归档时间、归档份数和交接

（1）归档时间。项目文件应在项目竣工验收前归档，周期长的可分阶段、单项归档。各类项目文件具体归档时间可按以下要求进行。

① 项目前期文件（依据性、基础性）应在工作完成后及时归档。

② 外购设备仪器或引进项目的文件应在开箱验收或接收后即时登记归档。

③ 设计、采购、施工或工程总承包单位应在工程中间交接后三个月移交装订成册的交工技术文件。

④ 光盘、磁带、照片、胶片、实物等载体形式的文件应在工作结束后及时归档，或与相应内容的纸质载体归档时间一致。

⑤ 项目更新、补充文件应随时归档。

（2）归档份数。归档的文件一般纸质档案一式两份（或按合同约定），电子档案一式两套。重要的、利用频繁的和有专门需要的可适当增加份数。具体归档份数可根据单位实际需要确定。

（3）归档交接。文件形成部门应按期将《文件材料归档移交书》（式样见图 6-7）随同已整理的文件向建设单位档案部门移交。档案部门接收时应认真核对，并检查档案质量。双方在《文件材料归档移交书》签字后各保留一份。

<table>
<tr><td rowspan="2">SINOPEC 中国石化</td><td colspan="7">文件材料归档移交书</td></tr>
<tr><td>记录编号</td><td></td><td>使用单位</td><td colspan="4"></td></tr>
<tr><td>序号</td><td>项目名称</td><td>内容</td><td>编号</td><td>起止年度</td><td>数量</td><td>数量单位</td><td>备注</td></tr>
<tr><td></td><td>(指单位工程或单项工程)</td><td>(指归档移交的类别或内容)</td><td></td><td></td><td></td><td></td><td></td></tr>
<tr><td></td><td></td><td></td><td></td><td></td><td></td><td></td><td></td></tr>
<tr><td colspan="5">合计</td><td></td><td></td><td></td></tr>
<tr><td colspan="3">归档单位：(指归档移交机构)
根据(指归档范围、相关标准制度等依据性文件要求)，归档文件完整、准确、系统(详见附件目录)

移交人(签字):
分管领导(签字): (单位盖章)
移交日期: 年 月 日</td><td colspan="5">档案部门：(指档案接收机构)
经审查清点，以上归档文件符合(指接收单位的归档范围、合同、相关标准及档案整理等要求)，同意接收

接收人(签字):
分管领导(签字): (单位盖章)
接收日期: 年 月 日</td></tr>
</table>

图6-7（a） 文件材料归档移交书式样

记录编号:MMSH–R3.33.105–2018

文件材料归档移交清单

序号	文件编号	责任者(或编制单位)	题　　名	日期	页数	保管期限	备注
1		中石化第五建设有限公司	茂名分公司北山球罐区增加二次脱水系统项目施工管理综合卷	20200722	119	永久	
2		中石化第五建设有限公司	茂名分公司北山球罐区增加二次脱水系统项目施工管理综合卷(施工方案及技术交底)	20200722	196	永久	
3		中石化第五建设有限公司	茂名分公司北山球罐区增加二次脱水系统项目施工管理工程质量评定综合卷	20200722	74	永久	
4		中石化第五建设有限公司	茂名分公司北山球罐区增加二次脱水系统项目施工管理土建专业卷施工记录及材质证	20200722	69	永久	
5		中石化第五建设有限公司	茂名分公司北山球罐区增加二次脱水系统项目施工管理设备安装卷液态烃污水泵P14–安装记录及随机资料	20200722	30	永久	
6		中石化第五建设有限公司	茂名分公司北山球罐区增加二次脱水系统项目施工管理设备安装卷二次脱水罐卧–14安装记录及随机资料	20200722	76	永久	
7		中石化第五建设有限公司	茂名分公司北山球罐区增加二次脱水系统项目施工管理设备安装卷一次脱水罐容–17安装记录及随机资料	20200722	45	永久	
8		中石化第五建设有限公司	茂名分公司北山球罐区增加二次脱水系统项目施工管理设备安装卷一次脱水罐容–18安装记录及随机资料	20200722	47	永久	
9		中石化第五建设有限公司	茂名分公司北山球罐区增加二次脱水系统项目施工管理管道安装卷施工记录	20200722	133	永久	
10		中石化第五建设有限公司	茂名分公司北山球罐区增加二次脱水系统项目施工管理管道安装卷材料质量证明文件	20200722	141	30年	

移交人: [illegible]　接收人: [illegible]　移交归档时间: 2020.8.27 (说明：本表按装订的1件或1册逐行填写，不能按类填写)

图6–7（b）　文件材料归档移交清单示例

六、建设项目档案的验收

(一)建设项目档案验收依据和验收组织

1. 验收依据

建设项目档案验收主要依据国家档案局《重大建设项目档案验收办法》(档发〔2006〕2号)《中国石化建设项目档案验收细则》(中国石化综〔2020〕177号)进行。

2. 验收组织

(1) 综合管理部负责中国石化建设项目档案验收工作的指导和监督，负责一类、二类项目档案验收管理工作。

(2) 综合管理部按照《重大建设项目档案验收办法》，负责对国家发展和改革委员会等国家部委核准或备案的建设项目组织档案预验收，预验收通过后，提请国家档案局验收。

(3) 各企事业单位、股份公司各分(子)公司负责三类项目档案验收管理工作。

(二)建设项目档案验收时间和验收申请条件

1. 验收时间

建设项目档案验收，应在项目竣工验收3个月前完成。

2. 验收申请应具备的条件

(1) 项目主体工程和辅助设施已按照设计建成，能满足生产或使用的需要；生产出合格产品或者项目试运行指标考核合格。

(2) 完成项目建设全过程各类文件材料的收集、整理与归档工作。

(3) 归档文件材料的分类、排列、编号、组卷、编目等案卷质量符合《科学技术档案案卷构成的一般要求》《建设项目档案管理规范》《建设工程项目档案管理规范》《中国石化档案数字化规范》等规范要求。

（4）建设单位已组织对勘察、设计、监理、施工、检测、采购等单位归档文件的完整性、准确性和规范性进行审查，并形成审查意见。

（5）建设单位已组织完成项目全过程文件材料的自检，并形成自检报告发验收组织单位。自检报告主要内容包括：建设项目概况；项目档案工作的管理体制；项目文件材料的形成、积累、整理归档工作情况；项目档案的完整性、准确性、系统性、规范性、安全性评价；竣工图的编制情况及质量；项目档案在项目建设、管理、试运行中的作用；存在的问题及解决措施等。

（6）档案保管设施、设备及档案利用符合国家和中国石化的管理规定。

（三）建设项目档案验收流程

1）建设单位应向验收组织单位提交档案验收请示和《中国石化建设项目档案验收申请表》（见示例1）。验收组织单位应在收到验收请示10个工作日内作出回复。

示例1

关于××工程项目档案专业验收的请示

综合管理部：

我公司××工程总投资××××万元，××××年××月××日开工建设，××××年××月××日中交，××××年××月××日交工。

根据工程验收总体安排，该项目业已完成全部档案材料的收集、整理工作，并按《中国石化建设项目档案专业验收细则》进行了自检，具备档案专业验收条件，特申请安排对该项目进行档案专业验收。

妥否，请批示。

附件：中国石化建设项目档案专业验收申请表

×××××（单位盖章）

××××年××月××日

（联系人：×××，电话：×××-×××××××）

中国石化建设项目档案专业验收申请表

<table>
<tr><td>项目名称</td><td colspan="3">××工程</td></tr>
<tr><td>项目批准
（核准）单位</td><td colspan="3">××××</td></tr>
<tr><td>申请单位</td><td>××公司</td><td>项目投资额</td><td>××××万元</td></tr>
<tr><td>建设时间</td><td>××××年××月××日—
××××年××月××日</td><td>设计单位</td><td>××设计有限公司</td></tr>
<tr><td>施工（总承包）单位</td><td>××公司</td><td>监理单位</td><td>××工程监理有限公司</td></tr>
<tr><td>档案
验收计划日期</td><td>××××年××月</td><td>项目竣工验收
计划日期</td><td>××××年××月</td></tr>
<tr><td>联系人</td><td>×××</td><td>电话</td><td>×××-××××××</td></tr>
<tr><td>建设单位
自检情况</td><td colspan="3">××工程项目档案管理体制和管理制度健全，档案管理设施完备，项目档案收集、整理工作已全部完成，案卷整理规范，档案交接审核手续齐全，达到完整、准确、系统、安全要求，具备档案专业验收条件。

（单位盖章）
××××年××月××日</td></tr>
<tr><td>组织验收
单位意见</td><td colspan="3">

（单位盖章）
年　月　日</td></tr>
</table>

2）验收组织单位宜采取召开档案验收会的形式组织档案验收工作。

3）验收会包括首次会、现场检查、末次会。验收会由验收组组长主持。参加人员应包括：验收组成员；建设单位工程管理、投资管理、物资采购、安全环保、生产运行、档案管理等部门有关领导和人员；项目总承包及设计、施工、监理等参建单位的负责人及有关人员。

（1）首次会主要议程：一是建设单位汇报项目建设概况和档案管理情况。档案管理情况主要包括：项目档案工作的组织领导；项目文件的管理控制措施；制度建设情况；收集整理工作；各阶段归档数据；安全保管情况；未完成的工作及存在的问题。二是监理单位(或合同规定的履行项目档案质量审核责任的单位)汇报交工技术文件质量审核和监理文件归档情况。监理单位汇报(提纲)可参照示例2。

示例2

××项目交工技术文件质量审核及监理文件归档情况汇报(提纲)

一、项目概况

二、监理机构情况

1. 人员配备

2. 资源配备情况

三、监理文件编制、审核和归档情况

1. 文件编制情况

2. 监理组内部过程资料编制与整理情况

3. 监理文件的管理程序

4. 监理文件归档情况

四、对交工技术文件的管理情况

1. 交工技术文件的管理范围

2. 交工文件管理的责任分工

3. 交工技术文件的管理程序

4. 交工文件的质量要求

5. 对交工技术文件的审核

（2）现场检查要求。

① 抽查档案的数量应不少于100卷，一般按以下比例抽查：项目档案数量超过5000卷的，抽查5%；项目档案数量超过1000卷不足5000卷的，抽查5%~10%；项目档案数量在1000卷以下的抽查20%~30%。

② 验收组对照《中国石化建设项目档案验收评分表》(见表6-5)逐项检查，并形成验收检查记录(示例见表6-6)。检查内容包括项目文件及项目档案管理体制，项目档案的完整性、准确性、系统性、规范性、安全性。

③ 项目档案验收情况评价打分。90分(含)以上为优秀，75分(含)以上为合格，75分(不含)以下为不合格。

④ 对存在以下问题的项目，按验收不合格处理。

a.“项目管理体制”大项扣10分及以上的。

b.“项目档案完整性”大项“竣工图”小项扣8分及以上的。

c.“项目档案完整性”大项“竣工验收文件”小项扣5分及以上的。

d.“项目档案准确性”大项“内容准确”小项扣5分及以上的。

（3）末次会主要议程包括：一是向建设单位反馈验收情况；二是宣布验收意见。验收意见主要内容包括：项目档案验收的依据和组织；项目档案管理基本情况；项目档案的形成、积累、整理与归档工作情况；项目档案的完整性、准确性、系统性、规范性、安全性评价；验收结论；存在问题和整改要求。

4）验收合格后，建设单位应及时将验收意见、验收组成员签字表、验收评分表和验收登记表(示例见表6-7)报送验收组织单位。验收组织单位在验收登记表上签署意见并加盖公章后，由验收组织单位和建设单位分别存档。

5）验收合格的项目，建设单位工程管理相关部门按验收组要求落实问题整改，形成整改报告，签章后交建设单位档案部门存档备查。

6）验收不合格的项目，由验收组提出整改意见和复验日期。复验仍不合格的，由档案验收组织单位向同级工程管理部门报告，建设单位应重新申请验收。

表 6-5　中国石化建设项目档案验收评分表

项目名称：

编号	验收内容	标准分	评分细则	自检得分	扣分原因	实评得分	扣分原因
1	项目档案管理体制	15	（本大项扣 10 分及以上的，按验收不合格处理）				
1.1	明确项目档案管理部门和职责，建立项目档案管理网络	2	1. 建设单位未明确项目档案管理部门和职责，扣 1 分；职责不落实的，扣 0.5 分 2. 未建立项目档案管理网络，扣 1 分；网络覆盖不全，扣 0.2 分/单位				
1.2	明确项目档案分管领导	1	1. 项目管理部门未明确分管领导，扣 0.5 分；职责不落实的，扣 0.2 分 2. 总承包、施工、设计、监理单位未明确分管领导，扣 0.5 分；职责不落实的，扣 0.2 分				
1.3	明确项目档案管理人员	1.5	1. 建设单位档案部门未明确专兼职人员负责项目档案管理工作，扣 0.5 分；职责不落实的，扣 0.2 分 2. 项目管理部门未明确专人负责项目文件编制、审核和移交归档工作，扣 0.5 分；职责不落实的，扣 0.2 分 3. 总承包、施工、设计、监理单位未明确专人负责项目文件编制、审核和移交归档工作，扣 0.5 分；职责不落实的，扣 0.2 分				
1.4	经费投入满足档案工作需要	1	档案库房建设、设施设备投入、档案数字化及整编等经费投入不足，影响档案工作开展的，扣 1 分				

续表

编号	验收内容	标准分	评分细则	自检得分	扣分原因	实评得分	扣分原因
1.5	项目档案工作纳入合同管理	1	1. 建设单位在与参建单位签订合同、协议时，未设立专门条款，明确规定项目文件归档责任的，扣 0.5 分 2. 监理合同条款未明确监理单位对交工技术文件完整性、准确性的审查责任的，扣 0.5 分				
1.6	建设单位各职能部门和各参建单位认真履职	5	1. 工程管理部门未组织编制项目文件管理、归档及检查考核制度的扣 0.5 分，未开展交工技术文件编制工作的指导、培训、审查工作的扣 0.5 分 2. 建设单位职能部门未落实归档责任的，扣 1 分 3. 工程监理单位未将交工技术文件管理纳入监理管理内容的扣 0.5 分，未对参建单位编制交工技术文件工作进行指导、培训、检查、考核的扣 0.5 分 4. 施工(总承包)单位未将交工技术文件管理纳入项目管理内容，未建立内部检查和考核制度的扣 1 分 5. 档案部门未对项目档案进行业务指导的，扣 1 分				
1.7	编制项目文件和项目档案管理制度并落实到位	2	1. 建设单位未制定项目档案管理制度或企业档案管理制度未覆盖项目档案管理内容的，扣 1 分 2. 建设单位无交工技术文件编制方案的，扣 0.5 分 3. 施工(总承包)单位无交工技术文件编制细则的，扣 0.5 分				
1.8	项目档案工作与项目建设同步进行	1.5	1. 项目资料和项目档案的编制、收集、积累、整理、审查与项目建设进度不一致的，扣 1 分 2. 建设单位未组织档案自检或预验收的，扣 0.5 分				
2	项目档案完整性	53					

续表

编号	验收内容	标准分	评分细则	自检得分	扣分原因	实评得分	扣分原因
2.1	立项报批文件	3	1. 立项批复未归档扣3分 2. 项目建议书、可行性研究报告、项目选址和规划等相关材料未归档，扣0.5分/件 3. 其他文件归档不完整的，扣0.1分/件，上限1分				
2.2	设计基础文件	0.5	1. 工程勘察报告等未归档，扣0.5分 2. 其他文件归档不完整，扣0.1分/件				
2.3	设计文件	3	1. 总体设计、基础设计批复未归档，扣3分；请示未归档，扣0.5分 2. 审查材料未归档，扣0.5分；归档不完整的，扣0.1分/件 3. 有工艺包但未归档的，扣1分				
2.4	专项管理、项目土地房产管理、综合管理、合同、招投标、涉外、财务、器材等项目管理文件	6.5	1. 安全、环保、职业卫生、消防、防雷、地震、节能评估等专项预评价、设计报审文件未归档，扣2分/项；批复文件未归档，扣1分/件；其他文件归档不完整的，扣0.1分/件，上限1分 2. 开工审批文件未归档，扣0.5分/件，上限1分 3. 项目土地管理类文件未归档，扣1分 4. 项目综合管理文件、管理手册、程序文件、总体统筹计划等未归档，扣0.2分/件，上限1分 5. 合同未归档或合同采用分库保管时不能提供合同档案目录的，扣2分；合同归档不完整的，扣0.2分/件 6. 招投标文件未归档，扣1分；归档不完整的，扣0.1分/件 7. 涉外文件(谈判洽谈文件、出国调研考察材料、外事工作总结等)未归档，扣1分；归档不完整的，扣0.1分/件 8. 财务器材文件未归档，扣0.5分；归档不完整的，扣0.1分/件				

续表

编号	验收内容	标准分	评分细则	自检得分	扣分原因	实评得分	扣分原因
2.5	施工文件	9	1. 综合卷或一个以上专业卷未归档，扣9分 2. 单位(单元)工程交工技术文件未归档，扣3分/单位(单元) 3. 单线图未归档，扣2分；归档不完整的，扣0.1分/件；无可追溯性标识或标识不清楚的，扣0.1分/件，上限1分 4. 材料质量证明文件不完整的，扣0.1分/件，上限2分 5. 施工记录、施工试验记录、过程质量验收记录不完整的，扣0.1分/件，上限2分 6. 检验检测文件归档不完整的，扣0.1分/件，上限1分 7. 各类文件附件、图表不完整的，扣0.1分/件，上限2分 8. 工程质量验收记录与单位、分部、分项不一致的，扣0.1分/件，上限1分；检验批记录不对应的，扣0.1分/件，上限1分 9. 其他施工文件未归档，扣0.1分/件，上限1分				
2.6	监理、监造文件	3	1. 综合卷或文件卷未归档，扣3分；监造文件未归档，扣0.5分/台，上限1.5分 2. 监理各类会议纪要归档不完整的，扣0.1分/件，上限0.5分 3. 监理大纲、监理规划、监理实施细则、监理(监造)日志、监理月报、监理工作总结、旁站记录、平行检验记录文件、见证取样记录归档不完整的，扣0.1分/件，上限1分 4. 工程验收、设备材料进场、分包单位资格、人员资质审查文件归档不完整的，扣0.1分/件，上限0.5分 5. 工程开工复工、质量与进度控制、设备监造放行等文件归档不完整的，扣0.1分/件，上限0.5分 6. 监理通知单、回复单、监理工作联系单归档不完整的，扣0.1分/件，上限0.5分 7. 其他文件未归档，扣0.1分/件，上限0.5分				

续表

编号	验收内容	标准分	评分细则	自检得分	扣分原因	实评得分	扣分原因
2.7	设备文件	5	1. 设备文件未归档，扣0.5分/台(套) 2. 台(套)内文件归档不完整的，扣0.1分/件，上限0.5分/台(套)				
2.8	竣工图	10	1. 综合卷未归档，扣3分；图纸总目录未归档，扣0.5分；图纸分目录未归档，扣0.2分/单元，上限2分；专业图纸目录未归档，扣0.2分/专业，上限2分 2. 竣工图设计单元未归档，扣3分/单元；专业未归档，扣2分/专业 3. 竣工图纸归档不全，扣0.5分/张 4. 未编制终版竣工图，扣6分；部分未编制，扣3分 5. 设计总结未归档，扣1分 6. 设计变更与竣工图修改对照表未归档，扣1分 7. 其他文件未归档，扣0.1分/件，上限1分 (本项扣8分及以上的，按验收不合格处理)				
2.9	科研、信息系统开发文件	1	1. 科研课题文件未归档，扣0.5分；归档不完整的，扣0.1分/件 2. 信息系统开发文件未归档，扣0.5分；归档不完整的，扣0.1分/件				
2.10	生产技术准备、试生产文件	2	1. 生产准备工作纲要(方案)、总体试车方案、生产考核或标定报告、试生产总结、事故分析报告等未归档，扣0.2分/件，上限1分 2. 安全操作规程、工艺技术规程、工艺流程图、生产准备技术培训材料等文件未归档，扣0.1分/件，上限1分				

续表

编号	验收内容	标准分	评分细则	自检得分	扣分原因	实评得分	扣分原因
2.11	竣工验收文件	6	1. 安全、环保、职业卫生、消防、防雷、审计等专项文件，工作办理完毕未归档，扣2分/项；专项验收(除审计外)工作未完成，扣1分/项 2. 专项验收批复文件未归档，扣1分/件；其他文件归档不完整的，扣0.1分/件，上限0.5分/项 3. 项目建设总结及大事记未归档，扣0.5分 4. 质量监督报告、压力管道安装安全质量监督检验报告未归档，扣0.5分/项 (本项扣5分及以上的，按验收不合格处理)				
2.12	声像文件、电子文件	4	1. 监理、施工、建设单位等三类单位声像档案未归档，扣2分/类；归档不完整的，扣0.1~1分 2. 施工文件、监理文件、竣工图、设备文件、前期和管理性文件等5类电子文件未归档，扣1分/类；归档不完整的，扣0.1~1分				
3	项目档案准确性	15					
3.1	归档文件质量	3	1. 归档载体不符合要求的，扣0.1分/件，上限0.5分；以复印件代替原件存档的，扣0.1分/件，上限1分 2. 离线存储的电子文件未使用一次性写入光盘，扣1分 3. 有不符合档案保管要求的书写材料和字迹，扣0.1分/件，上限0.5分 4. 有图样不清晰等不符合归档文件质量要求的，扣0.1分/件，上限0.5分				
3.2	签字盖章完备	3	1. 归档文件签字盖章不完备，扣0.1分/件，上限1分 2. 外方提供的竣工图未经外方签字确认，扣1.5分；有漏缺的，扣0.1分/件 3. 采购单位和施工单位工程师未对材料质量证明文件原件进行确认并签字的，扣0.5分；有漏缺的，扣0.1分/件				

续表

编号	验收内容	标准分	评分细则	自检得分	扣分原因	实评得分	扣分原因
3.3	内容准确	6	1. 归档文件的内容、数据失实，扣0.1分/件，上限2分 2. 竣工图修改不到位的，扣0.5分/处 3. 文件日期不准确或文件日期存在前后逻辑混乱，扣0.1分/件，上限0.5分 （本项扣5分及以上的，按验收不合格处理）				
3.4	档案封面、目录、备考表	3	1. 案卷题名不能反映卷内文件内容，扣0.5分 2. 外文检索工具及外文标题未翻译成中文，扣0.5分 3. 缺备考表或备考表不规范的，扣0.5分 4. 卷内目录著录不符合要求的，扣0.5分 5. 档案目录不完整的，扣0.5分 6. 按件装订未加盖档号章的，扣0.5分 7. 其他不符合规范要求的，扣0.5分				
4	项目档案系统性	5					
4.1	交工技术文件的系统性	1	1. 交工技术文件没有实施系统性编号，扣1分 2. 编号不完整，扣0.5分				
4.2	项目档案的系统性	4	1. 档案分类不符合国家、行业标准或企业标准的，扣1分 2. 档案组卷不符合国家、行业标准或企业标准的，扣1分 3. 案卷排序不合理，扣0.1分/卷，上限1分 4. 卷内文件排序不能反映文件材料的有机联系，扣0.1分/卷，上限1分				
5	项目档案规范性	7					
5.1	文件版次	0.5	归档文件版次不符合要求，扣0.1分/件				

续表

编号	验收内容	标准分	评分细则	自检得分	扣分原因	实评得分	扣分原因
5.2	纸质文件格式	1	文件格式不符合 SH/T 3503 及 GB/T 11822 等标准要求的，扣 0.1 分/件				
5.3	电子文件格式	1	项目电子文件格式或质量不符合要求的，扣 0.1 分/件				
5.4	文件材料内容	1	填写不规范，字迹不清的，扣 0.1 分/卷				
5.5	归档手续	3	1. 未办理档案归档手续的，扣 0.5 分/归档单位 2. 归档手续不完整的，扣 0.2 分/归档单位				
5.6	装具要求	0.5	档案盒等档案装具不符合要求的，扣 0.5 分				
6	项目档案安全性	5					
6.1	库房保管	3	1. 档案库房容量不满足 5 年存量要求的，扣 0.5 分 2. 档案防火、防盗、防高温、防潮、防水、防光、防鼠、防虫、防尘、防污染“十防”措施不到位的，扣 0.2 分/项 3. 库房温湿度检查等记录不全的，扣 0.5 分				
6.2	档案用房	0.5	档案库房、阅览室、办公区未实行三分开，扣 0.5 分				
6.3	电子文件	1.5	1. 电子文件没有导入档案管理系统，扣 1 分 2. 没有建立项目电子文件备份机制的，扣 0.5 分				
合计	/	100	/		/		/

记录人：　　　　　　　　　　　　　　　　　　　　　　　　　　　　　　日期：　　年　　月　　日

表 6-6　中国石化建设项目档案验收检查记录

建设单位：中国石化××公司　　　　日期：××××年××月××日

<table>
<tr><td>项目名称</td><td colspan="3">××工程</td></tr>
<tr><td>检查分工</td><td colspan="2">交工技术文件、监理文件</td><td>抽查数量</td><td>××卷</td></tr>
<tr><td>被检查单位</td><td colspan="4">××单位</td></tr>
<tr><td>检查人</td><td>×××</td><td>陪检人</td><td colspan="2">××单位×××、×××……</td></tr>
<tr><td colspan="5">存在问题：（可附件）
1. 材料质量证明文件不完整，如××卷××页；
2. 工程质量验收记录不完整，如××卷××页；
3. 单线图归档不完整，如××卷；
4. 检验批记录不全，如××卷；
……</td></tr>
<tr><td colspan="5">亮点及建议：
（略）</td></tr>
</table>

表 6-7　中国石化建设项目档案专业验收登记表

编号：中国石化档验字〔　　〕号

<table>
<tr><td colspan="2">项目名称</td><td colspan="4"></td></tr>
<tr><td colspan="2">建设单位</td><td colspan="4"></td></tr>
<tr><td colspan="2">地　址</td><td></td><td>邮编</td><td colspan="2"></td></tr>
<tr><td colspan="2">设计单位</td><td colspan="4"></td></tr>
<tr><td colspan="2">施工(总承包)单位</td><td colspan="4"></td></tr>
<tr><td colspan="2">监理单位</td><td colspan="4"></td></tr>
<tr><td colspan="2">质量监督单位</td><td colspan="4"></td></tr>
<tr><td colspan="2">项目档案总数</td><td>卷(册)</td><td>图纸</td><td colspan="2">张</td></tr>
<tr><td colspan="2">档案移交单位</td><td colspan="4"></td></tr>
<tr><td>组织单位</td><td colspan="5"></td></tr>
<tr><td>验收组成员</td><td colspan="5"></td></tr>
<tr><td>验收结论</td><td colspan="5">验收组组长：
年　月　日</td></tr>
<tr><td>审批意见</td><td colspan="5">优秀□合格□
（盖章）
年　月　日</td></tr>
</table>

附录6-1：××公司××项目交工技术文件编制方案

（项目名称）

交工技术文件（含监理文件）编制方案

编制单位：××公司（章）

编 制 人：×××

审 核 人：×××

编制日期：××××年××月××日

1. 编制说明

本方案适用于××项目交工技术文件及监理文件的编制工作，用于指导本项目中交后竣工文件的收集、编制、整理、组卷、数字化和移交归档工作。

2. 编制依据

SH/T 3503—2017　石油化工建设工程项目交工技术文件规定

SH/T 3543—2017　石油化工建设工程项目施工过程技术文件规定

SH/T 3550—2012　石油化工建设工程项目施工技术文件编制规范

SH/T 3903—2017　石油化工建设工程项目监理规范

SH/T 3508—2011　石油化工安装工程施工质量验收统一标准

GB 50300—2013　建筑工程施工质量验收统一标准

DA/T 28—2018　建设项目档案管理规范

GB/T 11822—2008　科学技术档案案卷构成的一般要求

Q/SH 0704—2016　建设工程项目档案管理规范

××公司档案管理办法

注：不执行 SH/T 3503 标准的项目或专业，应书面说明并向××项目管理部门、监理单位提供所采用的标准电子版。

3. 管理职责

3.1　工程部(项目部)

3.1.1　负责项目“交工技术文件编制方案”的编制工作。

3.1.2　负责组织监理单位对总承包或施工承包单位“交工技术文件编制细则”的制定工作进行指导和审查。

3.1.3　负责组织项目交工技术文件及监理文件(含电子版)的专业审查、归档前的会审及考核工作。

3.2　物资采购中心

3.2.1　负责设备出厂资料(含电子版)的发放，并对总承包或施工承包单位编制组卷的设备出厂资料(含电子版)的完整性、准确性、系统性及案卷质量进行指导和审核。

3.2.2　负责设备监造文件的收集、整理、审核、组卷、数字化和移交归档工作。

3.3　总承包或施工承包单位

3.3.1　负责根据建设单位的项目“交工技术文件编制方案”，制定项目“交工技术文件编制细则”。

3.3.2　负责合同范围内施工文件（含电子版）的收集、编制、整理、组卷、数字化和移交归档工作。无损检测报告和其他检验试验报告由施工单位汇编后归入施工文件卷。

3.3.3　负责材料、设备质量证明文件及设备出厂资料（含电子版）的收集、编制、整理、组卷、数字化和移交归档工作。

3.4　设计单位

负责竣工图（含电子版）的编制、组卷和移交归档工作。

3.5　监理单位

3.5.1　负责对总承包或施工承包单位“交工技术文件编制细则”的制定工作进行指导和审查。

3.5.2　负责施工监理文件（含电子版）的收集、编制、整理、组卷、数字化和移交归档工作。

3.5.3　负责对所监理项目交工技术文件的完整性、准确性、系统性、有效性和规范性进行审核。

3.6　档案室

负责项目交工技术文件（含监理文件）组卷工作的指导及项目档案的接收审查工作。

4. 项目概况

4.1　项目基本信息

建设目的			
项目批复概算		计划开工时间	
计划中交时间		计划交工时间	

续表

设计单位		设计经理、资料员及电话	
施工单位		项目经理、资料员及电话	
监理单位		总监、资料员及电话	

注：有多个设计、施工、监理单位的自行增加。

4.2 单位工程、分部工程、分项工程划分表

（略）

5. 项目交工技术文件（含监理文件）的编制

5.1.1 项目“施工文件卷、竣工图卷、设备出厂资料卷、监理文件卷、电子声像文件”的编制工作可参照“××公司项目交工技术文件、监理文件、声像文件编制及归档要求”进行。

5.1.2 项目交工技术文件各卷及监理文件卷“归档文件内容参照表”，由工程部（或项目部）组织监理单位根据项目建设实际情况及相关标准规范的要求进行审查和确定。

5.1.3 不执行SH/T 3503标准的项目或专业，由项目管理部门组织监理单位、参建单位依据相关标准规范要求另行制定编制规则并经档案部门审核同意。

6. 项目交工技术文件的归档审查

6.1.1 项目中交后三个月内，各参建单位应完成项目交工技术文件的收集、编制、整理工作，并依次提交监理单位和工程部（或项目部）对交工技术文件的完整性、准确性、系统性、有效性、规范性和案卷质量进行审查确认，合格后提交档案部门审查确认，再进行数字化处理。

6.1.2 项目交工技术文件需经工程部（或项目部）组织会审合格后（以“交工技术文件会审单”为准）方可办理移交归档手续。

6.1.3 项目“交工技术文件移交清单”无档案室签字盖章，公司项目管理部门不予办理工程结算手续。

7. 归档时间

项目交工验收前要完成全部交工技术文件及监理文件的编制、整理、组

卷、数字化、审核和移交归档工作，并由项目管理部门实施考核。

8. 其他要求

8.1.1　各参建单位在项目开工前须提报《授权书》是作为参建法人单位授权成立“××公司××项目部”的依据。

8.1.2　总承包或施工承包单位在制定项目“交工技术文件编制细则”时可参照本方案进行(不执行SH/T 3503标准的按本方案5.1.3条)。项目“交工技术文件编制细则”的内容一般包括“项目名称；单项工程名称，分部、分项划分原则，交工文件编制依据，分类组卷原则和方法，质量要求，整理要求，电子版本制作要求，归档数量和时间，审查、移交程序及要求等”。

8.1.3　项目“交工技术文件编制方案”和“交工技术文件编制细则”同项目竣工文件一并归档(含电子版)。

附录 6-2：××公司××项目 EPC 总承包交工技术文件编制细则

××公司××项目
EPC 总承包
交工技术文件编制细则

编制：×××

审核：×××

批准：×××

××公司

××××年××月

1. 目的和范围

1.1.1 为了规范××公司××项目交工技术文件的编制、整理、移交和归档工作，确保其真实性、有效性、完整性和系统性，制定本细则。

1.1.2 本指南适用于××公司××项目施工文件和竣工图的收集、整理、移交、归档和项目档案验收工作。

2. 编制依据

SH/T 3503 石油化工工程建设项目交工技术文件规定

SH/T 3543 石油化工建设工程项目施工过程技术文件规定

GB 50300 建筑工程施工质量验收统一标准

SH/T 3508 石油化工安装工程施工质量验收统一标准

SH/T 3903 石油化工建设工程项目监理规范

SH/T 3904 石油化工建设工程项目竣工验收规定

GB/T 50328 建设工程文件归档整理规范

DA/T 28 建设项目档案管理规范

GB/T 11822 科学技术档案案卷构成的一般要求

Q/SH 0704 建设工程项目档案管理规范

SEP-SPM-GS1001 中国石化项目管理手册(标准模板)

××公司建设项目档案管理办法

项目建设所涉及的其他相关国家、行业、地方标准规范

经建设单位和工程监理单位批准的项目文件收集整理程序和规定

项目合同的有关规定和建设单位针对本项目文件编制下发的会议纪要和指导意见等

3. 参建各方职责

3.1 EPC 单位

3.1.1 EPC 单位负责编制交工技术文件编制细则。

3.1.2 EPC 单位负责交工技术文件的完整性、真实性、有效性、统一性。

3.1.3 EPC 单位负责整理、审核、汇总所辖施工承包商提交的交工技术

文件并组织移交。

3.2 施工承包商

3.2.1 施工承包商应严格执行承包合同、EPC 单位和业主发布程序中有关文档管理的要求和标准。

3.2.2 施工承包商负责其分包项目全部文件(施工文件、材料质量证明文件、工程检测报告、工程设计变更一览表、工程联络单一览表的汇编等)的收集、积累、编制、整理、装订、移交工作，并对交工技术文件的完整性、真实性、有效性、统一性负责，确保整理、编制、签证规范，并接受工程质量监督机构的监督检查，提交工程总承包单位汇总确认。

3.2.3 单项工程由一家施工单位施工的由该施工单位编制综合卷。单项工程有多家施工单位的，由各单位分别编制各自承包范围内综合卷内容，由主要责任单位汇总，其他单位无条件配合，总包监督执行。

3.2.4 施工单位负责将检测单位无损检测报告和其他检测报告汇入相关工程卷。

4. 组卷要求

4.1 文件组卷

4.1.1 交工技术文件分为 3 部分：施工文件部分、随机资料部分、竣工图部分。

4.1.2 施工文件各卷分为：综合卷、土建工程卷、设备安装工程卷、管道安装工程卷、电气安装工程卷、仪表安装工程卷。

4.1.3 各卷卷号：根据实际情况填写。

4.1.4 案卷封面填写包括档号、案卷题名、立卷单位、起止日期、保管期限、密级。软卷皮的案卷封面需打印(竣工图卷需打印 A4 案卷封面)。

(1) 档号：由建设单位档案室统一分配。

(2) 案卷题名应简明、准确地表述卷内文件材料的内容，主要包括项目名称、装置名称、分卷类别(如：土建工程卷、设备安装工程卷、竣工图等)、内容特征(卷内所含文件概括)，案卷题名应具有唯一性。

(3) 立卷单位：填写文件组卷单位。施工文件部分为施工单位。

（4）起止日期：填写卷内目录中文件形成的起止日期。

（5）保管期限：依据《建设项目档案管理规范》（DA/T 28）规定的保管期限填写，同一卷内有不同保管期限的文件，该卷保管期限从长。

（6）密级：据实填写。

4.1.5　案卷封面不装订，不编页号。

4.2　卷内目录

4.2.1　卷内目录排列在卷内文件首页之前（竣工图卷需打印A4卷内目录）。

（1）序号：序号采用阿拉伯数字，从“1”起依次标注卷内文件的顺序，一个文件一个号，序号以实际数据结束为止。

（2）文件编号：应填写文件文号或型号或图号或代字、代号等，无则空白。

（3）责任者：应填写文件形成者或第一责任者，如果是总承包方式，资料为施工单位编制，责任者应填写总承包单位。如“中国石化工程建设有限公司”。

（4）文件题名：第一行，虽然SH/T 3503-J101的名称只有两个字“封面”，但是为了便于检索，便于区分，应细化此条题名，应写为案卷题名+“封面”，后续省略“案卷题名”。

（5）日期：应填写文件形成的时间，格式为“××××××××”；一份文件由多页组成，且形成日期不同时，采用这份文件的首页的最晚日期作为此文件的日期。

（6）页次：

① 页次应填写每份文件首页上标注的页号，从1开始。

② 页次最后一条格式特殊，应填写该文件的起止页，格式为“×××-×××”。

③ 如果最后一条仅为一页，也应写成“×××-×××”的形式，以此标志文件的终止。

④ 按卷整理时写页次，页次应写起始页；按件整理时写页数，按件独立编写页号，页数填每件的总页数。

⑤ 增页不应出现在卷内目录的页次一栏内。

(7) 备注：用于填写归档文件需要补充和说明的情况，包括密级、缺损、修改、补充、移出、销毁等。据实填写，没有可以空着。如果需要说明的内容较多时，在备注栏加注“*”，具体内容填在盒内备考表中。

4.2.2 电子版采用 Excel 文件格式，录入文字为 10 号宋体；“序号”“日期”“页数”栏采用“居中”的排列方式，“文件编号”“责任者”“文件题名”“备注”栏采用“左对齐”的排列方式。

4.2.3 卷内目录不装订，不编页号。

4.3 案卷卷内签字封面(SH/T 3503—2017 J101)

4.3.1 本工程实行工程总承包项目，采用表 B。

4.3.2 封面中工程名称填写“项目名称”。

4.3.3 封面中卷名处根据实际情况填写，例如：单项工程综合卷卷名为“综合卷+(内容概括)”，专业综合卷卷名为“土建工程卷+综合卷(内容概括)”“设备安装工程卷+综合卷(内容概括)”，专业卷卷名内容包括单位工程、分部、分项及文件内容，如“土建工程卷(××地基与基础土方开挖质量验收记录及施工记录)”“设备安装工程卷(××动设备安装记录)”。

4.3.4 如果某单项工程划分为多标段，则在单项工程后标明(标段名称)。

4.3.5 卷号：按 4.1.3 条要求填写。字体为楷体，字号为 5 号。

4.3.6 录入字体为楷体，字号为 5 号，行间距为 1.5 倍。

4.3.7 从封面开始编写页号，为第“1”页。

4.4 交工技术文件总目录(SH/T 3503—2017 J102)

4.4.1 序号：从阿拉伯数字“1”开始。

4.4.2 卷号：与封面卷号一致。

4.4.3 卷名：与封面卷名一致。

4.4.4 工程名称：填写“××公司××项目”。

4.4.5 页数应为该卷的总页数。

4.4.6 总目录表格末尾应注明“以下空白”。

4.5 交工技术文件目录(SH/T 3503—2017 J103)

4.5.1 序号：从阿拉伯数字“1”开始。

4.5.2 文件编号：填写文件文号、图纸图号、设备位号，无则空白。

4.5.3 文件名称：填写文件名称及文件内容主题；要求前后格式一致，有位号、管线号等的将位号、管线号写在前，文字性描述写在后。如“D-104××罐安装记录”。

4.5.4 页次：指文件的页码。填写每件文件首页上标注的页号，每卷内最后一份文件填写首尾页上标注的页号，首尾号之间用“-”连接，页码格式为1、2、3、4……100、101-102。

4.5.5 工程名称：填写“××公司××项目”。

4.5.6 单位工程名称：按工程划分的单位工程填写，如“土建”。综合性文件涉及两个以上单位工程的，保留两个及以上单位工程名称，用“、”隔开，如“电气、电信”。

4.6 交工技术文件说明(SH/T 3503—2017 J104)

交工技术文件说明中要包含以下基本项：

4.6.1 工程概况(含各承建单位)。

4.6.2 编制依据。

4.6.3 编制单位。

4.6.4 案卷构成。

4.6.5 其他说明。

注：卷中使用公司简称应在“其他说明事项”中加以说明。

4.7 卷内备考表

4.7.1 卷内备考表，要求A4打印。

4.7.2 “互见号”：业主档案人员填写，应填写反映同一内容不同载体档案的档号，并注明其载体类型。例如：光盘A04-J-2020-001。

4.7.3 “说明”：应注明以下几点，本案卷内科技文件材料共×件，共计××页，其中文字材料××页，图纸××页，照片××张。该案卷对应的电子文件以光盘形式移交档案室。

4.7.4　增页超过 5 个的需重新编写页码。少于 5 个的，应在备考表中注明。如“本卷第 120-1、120-2 页为增页，实际卷内总页数为 330 页”。

4.7.5　竣工图中目录中的标准图存于其他卷中时，应在备考表中注明。如“目录中图号为 10-AD8001 的图纸为标准图，该图在××项目××卷中的第×页”。

4.7.6　立卷人、检查人：必须手签，盖姓名章无效。

4.7.7　电子版采用 Word 文件格式，录入文字为 3 号宋体。

4.7.8　备考表不装订，不编页号。

4.8　竣工图编制要求

4.8.1　竣工图由总承包单位负责编制、组卷。

4.8.2　竣工图编制说明的内容应包括：竣工图涉及的工程概况、编制单位、编制人员、编制时间、编制依据、编制方法、变更情况、竣工图张数和套数等。

4.8.3　竣工图版次为 J 版。

4.8.4　竣工图编制说明、图纸目录和竣工图应逐张加盖竣工图审核章并签署(严禁代签)，竣工图审核章按 DA/T 28—2018 “竣工图审核章”式样制作。竣工图审核章应加盖在图纸正面标题栏附近空白处。注意竣工图章边框不得超过竣工图的边框线，加盖使用不褪色的红色印泥油，不得污损图纸。

4.8.5　建筑、结构专业图纸需加盖设计资质章；压力容器、压力管道应加盖相应的资质章。

4.8.6　装订：图纸不装订。文表类(如图纸目录、综合材料表、规格表、说明书等)超过 5 页需装订，横向表格的文字材料，表头朝装订线侧。采用线绳三孔左侧装订法装订，三孔位置分别为：上下边距各 70mm，中间等分，左边距 15mm，装订要求不压字，装订的线头应放在材料的背面。竣工图综合卷要求装订成一本；专业卷内如果一盒内出现几张文字、几张图、再几张文字、几张图的排列情况，不要将所有文字材料抽出装订。

4.8.7　页号：案卷封面、卷内目录、卷内备考表不编页码，从“交工技术文件封面”开始编写页码，页号应从“1”顺序编号。图纸的页号编写在图纸标题栏的右下角，如右下角没有空余地方，可编写在图纸标题栏外右上方；文表类的页号，页码编写位置以装订方向为准，与纸张书写方向无关。单面书写文件在右下角；双面书写文件，正面在右下角，背面在左下角。各档案盒之间，不应连续编写页码。页号应采用打码机打印，要求三位数的连续编码，页号颜色为黑色。

4.9　通用要求

4.9.1　凡为易褪色材料(如复写纸、热敏纸等)形成的文件，应在原件后附一份复印件。复印件要求加盖单位公章确认其有效，原件与复印件的页码连续编写。

4.9.2　交工技术文件组卷过程中，报审文件需附带报审表(报审表在前，文件在后)。

4.9.3　归档的项目文件、工程档案要求完整、成套、准确、系统。要字迹清楚，图表整洁、技术数据可靠、签字手续完备，不得用易褪色的书写材料书写、绘制。应记述和反映项目的规划、设计、施工及竣工验收的全过程；真实记录和准确反映项目建设过程和竣工时的实际情况，图物相符；文字质量符合项目文件质量要求；严禁涂改、伪造。

5. 交工技术文件编制

5.1　交工技术文件整理原则

5.1.1　遵循文件材料的形成规律，保持卷内文件材料的有机联系，区别不同价值，便于档案的保管、保密和利用。

5.1.2　遵循成套性原则。

5.1.3　以卷为整理单位。

5.1.4　根据建设项目文件材料成套特点，先按建设项目分类组卷，即独立的建设项目、单项工程，单位工程分别组成独立的保管单位。

5.1.5　文件按照《石油化工建设工程项目交工技术文件规定》(SH/T3503)进行分类组卷。

5.1.6　案卷及卷内文件不重复。同一卷内有不同保管期限的文件，该卷保管期限从长。

5.2 交工技术文件组卷

项目施工文件按单项工程进行分类组卷。各单项工程分为：综合卷、工程质量评定（综合卷分卷）、土建工程卷、设备安装工程卷、管道安装工程卷、电气安装工程卷、仪表安装工程卷。其中专业卷可根据工程实际涉及专业设置。

（1）综合卷：建设工程项目均应编制综合卷。单项工程由一家施工单位施工的，由该施工单位编制综合卷。单项工程有多家施工单位的，由各单位分别编制各自承包范围内综合卷内容，由主要责任单位汇总，其他单位无条件配合，总包监督执行。

单项工程综合卷卷内主要文件（按文件属性及时间顺序汇编，参考 Q/SH 0704—2016）：

① 封面（每盒）；

② 交工技术文件目录（每盒）；

③ 交工技术文件说明（每盒）；

④ 交工技术文件总目录（仅第一盒）；

⑤ 技术要求、技术交底（若装置统一会审纪要归入综合卷内，若按专业会审纪要归入专业卷综合卷内）（分包商）；

⑥ 图纸会审记录（若装置统一会审纪要归入综合卷内，若按专业会审纪要归入专业卷综合卷内）（EPC）；

⑦ 设计交底记录（若装置设计统一交底纪要归入综合卷内，若按专业交底纪要归入专业卷综合卷内）（EPC）；

⑧ 开工报告（分包商）；

⑨ 人员资质及报审表（EPC、分包商）；

⑩ 分包商资质文件（EPC）；

⑪ 工程中间交接证书及附件（分包商）；

⑫ 工程交工验收证书（分包商）；

⑬ 施工总结（分包商）；

⑭ 交工技术文件移交证书（分包商）；

⑮ 单位工程划分表、检试验计划(分包)；

⑯ 其他相关文件(分包商)。

(2) 工程质量评定(综合卷分卷)主要文件：

① 封面(每盒)；

② 交工技术文件目录(每盒)；

③ 交工技术文件说明(每盒)；

④ 施工质量管理检查记录(SH/T 3508)；

⑤ 检验批质量验收记录(SH/T 3508)；

⑥ 分项工程质量验收记录(SH/T 3508)；

⑦ 分部工程质量验收记录(SH/T 3508)；

⑧ 子单位工程质量验收记录(SH/T 3508)；

⑨ 工程观感质量验收记录(SH/T 3508)；

⑩ 质量控制记录与技术资料核查记录(SH/T 3508)。

(3) 专业卷：专业卷一般分为 5 卷。分别为：土建工程卷、设备安装工程卷、管道安装工程卷、电气安装工程卷、仪表安装工程卷。各装置可根据实际情况按该 5 个专业分别归类，无涉及专业可删减其中该专业卷，涉及多标段施工单位工程可在该卷设立分卷。由各承包商负责在合同范围内，按单位工程组卷。组卷顺序及要求依照 SH/T 3503—2017 及 Q/SH 0704—2016。组成多卷时第一卷为专业综合卷，应包括焊工、无损检测人员登记表、工程设计变更一览表及设计变更单、工程联络单一览表及工程联络单、其他文件。

① 单项工程专业综合卷主要文件(按文件属性及时间顺序汇编，参考 Q/SH 0704—2016)：

• 封面(每盒)；

• 交工技术文件目录(每盒)；

• 交工技术文件说明(每盒都需要编制交工技术文件说明，说明编制依据、内容、查询方法、特别需要说明的问题等事项)；

• 交工技术文件总目录(本专业内总目录，仅第一盒有)；

• 工程变更一览表；

• 设计变更单；

- 工程联络单一览表；
- 工程联络单；
- 合格焊工资质；
- 无损检测人员资质；
- 人员资质及报审表；
- 焊接工艺评定；
- 主要施工设备进场及报审表；
- 单位工程质量验收记录（土建、钢结构）；
- ……

② 单项工程专业卷卷内文件主要包括（专业卷内容参考 Q/SH 0704）：

- 封面（每盒）；
- 交工技术文件目录（每盒）；
- 交工技术文件说明（每盒）；
- 施工记录；
- 检测、检验、试验报告；
- 分部、分项、检验批验收记录（土建、钢结构）；
- 材料、设备质量证明文件及报审表；
- ……

（4）竣工图。

① 竣工图需编制综合卷。综合卷应包括内封面、卷内目录、交工技术文件封面、交工技术文件总目录、交工技术文件说明、竣工图图纸总目录、竣工图图纸总分目录、工程变更一览表、设计变更与竣工图修改对照表、项目设计总结、交工技术文件移交证书、卷内备考表。

② 同一项目竣工图按设计文件目录顺序组卷。专业卷应包括案卷封面、卷内目录、交工技术文件封面、交工技术文件说明、竣工图图纸目录、竣工图、卷内备考表。

附录6-3：建设项目文件归档范围和保管期限表

建设项目文件归档范围和保管期限表

序号	归档文件	保管期限
1	立项文件	
1.1	项目策划、筹备文件	永久
1.2	项目建议书、预可行性研究报告、可行性研究报告、初步设计及投资预算审批文件	永久
1.3	项目咨询、评估、论证文件	永久
1.4	项目审批、核准、备案申请报告及批复、补充文件，项目变更调整文件	永久
1.5	项目规划选址、环境影响、水土保持、职业安全卫生、节能、消防、建设用地用海、文物、地震安全性评价、压覆矿产资源、林地、水资源等专项报审和批复文件	永久
1.6	水、暖、电、气、通信、排水等审批、配套协议	永久
1.7	大宗原材料、燃料供应等协议	永久
2	招标投标、合同协议文件	
2.1	招标计划及审批文件，招标公告、招标书、招标修改文件、答疑文件、招标委托合同、资格预审文件	30年
2.2	中标的投标书、澄清、修正补充文件	永久
2.3	未中标的投标文件(或作资料保存)	10年(或项目审计完成)
2.4	开标记录、评标人员签字表、评标纪律、评标办法、评标细则、打分表、汇总表、评审意见	30年
2.5	评标报告、定标文件、中标通知书	永久
2.6	市场调研、技术经济论证采购活动记录、谈判文件、询价通知书、响应文件，供应商的推荐、评审、确定文件，政府采购、竞争性谈判、单一来源采购协商记录、质疑答复	30年
2.7	合同准备、谈判、审批文件、合同书、协议书、合同执行、合同变更、合同索赔、合同了结文件、合同台账	永久
3	勘察、设计文件	
3.1	工程选址报告，地质、水文勘察报告，地质图，地形图，化验、试验报告，重要土、岩样及说明	永久
3.2	地形、地貌、控制点、建筑物、构筑物及重要设备安装测量定位、观测监测记录	永久
3.3	气象、地震等其他设计基础资料	永久

续表

序号	归档文件	保管期限
3.4	总体规划论证、审批文件	永久
3.5	方案论证、设计及审批文件	永久
3.6	技术设计审查文件、招标设计报告及审查文件	永久
3.7	施工图设计审查文件、供图计划	永久
3.8	施工图、施工技术要求、设计通知、设计月报	30年
3.9	技术秘密、专利文件	永久
3.10	特种设备设计计算书	30年
3.11	关键技术设计、试验文件、设计接口及设备接口文件	永久
3.12	设计评价、鉴定	永久
4	征地、拆迁、移民文件	
4.1	建设用地评估报告、用地申请审批文件，征用土地协议、土地划拨、置换批准文件，建设征地规划设计报告及审查意见，建设规划用地许可证、国有土地使用证、海域(海岛)使用证、林权证、不动产权证等	永久
4.2	拆迁方案、拆迁评估、拆迁补偿、拆迁实施验收文件	永久
4.3	淹没实物指标调查材料，移民安置规划、方案及审批，移民补偿计划，移民安置合同协议，项目建设的招投标、合同、安置实施、项目验收文件，实物补偿、资金补偿、决算、审计等移民资金管理文件，移民监理文件，移民安置验收文件	永久
4.4	建设前原始地貌、征地拆迁、移民安置音像材料	永久
5	项目管理文件	
5.1	项目建设管理组织机构成立、调整文件	永久
5.2	项目管理人员任免文件	永久
5.3	项目各项管理的管理制度、业务规范、工作程序以及质保体系文件	永久
5.4	投资、质量、进度、安全、环保等计划、实施、调整、总结文件，重大设计变更申请、审核及批复文件	永久
5.5	贷款融资、工程概算、预算、差价管理、标底、合同价、竣工结算、竣工决算文件，审计文件	永久
5.6	合同中间结算审核及批准文件、财务计划及执行、年度计划及执行、年度投资报告	30年
5.7	交付使用的固定资产、流动资产、无形资产、递延资产清册	永久
5.8	质量、安全、环保、文明施工等专项检查考核文件，履约评价文件，质量监督、安全监督文件	30年
5.9	重要领导视察、重要活动及宣传报道材料	永久

续表

序号	归档文件	保管期限
5.10	项目管理重要会议文件、年度工作总结	永久
5.11	监管部门制发的重要工作依据性文件，涉及法律事务文件	永久
5.12	组织法律法规、标准规范、制度程序宣贯培训文件、信息化工作文件	10年
5.13	通知、通报等日常管理性文件，一般性来往函件	30年
5.14	获得奖项、荣誉以及先进人物等材料	永久
6	施工文件	
6.1	建筑施工文件	
6.1.1	施工项目部组建、印章启用、人员任命文件，进场人员资质报审文件，施工设备仪器进场报审文件，设备仪器校验及率定文件，开工报告、项目划分、工程技术要求、技术(安全)交底、图纸会审文件	永久
6.1.2	施工组织设计、施工方案及报审文件，施工计划、施工技术及安全措施、施工工艺及报审文件	永久
6.1.3	工地实验室成立、资质、授权文件，外委试验协议、资质文件，原材料及构配件出厂证明、质量鉴定、复试报告及报审文件，试验检验台账	30年
6.1.4	见证取样记录、砂浆、混凝土试验记录及报告，钢筋连接接头试验报告，工艺试验方案、试验成果报告，锚杆检测报告、地基承载力检测记录及报告、压实度检测记录及报告，桩身及桩基检测报告，防水渗漏试验检查记录，节能保温测试记录、室内环境检测等技术试验检测记录和报告，成品及半成品试验检验台账等	永久
6.1.5	设计变更通知、变更洽商单、材料代用核定审批、技术核定单、工程联系单、备忘录、工程变更台账	永久
6.1.6	交桩记录、施工定位、测量放线记录及报审文件	永久
6.1.7	施工勘察报告、岩土试验报告、地基验槽记录、工程地基处理记录等	永久
6.1.8	各类工程记录及测试、监测记录、报告	永久
6.1.9	质量检查、评定文件、事故处理报告、缺陷处理记录及台账	永久
6.1.10	隐蔽工程检查验收记录、交工验收记录、验收评定、验收评定台账	永久
6.1.11	竣工图及竣工图编制说明	永久
6.1.12	施工日志、月报、年报，大事记	30年
6.1.13	施工总结、完工报告、交工报告、验收证书、遗留问题清单	永久
6.1.14	施工音像材料	永久
6.2	设备及管线安装施工文件	

续表

序号	归档文件	保管期限
6.2.1	施工项目部组建、印章启用、人员任命文件，进场人员资质报审文件，施工设备仪器进场报审文件，设备仪器校验及率定文件，开工报告、项目划分、工程技术要求、技术(安全)交底、图纸会审文件	永久
6.2.2	施工组织设计、施工方案及报审文件，施工计划、施工技术及安全措施、施工工艺及报审文件	永久
6.2.3	工地实验室成立、资质、授权文件，外委试验协议、资质文件，原材料及构配件出厂证明、质量鉴定、复试报告及报审文件，试验检验台账	30年
6.2.4	设计变更通知、变更洽商单、材料、零部件、设备代用审批、技术核定单、工程联系单、备忘录、工程变更台账	永久
6.2.5	焊接工艺评定报告，焊接试验记录、报告，施工检验记录、报告，探伤检测、测试记录、报告，管道单线图(管段图)	永久
6.2.6	强度、密闭性等试验检测记录、报告、联动试车方案、记录、报告	30年
6.2.7	隐蔽工程检查验收记录、交工验收记录、验收评定、验收评定台账	永久
6.2.8	管线标高、位置、坡度测量记录	永久
6.2.9	管线清洗、试压、通水、通气、消毒等记录	30年
6.2.10	安装记录、安装质量检查、评定，事故处理报告、缺陷处理记录及台账	永久
6.2.11	竣工图及竣工图编制说明	永久
6.2.12	施工日志、月报、年报，大事记	30年
6.2.13	施工总结、完工报告、交工报告、验收证书、遗留问题清单	永久
6.2.14	施工音像材料	永久
6.3	电气、仪表安装施工文件	
6.3.1	施工项目部组建、印章启用、人员任命文件，进场人员资质报审文件，施工设备仪器进场报审文件、设备仪器校验及率定文件，开工报告、项目划分、工程技术要求、技术(安全)交底、图纸会审文件	永久
6.3.2	施工组织设计、施工方案及报审文件，施工计划、施工技术及安全措施、施工工艺及报审文件	永久
6.3.3	工地实验室成立、资质、授权文件、外委试验协议、资质文件，原材料及构配件出厂证明、质量鉴定、复试报告及报审文件，试验检验台账	30年
6.3.4	设计变更通知、变更洽商单、材料、零部件、设备代用审批、技术核定单、工程联系单、备忘录、工程变更台账	永久
6.3.5	绝缘、接地电阻等性能测试、校核	30年

续表

序号	归档文件	保管期限
6. 3. 6	材料、设备明细表及检验记录、施工安装记录、质量检查评定、电气试验检验台账	永久
6. 3. 7	系统调试方案、记录、报告，电气装置交接记录	30 年
6. 3. 8	交工验收记录、质量评定、验收评定台账、事故处理报告、缺陷处理记录及台账	永久
6. 3. 9	竣工图及竣工图编制说明	永久
6. 3. 10	施工日志、月报、年报，大事记	30 年
6. 3. 11	施工总结、完工报告、交工报告、验收证书、遗留问题清单	永久
6. 3. 12	施工音像材料	永久
7	信息系统开发文件	
7. 1	设计开发文件	
7. 1. 1	需求调研计划、需求分析、需求规格说明书、需求评审	30 年
7. 1. 2	设计开发方案、概要设计及评审、详细设计及评审文件	30 年
7. 1. 3	数据库结构设计、编码计划、代码编写规范、模块开发文件信息资源规划、数据库设计、应用支撑平台、应用系统设计、网络设计、处理和存储系统设计、安全系统设计、终端、备份、运维系统设计文件	30 年
7. 1. 4	信息系统标准规范	10 年
7. 2	实施文件	
7. 2. 1	实施计划、方案及批复文件，源代码及说明、代码修改文件、网络系统、二次开发支持文件、接口设计说明书	30 年
7. 2. 2	程序员开发手册、用户使用手册、系统维护手册	30 年
7. 2. 3	安装文件、系统上线保障方案，测试方案及评审意见、测试记录、报告，试运行方案、报告	30 年
7. 3	信息安全评估、系统开发总结、验收交接清单、验收证书	30 年
8	设备文件	
8. 1	工艺设计、说明、规程、试验、技术报告	永久
8. 2	自制专用设备任务书、设计、检测、鉴定	永久
8. 3	设备设计文件、出厂验收、商检、海关文件	永久
8. 4	设备、材料装箱单、开箱记录、工具单、备品备件单	30 年
8. 5	设备台账、备品备件目录、设备图纸，设备制造检验检测、出厂试验报告、产品质量合格证明、安装及使用说明、维护保养手册	永久
8. 6	设备制造探伤、检测、测试、鉴定的记录、报告	永久
8. 7	设备变更、索赔文件	永久

续表

序号	归档文件	保管期限
8.8	设备质保书、验收、移交文件	永久
8.9	特种设备生产安装维修许可、监督检验证明、安全监察文件	永久
8.10	设备运行使用、检修维护文件	永久
9	监理文件	
9.1	监理(监造)项目部组建、印章启用、监理人员资质，总监任命、监理人员变更文件	永久
9.2	施工监理文件	
9.2.1	监理大纲、监理规划、监理实施细则	永久
9.2.2	施工单位资质报审，施工管理人员、特种作业人员报审，施工设备仪器报审	永久
9.2.3	施工组织设计、施工方案、专项措施报审，施工计划进度、延长工期报审，开工、复工报审，开工令、暂停令、复工令	永久
9.2.4	原材料、构配件、设备报验	30年
9.2.5	单元工程检查及开工签证、分部分项工程质量验收、混凝土开盘鉴定(开仓签证)、混凝土浇灌申请批复	30年
9.2.6	监理检查、复检、实验记录、报告	30年
9.2.7	旁站记录、见证取样、平行检验、抽检文件，质量缺陷、事故处理、安全事故报告	永久
9.2.8	测量控制成果报验及复核文件，质量、施工文件等检查报验、质量检查评估报告、阶段验收、竣工验收监理文件	永久
9.2.9	工程计划、实施、分析统计、完成报表	30年
9.2.10	工程计量、支付审批、工程变更审查、索赔文件	永久
9.2.11	监理通知单、回复单、工作联系单，来往函件	永久
9.2.12	监理例会、专题会等会议纪要、备忘录	永久
9.2.13	监理日志、月报、年报	30年
9.2.14	监理工作总结、质量评估报告、专题报告	永久
9.3	设备监造文件	
9.3.1	监理大纲、监理规划、监理实施细则	永久
9.3.2	设备制造单位质量管理体系报审，设备制造的计划，延长工期报审，开工、复工报审，工艺方案、控制节点、检验计划报审	30年
9.3.3	原材料、外购件等质量证明文件报审，分包单位资格报审文件，试验、检验记录及报告	30年
9.3.4	开工令、暂停令、复工令	永久

续表

序号	归档文件	保管期限
9.3.5	监造通知单、回复单、工作联系单，来往函件	永久
9.3.6	变更报审	永久
9.3.7	关键工序、零部件旁站记录、见证取样、平行检验、独立抽检文件	30年
9.3.8	质量缺陷、事故处理、安全事故报告	永久
9.3.9	设备制造支付、造价调整、结算审核、索赔文件	永久
9.3.10	监造例会、专题会会议纪要、备忘录，来往文件、报告	永久
9.3.11	设备出厂验收、交接文件	永久
9.3.12	监造日志、月报、年报	永久
9.3.13	设备监造工作总结、专题报告	永久
9.4	监理(监造)工作音像材料	永久
10	科研项目文件	
10.1	科研项目(技术咨询服务)立项文件，科研项目计划、批准文件	永久
10.2	科研项目(技术咨询服务)合同、协议、任务书	永久
10.3	研究方案、计划、调查研究、开题报告	永久
10.4	试验方案、记录、图表、数据、照片、音像	永久
10.5	实验计算、分析报告、阶段报告	永久
10.6	实验装置及特殊设备图纸、工艺技术规范说明书	30年
10.7	实验操作规程、事故分析报告	30年
10.8	技术评审、考察报告、研究报告、结题验收报告，会议文件	永久
10.9	成果申报、鉴定、获奖及推广应用材料	永久
10.10	获得的专利、著作权等知识产权文件	永久
11	生产技术准备、试运行文件	
11.1	技术准备计划、方案及审批文件	永久
11.2	试生产、试运行管理、技术规程规范	30年
11.3	试生产、试运行方案、操作规程、作业指导书、运行手册、应急预案	30年
11.4	试车、验收、运行、维护记录	30年
11.5	试生产产品质量鉴定报告	30年
11.6	缺陷处理、事故分析记录、报告	永久
11.7	试生产工作总结、试运行考核报告	永久
11.8	技术培训材料	10年
11.9	产品技术参数、性能、图纸	永久
11.10	环保、水保、消防、职业安全卫生等运行检测监测记录、报告	10年

续表

序号	归档文件	保管期限
12	竣工验收文件	
12.1	项目各项管理工作总结	永久
12.2	设计工作报告、监理工作报告、施工管理报告、采购工作报告、总承包管理报告、建设管理报告、运行管理报告	永久
12.3	项目安全鉴定报告、质量检测评审鉴定文件、质量监督报告	永久
12.4	同行评估报告、阶段验收文件	永久
12.5	环境保护、水土保持、消防、职业安全卫生、档案、移民安置、规划、人防、防雷等专项验收申请及批复文件，决算审计报告	永久
12.6	竣工验收大纲、验收申请、验收报告	永久
12.7	验收组织机构、验收会议文件、签字表，验收意见、备忘录、验收证书	永久
12.8	验收备案文件、运行申请、批复文件、运行许可证书	永久
12.9	项目评优报奖申报材料、批准文件及证书	永久
12.10	项目后评价文件	永久
12.11	项目专题片、验收工作音像材料	永久

第七章　设备仪器档案

设备仪器档案指在设备仪器设计、选型、制造、采购、安装、调试、使用、检验、检修、改造、管理等过程中直接形成的具有保存价值的文字、图表、电子文件和声像等不同载体、不同形式的历史记录。

一、设备仪器档案的收集

（一）责任分工

（1）档案部门与设备主管部门应共同研究、制定本单位的设备仪器档案管理制度，明确设备仪器档案资料的归档范围、管理职责、工作程序及监督考核办法等。

（2）各单位在签订设计、监理、施工、采购、检测等合同时，要在合同中明确相关文件材料的归档要求及责任。

（3）按照设备仪器档案管理制度、项目管理手册等相关规定，业务部门承办人员要做好本部门形成的设备仪器资料的收集、积累、整理工作，将需要归档的文件材料收集齐全后，进行预组卷，或提交给本部门专兼职档案员进行预组卷；项目经办人员要督促、检查受委托单位按要求完成相关文件材料的收集、积累、整理、组卷等任务，并确认其完整性、准确性。

（4）档案部门要对文件材料的收集、积累、整理、组卷的全过程进行指导和检查。

（5）文件材料整理合格后，由相关责任人员填写移交清单，向档案部门归档，办理移交手续。

(6)档案部门负责对归档的设备仪器档案进行保管、鉴定、统计和提供利用。

(二)归档范围

(1)设备仪器采购形成的批复、合同、协议等文件材料。

(2)设备仪器设计与选型形成的文件材料。

(3)设备仪器安装工程形成的文件材料,应符合《石油化工建设工程项目交工技术文件规定》(SH/T 3503)、《石油化工建设工程项目施工过程技术文件规定》(SH/T 3543)、《石油天然气建设工程交工技术文件编制规范》(SY/T 6882)等规范要求。

(4)设备仪器采购、制造的随机文件,质量证明文件材料,应符合《石油化工建设工程项目交工技术文件规定》(SH/T 3503)等规范要求。

(5)设备仪器使用维护形成的记录文件。

(6)设备仪器处置阶段形成的资产评估、审核审批等文件材料。

通用设备仪器文件材料归档范围和保管期限表参见表7-1。炼化板块设备文件材料归档范围参见本章附录。

表7-1 设备仪器文件材料归档范围和保管期限表

阶段	归档范围	保管期限
购置或研制阶段	1. 购置设备仪器的调研、考察材料,购置申请及批复文件	30年
	2. 研制设备仪器的技术任务书、申请立项报告、批复、设计研制计划、方案、设计计算书、鉴定大纲、研制总结报告等	30年
	3. 洽谈记录、纪要、备忘录、来往函件及商检材料	30年
	4. 购置合同、协议	30年
	5. 设备仪器装箱单、合格证、质量保证书、使用说明书、操作安装规程、维修手册,设备总图、装配图、部件图、零件图等随机图样	30年
	6. 设备仪器开箱验收记录	30年
安装调试阶段	开箱检验记录、安装记录、调试记录、试运转报告、重大缺陷记录、验收记录、竣工图样等材料	30年
运行维护阶段	1. 压力容器、压力管道、常压储罐、电梯起重设备等设备仪器的测试、检验报告	30年
	2. 设备仪器保养、检修方案及竣工材料	30年
	3. 设备更新实施技术方案、竣工资料	30年
	4. 设备仪器清查核对、移交、转让形成的文件材料	30年

续表

阶段	归档范围	保管期限
运行维护阶段	5. 技术、质量异议的处理结果等文件材料	30年
	6. 重大设备仪器事故分析及处理报告	30年
处置阶段	设备仪器报废申请、鉴定、批复及处理结果等文件材料	30年

（三）归档要求

（1）建立健全设备仪器文件材料的形成、积累、整理、立卷和归档工作程序，对照基础设计或竣工图设备一览表，建立设备档案管理台账，并与设备采购部门和生产单位设备管理台账进行对照，及时查出设备随机文件缺项，确保设备仪器文件材料归档完整、系统、准确。

（2）特种设备随机文件要全部归档。

（3）产品合格证、质量证明书等唯一性设备随机文件要全部归档。

（4）声像或电子文件材料同纸质文件材料要一并归档。

（5）设备仪器更新换代的文件材料要及时归档。

（6）进口设备仪器要注意收集发票、通关等文件。

（7）对于同装置（项目）同类型非特种设备的随机文件，安装、使用、维护手册（说明书）等共性资料一般只归档一套，重要的、使用频繁的可根据需要增加副本。

（8）炼化装置设备档案可以作为基建档案的一个组成部分，管理要求见本书第六章建设项目档案。

（9）设备管理系统电子数据及电子文件归档应符合国家及集团公司有关电子文件归档的要求。设备文件数字化要求见本书第十八章档案信息化建设。

（10）归档时间：外购设备仪器随机文件应在开箱验收后即时登记并及时归档；设备仪器安装、检（维）修文件材料应在安装检修结束后1个月内归档；建设项目设备安装文件材料在项目中交后3个月内归档；投产使用、维修保养、设备处置等阶段形成的设备文件材料应在工作完成后随时归档。

（11）归档手续：档案移交时需履行归档手续，归档手续式样见表7-2。移交时经交接双方检查无误后履行签字手续。移交书一式两份，交接双方各持一份。

表 7-2(a)　文件材料归档移交书式样

<table>
<tr><td colspan="2" rowspan="2"></td><td colspan="6">文件材料归档移交书</td></tr>
<tr><td>记录编号</td><td></td><td>使用单位</td><td colspan="3"></td></tr>
<tr><td>序号</td><td>项目名称</td><td>内容</td><td>编号</td><td>起止年度</td><td>数量</td><td>数量单位</td><td>备注</td></tr>
<tr><td></td><td>（指设备仪器名称）</td><td>（指归档移交的类别或内容）</td><td></td><td></td><td></td><td></td><td></td></tr>
<tr><td></td><td></td><td></td><td></td><td></td><td></td><td></td><td></td></tr>
<tr><td colspan="5">合　计</td><td></td><td></td><td></td></tr>
<tr><td colspan="3">归档单位：（指归档移交机构）
根据(指归档范围、相关标准制度等依据性文件要求)，归档文件完整、准确、系统(详见附件目录)
移交人(签字)：
分管领导(签字)：　　　　（单位盖章）
移交日期：　年　月　日</td><td colspan="5">档案部门：（指档案接收机构）
经审查清点，以上归档文件符合(指接收单位的归档范围、合同、相关标准及档案整理等要求)，同意接收
接收人(签字)：
分管领导(签字)：　　　　（单位盖章）
接收日期：　年　月　日</td></tr>
</table>

表 7-2(b)　文件材料归档移交清单式样

记录编号：

文件材料归档移交清单

序号	编号	责任者（或编制单位）	题名	日期	页数	保管期限	备注

移交人：　　　接收人：　　　移交归档时间：　　　（说明：本表按装订的1件或1册逐行填写，不能按类填写）

二、设备仪器档案的整理

（一）文件鉴别

（1）完整性。设备仪器从立项、购置开始，包括开箱验收、安装调试、运行、维护维修、更新改造等全过程形成的文件应完整成套。鉴别方法如下：

① 按设计、采购、生产管理等台账，检查设备档案的完整性。

② 以采购合同台账为依据，并与项目基础设计设备一览表相对照，确定设备随机资料的数量。

③ 以采购合同技术协议规定的资料范围为依据，检查随机文件的完整性。

④ 以总装配图为依据，检查合格证、材料质量证明文件、试验检测报告的完整性。

⑤ 以随机文件附属设备一览表为依据，检查成套设备附属设备质量证明文件的完整性。

⑥ 以特种设备安全技术规范为依据，检查压力容器、压力管道、锅炉、电梯、起重机械随机文件的完整性。

（2）准确性。设备仪器文件，特别是安装调试、大中修、更新改造过程中形成的文件，必须准确，图物相符；管理使用、维护维修中形成的文件，应真实记载和反映设备仪器的优劣状况和完好率。

（3）根据归档文件的利用价值确定其保管期限。保管期限详见本章表 7-1 设备仪器文件归档范围及保管期限表。

（二）整理要求

（1）设备仪器档案的整理应遵循设备仪器的形成规律，保持文件的有机联系，便于保管和利用。

（2）归档的文件材料，须经系统整理，组成保管单位。

（3）卷内文件一般文字在前，图样在后；批复在前，请示在后；正件在前，附件在后；印件在前，定稿在后；译文在前，外文在后。

（4）文字材料宜为A4幅面，同一案卷内文件材料的幅面规格应当基本一致。大于A4标准幅面尺寸的文件材料，应向内折叠成标准幅面。对小幅面不易装订的材料，应当平行或阶梯式粘贴在标准幅面的白纸上，并按自左至右、自上而下的顺序，在被粘贴文件材料的右下角自“1”起编号，在托裱纸底部注明“此页共×张”。

（5）图样材料采用“手风琴”式折叠法，图面朝里，标题栏外露。图纸折叠执行《技术制图复制图的折叠方法》(GB/T 10609.3)。

（6）设备档案的整理应考虑特种设备的使用登记、年检等工作。

（7）外文资料保持原有的装订形式，翻译目录。

（8）设备设计、制造、采购、安装材料保存在基建档案的单位，因设备档案保管分散，应考虑做到逻辑上的系统性或建立相应的互见关系。

（三）整理步骤

1. 分类

设备仪器档案的分类，执行《企业档案分类规则》(Q/SH 0760)。实体档案一级类目为设备仪器类，代码为S5；二级类目宜按区域或装置设置；三级类目宜按专业或设备类别设置。设备仪器档案类目细分参照表见表7-3。

表7-3　设备仪器档案类目细分参照表

一级类目	二级类目	三级类目
设备仪器档案	石油专用设备	勘探、钻井、注采、油气集输等设备
	石油专用仪器	勘探仪器、测井仪器、录井仪器等
	石化专用设备	炉器、塔器、反应设备、贮存设备、换热设备、石油化工机械、橡胶与塑料机械、化纤生产设备、起重搬运设备、成品包装设备、油库加油站设备、数质量检测设备等
	石化专用仪器	炼油、化工、化纤、科学研究、数质量检测仪器等
	通用设备	运输、动力电器、机加工、通信、工程机械、环保、安全、公安消防、办公、医疗等设备
	通用仪器	控制、分析检测仪器、化学实验仪器、光学仪器等
	其他	

2. 组卷

(1) 将设备仪器文件按单台(套)设备仪器分别组卷。

(2) 单台(套)设备仪器的文件材料一般按阶段组卷。一台(套)设备各阶段文件较少时可合并组卷;较多时,可将一个阶段形成的文件材料按问题组合成多卷。

(3) 图样材料按组件、部件或系统组卷,一台(套)设备图样材料较少时,可将组件、部件或系统合并组卷。通用图、标准图可单独组卷。

(4) 文字、图样材料混合组卷时,文字材料在前,图样材料在后,图样与文字材料密不可分的除外。

(5) 设备档案整理以"一台一档"为原则,大型设备应分类组卷。

(6) 基建项目形成的设备文件材料应按装置、专业、位号组卷,建立设备档案归档目录,并附设备编码(指 ERP 系统确定的设备编码,以下相同)。

(7) 设备使用期间形成的文件材料应按设备编码进行组卷,并建立索引目录。

(8) 单台(套)设备采购、安装的文件材料,按设备编码组卷。

(9) 新建(改扩建)基建项目中,与土建工程密不可分的电气、仪表、工艺、传输设备及管道设施等设备文件,归入建设项目档案管理。

(10) 设备管理使用、维护、维修形成的文件材料,应单独组卷。

(11) 技术改造项目,其形成的设备文件材料,随技术改造项目档案一起组卷。

(12) 各设备使用单位或管理部门应建立设备备品备件档案。设备局部或零件变更、维修和维护中形成的文件材料,采取插卷方式放入原案卷中,备考表中予以说明,或单独组卷排在原案卷后。

3. 排列

(1) 将单台(套)设备文件按立项审批、购置、开箱验收、设计制造(自制设备仪器的设计、制造、验收)、安装调试、运行维护等阶段或工作程序排列。

(2) 对各阶段文件进行系统整理,将不同专业或不同组(部)件、不同问题文件按程序、结构、时间等顺序排列。

(3) 当主辅设备文件放在同一案卷时，一般先排主设备文件，后排辅助设备文件；文件一般按设备装箱单、设备合格证明书、设备数据手册、设备使用说明书、备品备件清单、备品备件合格证及使用说明书、辅助设备合格证及使用说明书等排列；当有散装图纸时，图纸放在文字材料的后面。

4. 页号编写

以件为单位编写页号，有书写内容的页面均应编写页号，页号从"1"开始，各件之间不连续编写页号。页号编写位置为单面书写文件在右下角，双面书写的文件正面在右下角，背面在左下角；折叠后的图纸一律在右下角编写页号。

5. 案卷编目

一个案卷一般由案卷封面、卷内目录、卷内文件、卷内备考表4部分组成。设备仪器档案应编制案卷目录。案卷封面、卷内目录、卷内备考表、案卷目录的编制应符合《科学技术档案案卷构成的一般要求》(GB/T 11822)。

6. 案卷装订

(1) 案卷内文件可整卷装订或以件为单位装订，同一类型档案装订形式应统一。

(2) 以件为单位装订的案卷，应在其每件文件首页上方空白处加盖档号章，式样见本书第四章图4-1。

7. 装盒

将编制好的案卷封面、卷内目录、卷内备考表，以及整理好的文件装入档案盒。卷盒表格规格及其制成材料依据《科学技术档案案卷构成的一般要求》(GB/T 11822)执行。

附录

炼化板块设备档案归档范围参考表

序号	归档范围	说明
一	压力容器	
1	压力容器使用登记表	
2	安全阀、爆破片一览表	
3	压力容器分类及安全状况表	
4	压力容器年度检验计划	机动设备部门在每年底编制下年度压力容器全面检验计划，下发到各有关单位
5	重点设备易腐蚀部位分布图	《中石化设备检查细则》检查内容之一
6	压力容器操作证	
7	压力容器技术档案	要求做到一台一档
(1)	资料目录	
(2)	压力容器基础资料	
①	压力容器使用登记证	原件保存在机动设备部门，车间为复印件
②	压力容器登记卡	
③	压力容器设计、制造、安装技术文件和资料	压力容器安装工程完工后，由工程建设管理部门组织安装单位、使用单位及相关部门进行验收，合格后30日内由工程建设管理部门将下列资料移交给使用单位，并办理书面移交手续： 《压力容器安全技术监察规程》规定的压力容器设计文件；《压力容器安全技术监察规程》规定的压力容器制造、现场组焊技术文件和资料；压力容器安装告知书；设备安装前的检查验收记录；设备安装记录；基础检查记录；隐蔽工程记录；设计变更通知书；压力试验记录；压力容器安装监督检验证书。由于量大，车间可单独存放在指定文档夹里，但在压力容器技术档案目录里要说明存档位置
(3)	压力容器使用资料	
①	压力容器运行记录	
②	压力容器重大缺陷运行方案	
(4)	压力容器修理、改造资料	

续表

序号	归档范围	说明
①	压力容器定期检验报告、方案	压力容器定期检验包括全面检验和耐压试验。全面检验由检验机构进行。压力容器一般应当于投用满3年时进行首次全面检验。以后按：安全等级为1、2级的，一般每6年一次；安全等级为3级的，一般每3~6年一次；安全等级为4级的，由检验机构确定。在每两次全面检验期间，原则上进行一次耐压试验。当全面检验、耐压试验和年度检查在同一年度进行时，应当依次进行全面检验、耐压试验和年度检查。压力容器年度检查报告格式见《压力容器定期检验规则》(TSGR 7001—2004)附录2《压力容器全面检验报告》
②	压力容器年度检查记录	生产车间根据《压力容器定期检验规则》一年至少检验一次。固定式压力容器的年度检查可以由使用单位的压力容器专业人员进行，也可由国家质检总局核准的检验机构持证的压力容器检验人员进行。压力容器年度检查报告格式和内容见《压力容器定期检验规则》(TSGR 7001—2004)附录1《压力容器年度检查报告》
③	压力容器修理(改造)记录	
④	压力容器修理(改造)技术资料和质量检查、验收记录	包括设计图纸、修理或改造方案、质量检查和验收记录等。施工单位在修理改造完成后将竣工资料移交给使用单位。由于量大，车间可单独存放在指定文档夹里，但在压力容器修理、改造简要记录里要说明存档位置
⑤	压力容器安全附件校验、修理和更换记录	压力容器安全附件包括：压力表、液位计、测温仪表、爆破片装置、安全阀
(5)	压力容器事故、故障资料	
①	压力容器事故记录	
②	压力容器重大缺陷和故障原因分析表	可用《重大设备缺陷和关键设备故障原因分析表》代替
③	压力容器设备故障记录	可用《月度重大设备缺陷和设备故障统计表》代替
8	液化气球罐腐蚀介质分析单	盛装介质为液化石油气的储存压力容器及高强钢压力容器(指使用标准抗拉强度下限 $\sigma_b \geq 540$MPa 材料制造的压力容器)应定期对工作介质进行腐蚀介质的含量分析并控制其含量
9	安全阀技术档案	
(1)	资料目录	
(2)	安全阀出厂合格证	合格证应有制造厂、出厂日期、规格、型号、公称压力、密封压力、定压范围、弹簧号码、适用介质和温度、合格号码等

续表

序号	归档范围	说明
(3)	安全阀校验委托单	一年一校，校验委托单由装置设备员填写，报机动设备部门审批
(4)	安全阀校验报告	安全阀校验周期按《压力容器定期检验规则》等有关法规的规定，运行中的安全阀每年至少校验一次。校验报告中要包含校验内容，包括：起用、检修日期、定压值大小、安装部位和工作条件，检修定压时的工作内容等，由有资质的检验单位填写
二	压力管道	
1	压力管道使用注册登记明细表	包括：管道名称、编号、类别、介质、规格、材质、操作工艺指标、检验日期等内容
2	年度压力管道检验计划	机动设备部门在每年底编制下年度压力管道检验计划，下发到各有关单位
3	管道腐蚀状况监测一览表	此为《中石化设备检查细则》检查内容之一
4	重点管道易腐蚀部位分布图	此为《中石化设备检查细则》检查内容之一
5	压力管道定点测厚报告	
6	安全阀一览表	
7	压力管道技术档案	要求做到一管一档
(1)	资料目录	
(2)	压力管道基础资料	
①	压力管道使用证	原件存机动设备部门处，车间为复印件
②	压力管道登记表	不需要每管编制一表，可在目录备注里注明该管道登记内容在《压力管道使用注册登记明细表》
③	压力管道主要管件一览表	
④	压力管道设计、安装技术文件和资料	工程建设管理部门在工程完工后30日内，组织施工单位向使用单位移交竣工资料。资料包括下列内容： 管道补偿器的预拉伸或预压缩记录；管道系统压力试验、泄漏性试验、真空度试验记录；管道系统吹扫记录；管道系统隐蔽工程记录；爆破片、安全液封、阻火器等安全设施的安装记录；安全阀试验、调试记录；管道组成件、焊材的产品质量证明书或复验、补验报告；设计修改文件及材料代用报告；管道焊接工作记录及射线检测布片图；无损检测报告；静电接地测试记录；高压管件加工记录；管道绝热、防腐工程记录；管道竣工图(含空视图)；安装安全质量监督检验报告。由于量大，车间可单独存放在指定文档夹里，但在压力管道技术档案目录里要说明存档位置

续表

序号	归档范围	说明
(3)	压力管道使用资料	
①	压力管道运行记录	
②	压力管道重大缺陷运行方案	
(4)	压力管道修理、改造资料	
①	压力管道外部检查记录	在线检验工作由使用单位进行，也可委托给具有压力管道检验资格的单位进行，一年至少检查一次。使用单位应制定在线检验管理制度，从事在线检验工作的检验人员须经专业培训，并报省级或其授权的地(市)级质量技术监督部门备案。检查记录格式见《在用压力管道定期检验规程》(试行)附件二《在用工业管道在线检验报告书》
②	压力管道全面检验报告、方案	在用压力管道全面检验工作由已经获得质量技术监督部门资格认可的检验单位进行。安全等级为1级和2级的在用工业管道，其检验周期一般不超过6年，安全等级为3级的在用工业管道，其检验周期一般不超过3年。对《在用压力管道定期检验规程》中规定的情况，可适当延长或缩短，但最长不得超过9年。检验报告格式见《在用压力管道定期检验规程》(试行)附件三《在用工业管道全面检验报告书》
③	压力管道修理、改造简要记录	
④	压力管道变更登记表	
⑤	压力管道修理、改造技术资料和质量检查、验收记录	包括设计图纸、修理方案、质量检查和验收记录等。施工单位在修理改造完成后将竣工资料移交给使用单位。由于量大，车间可单独存放在指定文档夹里，但在压力管道修理、改造简要记录里要说明存档位置
(5)	压力管道事故、故障资料	
①	压力管道事故记录	
②	压力管道重大缺陷和故障原因分析表	可用《重大设备缺陷和关键设备故障原因分析表》代替
③	压力管道设备故障记录	可用《月度重大设备缺陷和设备故障统计表》代替
8	安全阀技术档案	内容同压力容器安全阀技术档案要求
三	加热炉	
1	加热炉基础数据表	
2	加热炉技术档案	要求做到一炉一档
(1)	资料目录	
(2)	加热炉基础资料	

续表

序号	归档范围	说明
①	加热炉卡片	
②	加热炉设计、安装技术文件和资料	
(3)	加热炉使用资料	
①	加热炉运行记录	
②	加热炉重大缺陷运行方案	
(4)	加热炉修理、改造资料	
①	加热炉外部检查记录	由生产车间负责，一年至少检查一次
②	炉管及炉附件检测报告	
③	加热炉修理、改造简要记录	
④	加热炉修理、改造技术资料和质量检查、验收记录	内容包括设计图纸、修理或改造方案、质量检查和验收记录等，在施工单位送交的竣工资料里可以查到。由于量大，车间可将竣工资料单独存放在指定文档夹里，并在加热炉目录里说明存档的文件夹
(5)	加热炉事故、故障资料	
①	加热炉事故预案	
②	加热炉事故记录	
③	加热炉重大缺陷和故障原因分析表	可用《重大设备缺陷和关键设备故障原因分析表》代替
④	加热炉器设备故障记录	可用《月度重大设备缺陷和设备故障统计表》代替
3	加热炉月度运行状况检查、考核记录	机动设备部门每月对公司加热炉的运行状况进行一次检查和考核
4	燃料油、燃料气品质分析报告	车间对加热炉用燃料油、燃料气定期进行品质分析，建立台账，并每月报送机动设备部门
5	氧含量分析仪季度校验记录	仪表维护人员每季度至少对所有氧含量分析仪检定一次
6	每周加热炉热效率监测记录(电子版)	装置设备管理人员每周对加热炉的热效率进行监测
7	每月加热炉效运行情况分析报告	装置设备管理人员每月编写本装置加热炉运行情况分析报告
四	常压储罐	包含气柜
1	常压储罐一览表	
2	常压储罐技术档案	要求做到一罐一档
(1)	储罐技术档案目录	

续表

序号	归档范围	说明
(2)	储罐基础资料	
①	储罐登记表	
a	技术数据	
b	附件一览表	
c	主要附件登记表	
d	储罐简图	
(3)	储罐使用资料	
①	储罐外部检查表	呼吸阀、阻火器、量油孔、泡沫发生器、转动扶梯、自动脱水器至少每三个月应检查维护一次；高低液位报警器、人孔、透光孔、排污阀至少每一个月应检查维护一次；液压安全阀、通气管、浮顶罐密封装置、罐壁通气孔、液面计至少每年应检查维护一次
②	停用储罐保护措施	
(4)	储罐修理、改造资料	
①	外部检查记录	使用单位每年至少检查一次，有记录且记录齐全
a	静电接地电阻测试记录	静电接地电阻测试在每年雨季来临之前至少检查一次，其值不大于10Ω。对内浮顶罐要做好防静电连接导线的检查，确保连接良好
b	储罐腐蚀情况检查记录	应加强对储罐腐蚀情况的检查，定期对易腐蚀部位进行检查和检测，并认真做好记录。为确保储罐在使用周期内安全运行，储罐内壁防腐措施的使用寿命应达到6年以上
c	无损探伤记录	
d	测厚点布置图	每3年应对大型储罐罐顶、壁做一次测厚检查。罐壁最下一、二圈壁板的每块板沿竖向至少测2个点，其他层沿盘梯测1点。测厚点应固定，设有标志，并按编号做好测厚记录
e	测厚记录	
f	测厚报告	
②	全面检查记录	一般情况下每6年至少检查一次；腐蚀严重的储罐每3年一次；延期使用的储罐9年至少检查一次（特殊情况无法按期检查的储罐有相应的延期审批手续并有监控措施）
③	修理、改造记录	储罐修理、改造交工验收资料包括：检修方案、检修记录、中间验收记录、隐蔽工程验收记录、有关的试验和检验记录、验收记录等。验收记录要有使用、施工和机动设备部门三方签字
(5)	储罐事故、故障资料	
①	储罐事故记录	

续表

序号	归档范围	说明
②	储罐重大缺陷和故障原因分析表	可用《重大设备缺陷和关键设备故障原因分析表》代替
③	储罐器设备故障记录	可用《月度重大设备缺陷和设备故障统计表》代替
3	储罐年度管理工作总结	
五	机组、机泵及润滑油管理	
1	机组、机泵类台账	
2	大型机组技术档案	要求做到一台一档
(1)	资料目录	
(2)	机组基础资料	
①	机组基础数据(卡片)	轴流式压缩机、往复式压缩机、汽轮机、螺杆压缩机、离心式压缩机、罗茨鼓风机、烟机、离心式风机、轴流式风机、大机组变速箱、大机组润滑油
②	设备构造图	
③	机组、机泵易损件清单	即机组备品配件目录清单及附属设备明细表
(3)	机组使用资料	
①	大型机组开停机记录	
②	大型机组运行时间统计	
③	大型机组开停工方案	若执行操作规程，应写明所执行的操作规程名称
④	大型机组润滑油使用说明	润滑油牌号、用量、换油、加油记录及定期化验单
(4)	机组修理、改造资料	
①	检修简要记录	修理类别、检修内容(包括项目、原因、发现问题及处理措施、检修人)
②	大机组检修规程(方案)	大机组每次检修都要有针对性的检修方案，方案审批手续齐全
③	大机组检修质量控制及记录	机组检修过程要有质量控制与检查，检修记录必须详细并经相关管理人员签字确认；检修过程中的各种检验报告齐全。可存放在施工单位送交的竣工资料里，在机组大修栏说明存档位置
④	主要零(部)件更换记录	
⑤	机组改造技术资料	机组改造方案、改造设计图纸、质量检查和验收记录等
(5)	机组事故、故障资料	
①	大型机组设备事故记录	

续表

序号	归档范围	说明
②	大型机组重大缺陷和故障原因分析表	可用《重大设备缺陷和关键设备故障原因分析表》代替
③	大型机组设备故障记录	可用《月度重大设备缺陷和设备故障统计表》代替
3	大型机组特级维护管理制度	大型机组特级维护管理制度及相应的实施细则
4	大型机组特级维护活动记录	按制定的特级维护工作实施细则进行日检、周检，记录完整正确；每周召开特护小组分析会
5	带病运行大型机组原因分析、监控措施	可理解为应急预案
6	大型机组联锁保护系统变更、解除相关手续和相应的防范措施	
7	大型机组润滑油定期分析单	离心式机组每月化验油质一次，往复式机组每月化验油质一次
8	大型机组状态监测月报	机动设备部门每月对特护设备进行振动监测，并进行频谱分析，写出报告并上网通报
9	大型机组特护月度例会记录	各特护小组每周至少召开一次小组成员活动会议，并对设备运行情况进行分析总结；机动设备部门每月组织领导小组机组特护会议，分析大机组运行状况
10	关键设备特护月报表	生产车间于每月月底上报机动设备部门(电子版)
11	烟机运行情况月报表	生产车间于每月月底上报机动设备部门(电子版)
12	机泵技术档案资料	要求做到所有机泵一台一档
(1)	机泵基础资料	
	机泵卡片	齿轮泵、往复泵、离心泵、螺杆泵
(2)	机泵使用资料	
(3)	机泵修理、改造资料	
①	关键机泵	
a	检修简要记录	修理类别、检修内容(包括项目、原因、发现问题及处理措施、检修人)
b	关键机泵检修规程(方案)	关键机泵大修在有针对性有检修规程(方案)且审批手续齐全
c	机泵检修、改造质量控制及记录	关键机泵检修过程要有质量控制与检查，检修记录必须详细并经相关管理人员签字确认；检修过程中的各种检验报告齐全。可存放在施工单位送交的竣工资料里，在机组大修栏说明存档位置

续表

序号	归档范围	说明
d	主要零(部)件更换记录	
②	一般机泵	大修记录可存放在施工单位送交的竣工资料里，在机泵大修栏说明存档位置
a	机组、机泵易损件清单	可把车间机组、机泵易损件统编在一起
b	主要零(部)件更换记录	
(4)	机泵事故、故障资料	
①	机泵设备事故记录	
②	机泵重大缺陷和故障原因分析表	可用《重大设备缺陷和关键设备故障原因分析表》代替
③	机泵设备故障记录	可用《月度重大设备缺陷和设备故障统计表》代替
13	备用机泵管理制度(规定)	针对本装置工艺特点制订的盘车及保证备用机泵随时启动的日常管理措施
14	机泵设备"五定"指示表	以装置为单位建立润滑"五定"表
15	机泵设备润滑手册	
16	设备润滑检查记录	
六	特种设备(起重设备、电梯)	
1	特种设备(起重设备、电梯)一览表	
2	特种设备(起重设备、电梯)年度检验计划及完成情况	
3	特种设备安全技术档案	要求做到一台一档
(1)	特种设备基础资料	
①	特种设备的设计文件、制造单位、产品质量合格证明、使用维护说明等文件以及安装技术文件和资料	
②	特种设备卡片	电梯、行车
(2)	特种设备使用资料	
①	特种设备的使用状况记录	
②	特种设备及其安全附件、安全保护装置、测量调控装置及有关附属仪器仪表的日常维护保养记录	

续表

序号	归档范围	说明
(3)	特种设备修理、改造资料	
①	特种设备的定期检验报告	定期检验报告原件存车间，机动设备部门存复印件
②	特种设备定期自行检查的记录	
(4)	特种设备事故、故障资料	
①	特种设备事故记录	
②	特种重大缺陷和故障原因分析表	可用《重大设备缺陷和关键设备故障原因分析表》代替
③	特种设备故障记录	可用《月度重大设备缺陷和设备故障统计表》代替
七	锅炉	
1	锅炉一览表	
2	锅炉安全阀、压力表、水位计等安全附件一览表	
3	锅炉检修、检验单位资质证书	承担锅炉检修的单位应有相应资质，机动设备部门应对其资质进行审查。机动设备部门应按《锅炉定期检验规则》要求，委托具有检验资质的单位进行锅炉定期检验工作
4	锅炉冬季、夏季组织检查和考核的相关记录	集团公司、股份公司每年组织一次锅炉设备及运行检查。企业必须定期组织有关人员进行锅炉设备及运行情况的检查，设备及运行检查可以与企业的岗位责任制检查或安全检查同时进行，并对检查结果进行考核
5	锅炉技术档案	要求做到一炉一档
(1)	资料目录	
(2)	锅炉基础资料	
①	锅炉卡片	
②	锅炉使用证	在用锅炉必须领取劳动部门核发的使用证，到期后应按规定及时进行复审
③	锅炉性能测试报告	在办理锅炉使用证后的一年内，委托第三方出具性能测试报告
(3)	锅炉使用资料	
	重要运行记录	
(4)	锅炉修理、改造资料	

续表

序号	归档范围	说明
①	锅炉检修、改造简要记录	
②	锅炉检验方案	在用锅炉按每三年由劳动部门进行检验一次内检，每年一次外检。锅炉检验前，检验单位应编制锅炉检验方案
③	锅炉的检验报告	
④	锅炉修理、改造技术资料和质量检查、验收记录	包括设计图纸、修理计划、修理或改造方案、质量检查和验收记录等。存放在修理或改造单位送交的竣工资料里，可单独存放在指定文档夹里，在机组修理、改造简要记录里要说明存档位置。（在用锅炉按每三年大修一次，每 8~10 个月安排小修一次。大、小修要编制检修计划。对锅炉设备重要部件进行大修理时，应编制方案，并按有关标准和要求组织检修及验收）
⑤	锅炉停炉保护方案	
⑥	停运锅炉腐蚀情况检查记录	
⑦	安全阀校验报告	在用锅炉的安全阀每年至少校验一次。安全阀校验后，其整定压力、回座压力、密封性等检验结果应记入锅炉技术档案
(5)	锅炉事故、故障资料	
①	锅炉设备事故记录	
②	锅炉重大缺陷和故障原因分析表	可用《重大设备缺陷和关键设备故障原因分析表》代替
③	锅炉设备故障记录	可用《月度重大设备缺陷和设备故障统计表》代替
6	锅炉联锁投用、摘除、变更审批手续，调试记录	
7	锅炉运行日志、交接班日志记录	
8	锅炉设备事故应急预案	使用单位应制订锅炉设备事故应急预案，并定期组织操作人员进行预案演练
9	锅炉制粉系统防爆措施	
10	锅炉运行情况月度分析报告	包括工艺参数变化数据及分析等
11	锅炉机泵设备缺陷登记、处置记录	
12	锅炉压力表周期检验报告	
13	锅炉给水分析记录	

续表

序号	归档范围	说明
14	锅炉开停炉记录	建立开停炉记录，按照集团公司《电力可靠性管理规定》(中国石化炼[2004]592号)，考核控制非计划停炉
15	锅炉非计划停炉原因分析和改进措施	
16	锅炉检修总结	
八	电气设备	
1	电气设备台账	电气设备：变压器、电动机、高低压开关柜、UPS、变频器、直流电源、励磁装置、电缆、其他特殊设备
2	继电保护动作记录	包括统计、评价
3	年度电气工作计划	
4	电气设备“三图”	“三图”：电气一次系统图、二次回路图、电缆走向图
5	电气设备“三票”	“三票”：工作票、操作票、临时用电票
6	电气设备的“三定”台账	“三定”：定期试验、定期检修、定期清扫执行情况
7	电气设备的“三定”记录	定期试验、定期检修、定期清扫执行情况记录，重点检查电气设备的“三定”台账、定期试验记录。未定期试验的要有评估审批手续
8	电气设备未定期检修、试验技术评估审批手续	由于装置长周期运行原因确实无法按规定周期进行检修、试验的电气设备，应组织对其运行状况进行技术评估。评估结果应包括是否可以延长检修、试验周期、延期期间的安全保障措施及延长时间，并报企业电气技术负责人审查、企业分管领导批准。延长时间最长不超过一年
9	电气设备“五记录”	“五记录”：检修、试验、运行、事故、设备缺陷记录
10	电气设备巡检记录	电气运行及维护人员应按电气设备巡回检查制度，开展设备的巡回检查工作，并做好相应巡检记录
11	罐区、生产装置区等设备防雷、防静电平面图	
12	罐区、生产装置区设备防雷、防静电定期检测报告	
13	电气事故、故障资料	
(1)	电气设备事故记录	
(2)	电气重大缺陷和故障原因分析表	可用《重大设备缺陷和关键设备故障原因分析表》代替
(3)	电气设备故障记录	可用《月度重大设备缺陷和设备故障统计表》代替

续表

序号	归档范围	说明
九	仪表及自动控制设备	
1	DCS、PLC、ESD 系统记录本	
(1)	目录	
(2)	系统配置	
(3)	系统基本资料	
(4)	电源和接地系统图	
(5)	控制站单元台账	
(6)	操作站(台)工程师站上位机单元台账	
(7)	网络接口设备单元台账	
(8)	备品备件台账	
2	仪表联锁台账	
(1)	装置联锁报警系统一览表	
(2)	联锁逻辑图	
(3)	联锁报警系统定值表	
3	测量及控制回路台账(包括在线分析仪)	
4	可燃气体报警仪台账	
5	特殊仪表台账	
6	仪表月度报表	每月由建安仪表上报
7	联锁保护系统(设定值、联锁程序、联锁方式、取消)变更审批单	由工艺车间提出，经相关处室审核，公司主管副总批准
8	仪表控制方案变更审批单	由工艺车间提出，经相关处室审核，公司主管副总批准
9	仪表控制系统事故应急预案	
10	报警仪检测器分布图	
11	可燃、有毒气体报警仪周期校准和检定记录	
12	可燃、有毒气体报警仪运行及维护记录	

续表

序号	归档范围	说明
13	在线分析仪表定期检查、维护记录	
14	常规仪表校验记录	
15	联锁切除和恢复工作票	
16	联锁保护系统联锁切除和恢复台账	
17	联锁保护系统联校确认单	
18	仪表停用手续	由建安仪表提出，经相关处室审核批准
19	DCS 系统点检记录	
20	放射性仪表检查记录	
21	巡检记录	
22	仪表事故、故障资料	
(1)	仪表设备事故记录	
(2)	仪表重大缺陷和故障原因分析表	可用《重大设备缺陷和关键设备故障原因分析表》代替
(3)	仪表设备故障记录	可用《月度重大设备缺陷和设备故障统计表》代替
十	综合管理	
1	设备管理制度、规定、办法、规程	公司直属厂和车间应根据公司设备管理制度制定本单位设备管理规定或办法
2	年度设备工作计划、目标和总结	
3	各类检查总结	
4	设备管理会议记录、纪要	
5	设备事故分析报告	
6	重大设备缺陷和关键设备故障原因分析表	生产车间在重大设备缺陷和关键设备故障发生之日起三天内，将该表上报公司机动设备部门(对于公司直属厂下属生产车间，只需上报公司直属厂机动设备部门或机动科)
7	重大设备缺陷和关键设备故障分析报告	在重大设备缺陷和关键设备故障发生之日起一周内，公司直属厂机动设备管理部门将下属生产车间的重大设备缺陷及关键设备故障分析报告报公司机动设备部门。公司机动设备部门在 10 天内将公司直属厂或生产车间的重大设备缺陷及关键设备故障分析报告上报公司领导

续表

序号	归档范围	说明
8	月度重大设备缺陷和设备故障统计表	生产车间每月月底前上报机动设备部门(对于公司直属厂下属生产车间，只需上报公司直属厂机动设备部门(机动科)
9	设备分类统计表	设备分类统计表分为三类：公司设备分类统计表、公司直属厂设备分类统计表、生产车间设备分类统计表。分别由公司机动设备部门、公司直属厂设备管理部门、生产车间编制、修改和保存
10	装置主要设备一览表	
11	月度设备维修计划(ERP 工单)	
12	生产装置检修准备书	在装置检修前，由公司机动设备部门或直属厂设备管理部门组织编制完成并存档。《生产装置检修准备书》格式见公司《设备检修标准化管理制度》附件 1
13	生产装置检修总结	在装置检修完成后一个月内，由机动设备部门或公司直属厂设备管理部门组织编制完成。检修总结的格式和内容按公司《设备检修标准化管理制度》相关要求编写
14	设备动力技术资料汇编	
15	月度、季度设备工作总结	
16	月度经济责任制考核表	
17	各类设备培训、考核资料	
18	上级关于设备工作的文件材料	
19	年度设备管理报表	根据集团公司通知要求编制和上报
20	各类上报材料	根据上级部门的通知要求编写和上报
21	设备技术状况分析表	生产车间于每月月底上报机动设备部门(电子版)
22	设备泄漏情况统计表	生产车间于每月月底上报机动设备部门(电子版)
23	钳、电、仪考核报表	生产车间于每月月底上报机动设备部门(电子版)
24	基础数据变更报月报表	生产车间于每月月底上报机动设备部门(电子版)
25	固定资产台账(电子版)	固定资产使用单位要指定专人负责本单位固定资产实物管理，当本单位资产发生变动时，要及时更新资产台账
26	固定资产清查盘点明细表	每年年底前由财务部门组织进行公司固定资产清查，各使用单位配合
27	固定资产处置报表	
28	固定资产报废申请单	

续表

序号	归档范围	说明
29	抗震防灾综合管理系统	
30	年度、月度设备修理计划	根据内控要求，由设备管理部门编制并报批
31	年度、月度修理费用预算、分析	
32	各类技术协议	
33	合格供应商汇总表	
34	承包商准入评审表	

第八章　会计档案

会计档案是指单位在进行会计核算等过程中接收或形成的，记录和反映本单位经济业务事项的，具有保存价值的文字、图表等各种形式的会计资料，包括纸质会计档案和电子会计档案。会计档案分为会计凭证、会计账簿、财务会计报告、其他会计资料四类。财务会计管理活动中形成的财务预算、计划、制度等管理性文件材料属管理类档案，不属于会计档案的范畴。

一、会计档案的收集归档

（一）归档范围及保管期限(见表 8–1)

表 8–1　中国石化会计档案归档范围及保管期限表

序号	档案名称	保管期限	备　注
一	会计凭证		
1	原始凭证	30 年	
2	记账凭证	30 年	
二	会计账簿		
1	总账	30 年	
2	明细账	30 年	
3	日记账	30 年	
4	固定资产卡片		固定资产报废清理后保管 5 年
5	其他辅助性账簿	30 年	

续表

序号	档案名称	保管期限	备　注
三	财务会计报告		
1	月度、季度、半年度财务会计报告	10 年	
2	年度财务会计报告	永久	
四	其他会计资料		
1	银行存款余额调节表	10 年	
2	银行对账单	10 年	
3	纳税申报表	10 年	
4	会计档案移交清册	30 年	
5	会计档案保管清册	永久	
6	会计档案销毁清册	永久	
7	会计档案鉴定意见书	永久	
8	其他具有保存价值的会计资料	10 年	

（二）归档要求

1）归档的会计资料应真实、准确、齐全、完整。

2）归档的纸质会计资料应按照归档要求整理立卷，装订成册。

3）各单位内部形成的应归档电子会计资料，同时满足下列条件的，可仅以电子形式保存归档。

（1）由中国石化统一部署实施的财务管理信息系统所形成、传输的电子会计资料。财务管理信息系统包括但不限于下列系统：ERP 系统、会计集中核算系统、费用报销系统、资金集中管理系统、财务报表系统、合同管理信息系统、财务共享服务系统等。

（2）财务管理信息系统设定了经办、审核、审批等必要的审签程序，生成的电子会计资料真实有效，并可以会计业务方式展示。

（3）财务管理信息系统具备导出功能，导出存档的会计档案符合国家标准归档格式，一般采用 PDF 格式。

（4）实施了中国石化档案管理系统，并与财务管理系统建立了数据接口。

（5）建立了电子会计资料与相关联的纸质会计档案的检索关系。

（6）财务管理信息系统在数据采集、传输、数据转换、保管、查询利用、迁移等过程中，采取了身份认证等有效措施防止电子会计档案数据被篡改。

（7）按照《档案信息系统运行维护规范》（DA/T 56）建立了电子会计档案备份制度。

（8）不属于具有永久保存价值或其他重要保存价值的。

4）各单位从外部接收的电子会计资料，满足第3）条第（2）~第（8）款并具备符合《中华人民共和国电子签名法》的电子签名的，可仅以电子形式归档保存。

5）保管期限为永久的电子会计资料须以纸质形式归档保存。

6）纸质会计资料扫描为电子影像件或其他电子文件类型的，仍须保留纸质会计资料，电子文件作为数字副本归档保存。数字化扫描副本的质量须符合《中国石化企业档案数字化规范》相关要求。

7）采取电子形式归档保存会计资料的，会计档案应脱离各业务信息系统归档至中国石化档案管理系统，不得用业务信息系统的备份代替归档。

8）会计档案归档时，应编制移交清册，办理交接手续。

9）各单位接收或移交电子会计档案时，双方应当对电子会计档案的完整性、可用性、安全性进行检测，检测方法应符合《企业电子文件归档和电子档案管理指南》（档办发〔2015〕4号）要求。

10）实行财务共享的单位，委托财务共享服务中心整理立卷的，会计档案移交时由财务共享服务中心编制移交清册，共享单位财务部门、档案部门及财务共享服务中心三方共同审核确认，办理移交手续。移交清册应列明公司名称、利润中心或核算主体名称、归档年度、归档类型、归档数量等内容。

11）实施财务共享的单位，财务共享服务中心负责全部电子会计档案以及纸质会计档案电子影像副本向中国石化电子档案管理系统的移交。

12）未实施财务共享和实施财务共享自扫描方式的单位，以及实施财务共享寄送方式未形成电子影像的纸质原始凭证，由单位会计部门负责本单位的纸质会计档案的整理、立卷等工作，并向本单位档案管理部门移交。

（三）归档时间

当年形成的会计档案，在会计年度终了后，可由财务部门(财务共享服务中心)临时保管一年，再移交至档案形成单位档案部门保管。因工作需要确需推迟移交的，应经档案形成单位档案部门同意，最长不超过3年。

二、会计档案的整理

会计档案原则上应保存原卷册的装订，个别需要拆封重新整理的，应由会计人员拆封整理。

（一）会计档案的组卷

1. 会计凭证的组卷

（1）实施财务共享服务单位会计凭证组卷。

纸质原始凭证须分会计主体及会计年度按归档时间顺序分册装订。各分册连续编号。每卷内附卷内目录和以纸质原始凭证为序的记账凭证对应索引表。

纸质原始凭证通过扫描形成的电子影像副本按照电子原始凭证管理。由信息系统产生的集成业务凭证，其纸质原始凭证可不形成电子影像副本而单独装订成册，并与集成记账凭证建立索引关系。

记账凭证以电子文件格式归档保存。

记账凭证与原始凭证须建立互为检索条件的双向索引表。索引表以电子文件格式归档保存。

（2）未实施财务共享服务单位会计凭证组卷。

会计凭证须采取纸质形式归档保存。由信息系统产生的集成业务凭证可采取清单简化格式完成纸质输出。

会计凭证分会计主体及会计年度按月分册装订。原始凭证应附在记账凭证后一一对应装订。数量过多的同类原始凭证，可以单独装订成册，但应与记账凭证建立索引关系。

2. 会计账簿的组卷

会计账簿按会计年度组卷。应区分会计年度，按账簿名称种类分别组卷。会计账簿案卷封面应写明单位名称、内部机构名称、账簿名称、所属年度、卷内张数、保管期限、档号，并由会计机构负责人、立卷人签名或盖章。账簿封面应写明以总分类账户命名的账簿名称，几个总分类账户合订为一本的，应分别写明几个账簿名称；一个总分类账户分订成几本的，除写明账簿名称外，还应标明本账户共装订成几本，该本是第几本。

已实施中国石化档案管理系统的单位，会计账簿可仅以电子形式归档保存。

3. 财务会计报告的组卷

财务会计报告按所形成的会计年度组卷。具体要求是：

（1）财务会计报告须按中国石化会计管理制度规定的格式和要求编制。要保证每份财务会计报告的齐全完整。每份财务会计报告应有封面、编制说明、会计报表、财务报告附注和封底。封面各项内容要填写齐全，并加盖印章。

（2）决算审核意见书、审计报告等应分别附在该期财务报告后一起装订，卷内须逐页顺序编写页码。

（3）年度财务会计报告应同时保留纸质和电子档案。不同年度的财务会计报告不能混杂组卷。

（4）月度、季度、年度财务会计报告应分别装订组卷，并编制卷内目录和卷内备考表。

4. 其他会计资料的组卷

其他会计资料按年度组卷。具体要求是：

（1）要注意区分会计年度，按名称分别组一卷或数卷。

（2）卷内按时间顺序排列，编制页码、进行装订。

（3）要编制卷内目录和卷内备考表。

（二）会计档案案卷题名的拟写

会计档案案卷题名一般包括单位名称、会计年度或时间、会计核算材料名称三部分。

会计凭证题名一般由单位名称、时间、凭证名称、起止凭证号四部分组成。如：×××(单位名称)2004 年 1 月现金凭证 1-56 号。

会计账簿题名一般由单位名称、会计年度、账簿名称三部分组成。如：×××(单位名称)2010 年现金日记账。

对于几类账簿合组一卷的，要列出所有账簿的名称。如：×××(单位名称)2004 年现金、银行日记账。

财务会计报告题名一般由单位名称、时间、财务报告名称三部分组成。如：×××(单位名称)2004 年财务会计报告；×××(单位名称)2004 年一、二、三季度财务会计报告。

其他会计资料的题名一般由单位名称、时间、会计核算材料名称三部分组成。如：×××(单位名称)2018 年银行对账单。

（三）会计档案的排列

会计档案一般采用“属类—年度”排列法。这种方法就是把一个全宗的全部会计档案按“会计凭证”“会计账簿”“财务会计报告”“其他”四个属类分开，每个属类内再分别按年度排列(见示例 1)。同一全宗内存在多个独立核算的经济实体时，其会计档案应在每个属类内分年度依次排列(见示例 2)。

示例 1：

会计凭证类：

2009 年：1，2，3，……

2010 年：1，2，3，……

……

会计账簿类：

2009 年：1，2，3，……

2010 年：1，2，3，……

……

财务会计报告类：

2009 年：1，2，3，……

2010 年：1，2，3，……

……

其他类：

2009 年：1，2，3，……

2010 年：1，2，3，……

……

示例 2：

会计凭证类：

2009 年：

公司机关：1，2，3，……45

甲项目部：46，47，……60

乙项目部：61，62，……100

……

2010 年：

公司机关：1，2，3，……40

甲项目部：41，42，……51

乙项目部：52，53，……90

……

会计账簿类：

2009 年：

公司机关：1，2，3，……8

甲项目部：9，10，……14

乙项目部：15，16，……20

……

2010 年：

公司机关：1，2，3，……9

甲项目部：10，11，……15

乙项目部：16，17，……21

……

财务会计报告类：

2009 年：

公司机关：1，2，3，4，5

甲项目部：6，7，8

乙项目部：9，10，11

……

2010 年：

公司机关：1，2，3，4

甲项目部：5，6，7

乙项目部：8，9

……

其他类：

2009 年：

公司机关：1，2，3，4，5，6

甲项目部：7，8

乙项目部：9，10，11

……

2010 年：

公司机关：1，2，3，4，5

甲项目部：6，7，8

乙项目部：9，10，11

……

这种方法的优越性：一是便于按类别查找会计档案；二是由于按类别集中排列档案，每类档案的外形基本一致，排列美观、整齐划一。

(四) 会计档案的编号

会计档案的档号结构：全宗号-分类号-案卷号。

全宗号：档案部门给立档单位编制的代号。编制方法见本书第一章。

分类号：由一级类目代码、属类代号和年度三部分组成。各部分之间用间隔号“.”分开。实体会计档案一级类目代码用“S6”标识。各属类代号由各单位自行确定。本章采用阿拉伯数字标识(1代表会计凭证，2代表会计账簿，3代表会计财务报告，4代表其他类)。年度，为会计档案形成年度，以4位阿拉伯数字标注公元纪年，如“2015”。

案卷号：为会计档案在分类方案最低一级类目内的案卷排列顺序号，用阿拉伯数字从“1”开始编号。

示例：

OSZY02-S6.1.2015-1

案卷号（2015年会计类第1件凭证）

分类号（会计档案类.会计凭证.2015年）

全宗号（中原石油工程有限公司海外工程公司）

(五)会计档案装盒

会计档案装盒，就是将组卷完毕的会计档案分别装入会计档案盒，并将脊背各项内容填写齐全。

(六)编制会计档案案卷目录

会计档案案卷目录(式样见表8-2)设置档号、题名、起止时间、保管期限、卷内张数、备注等项目，一般应分全宗、分年度汇编成册。同一全宗同一年度档案数量较少时，可将多年度的目录装订成一册。

表8-2 会计档案案卷目录(式样)

档　号	题　名	起止时间	保管期限	卷内张数	备　注

第九章 干部人事档案

干部人事档案是各级党委和组织人事等有关部门在党的组织建设、干部人事管理、人才服务等工作中形成的，反映干部个人政治品质、道德品行、思想认识、学习工作经历、专业素养、工作作风、工作实绩、廉洁自律、遵纪守法以及家庭状况、社会关系等情况，以个人为单位组卷，按照有关规定整理、由组织集中保存以备查考的文字等形式的历史记录材料。

一、组织管理与职责

（1）各级组织人事部门是干部人事档案工作的归口管理部门，负责本单位干部人事档案工作，建立健全规章制度和工作机制，配齐配强工作力量，对同级和下级干部人事档案工作在业务上负有宣传、指导和监督检查的责任。

（2）干部人事档案由组织人事部门按照干部管理权限分级负责、集中管理。原则上每管理1000卷干部人事档案，各单位组织人事部门应配备1名专职工作人员；有业务指导职能的，还应当配备相应的业务指导人员；管理档案数量较少的单位可设兼职。干部人事档案由综合档案馆(室)统一保管的单位，要明确专人负责，且其人事关系应归属本单位组织人事部门，业务工作接受本单位组织人事部门的领导和上级有关业务部门的检查指导。干部人事档案工作人员和与其档案管理同在一个单位(部门)且有夫妻、直系血亲、三代以内旁系血亲、近姻亲关系人员的档案，由干部人事档案工作人员所在单位组织人事部门另行指定专人管理。干部死亡5年后，其人事档案移交本单位文书或综合档案部门保管。

(3) 各单位要选配政治坚定、坚持原则、忠于职守、甘于奉献、严守纪律的党员干部充实到干部人事档案队伍中。要优化档案队伍年龄、专业结构，保持档案队伍的相对稳定，适当引进档案专业人员从事档案工作，以适应干部人事档案工作的需要。档案人员工作调整或离岗时，须先配备后调整，先培训后上岗，先交接后离岗。对于表现优秀的干部人事档案工作人员，应当注重培养使用。

(4)各级组织人事部门要定期对干部人事档案日常管理、基础设施和队伍建设等工作情况进行统计、分析、研判，加强档案资源科学管理。

二、干部人事档案的收集与归档

(一) 干部人事档案材料收集范围

(1) 履历类材料：主要有《干部履历表》《干部履历表》(补充表)和干部简历等材料。

(2) 自传和思想类材料：主要有自传、参加党的重大教育活动情况和重要党性分析、重要思想汇报等材料。

(3) 考核鉴定类材料：主要有日常考核、年度考核、专项考核、任(聘)期考核，工作鉴定，重大政治事件、突发事件和重大任务中的表现，援派、挂职锻炼考核鉴定，党组织书记抓基层党建评价意见等材料。

(4) 学历学位、专业技术职务(职称)、学术评鉴和教育培训类材料：主要有中学以来取得的学历学位，职业(任职)资格和评聘专业技术职务(职称)，当选院士、入选重大人才工程，有重大影响的专利、科研成果获奖、技术秘密、著作译著和有重大影响的论文目录，政策理论、业务知识、文化素养培训和技能训练情况等材料。

(5) 政审、审计和审核类材料：主要有政治历史情况审查，领导干部经济责任审计和自然资源资产离任审计的审计结果及整改情况、履行干部选拔任用工作职责离任检查结果及说明、证明，干部基本信息审核认定、干部人事档案任前审核登记表，廉洁从业结论性评价等材料。

（6）党、团类材料：主要有中国共产党入党志愿书、入党申请书、转正申请书、培养教育考察，党员登记表，停止党籍、恢复党籍，退党、脱党，保留组织关系、恢复组织生活，中国共产主义青年团入团志愿书、入团申请书，加入或者退出民主党派等材料。

（7）表彰奖励类材料：主要有表彰和嘉奖、记功、授予荣誉称号，先进事迹以及撤销奖励等材料。

（8）违规违纪违法处理处分类材料：主要有党纪政务处分，组织处理，法院刑事判决书、裁定书，公安机关有关行政处理决定，有关行业监管部门对干部有失诚信、违反法律和行政法规等行为形成的记录，人民法院认定的被执行人失信信息等材料。

（9）工资、任免、出国和会议代表类材料：主要有工资待遇审批、参加社会保险，录用、聘用、招用、入伍、考察、任免、调配、军队转业（复员）安置、退（离）休、解除或终止劳动合同，公务员（参照公务员法管理人员）登记、遴选、选调、调任、职级晋升，职务、职级套改，事业单位管理岗位职员等级晋升，出国（境）审批，当选党的代表大会、人民代表大会、政协会议、群团组织代表会议、民主党派代表会议等会议代表（委员）及相关职务等材料。

（10）其他可供组织参考的材料：主要有毕业生就业报到证、派遣证，工作调动介绍信，国（境）外永久居留资格、长期居留许可等证件有关内容的复印件和体检表等材料。

（二）干部人事档案材料的来源

在组织人事工作中，凡与干部管理活动有关的单位（部门）都有可能产生档案材料。具体可分为以下三种情形：

（1）各级组织人事部门是档案材料形成的主渠道。其形成的主要材料包括：考察考核、鉴定材料，职称评审材料，培训材料，政审材料，党团组织建设工作中形成的材料，工作调动、录用、任免、工资待遇审批材料，离休退休、军转安置材料等。

（2）其他档案材料主要由教育、科研、审计、外事等单位（部门）形成。

包括：

教育机构形成干部的学历、学位等材料；科研部门形成干部的学识水平、学术成就、创造发明等材料；审计部门形成有关干部经济责任审计材料；外事部门形成出国(境)干部的审批材料以及在国(境)外表现情况或鉴定等材料；县处级以上党政机关、企事业单位、人民团体等形成的予以表彰、嘉奖、记功和授予荣誉称号的材料；公安、检察院、法院等单位以及干部所在单位形成的涉纪涉法、处分决定等材料。

(3) 干部个人形成的材料主要包括：履历表、登记表、自传及自传性质的材料、入党入团申请书、党员转正申请书、自我鉴定等；其中履历表、登记表等材料须经组织审查或认可。

(三) 干部人事档案材料收集及归档要求

(1) 干部人事档案材料的收集归档必须严格执行中央组织部相关规定要求，原则上不得擅自扩大或缩小收集归档范围。

(2) 归档材料必须是办理完毕的正式材料，应完整、齐全、真实，文字清楚(无涂改)、对象明确，有承办单位或个人署名和材料形成日期。材料形成部门应当按照业务要求规范制作档案材料，凡规定由组织审查盖章的，须有组织盖章。规定要同本人见面的材料，一般应有本人签字。特殊情况下，本人见面后未签字的，可由组织注明。

(3) 归档材料填写不规范、手续不完备或材料上的姓名、出生日期、参加工作时间和入党时间等与档案记载不一致的，材料形成部门应当重新制作，补办手续，或者由具有管理权限的组织人事部门审改(出具组织说明)并加盖公章。

(4) 归档材料一般应为原件。特殊情况需用复印件存档的，必须注明“此件与原件一致”、复印时间，经办人签字，并加盖材料制作单位公章或干部人事关系所在单位组织人事部门公章。

(5) 档案材料的载体使用国际标准 A4 型(长 297mm，宽 210mm)公文用纸，材料左边应当留有 20~25mm 装订边(见图 9-1)，字迹材料应当符合档案保护要求，不得使用圆珠笔、铅笔、红色或纯蓝色墨水和复写纸书写。在确保内容完整的基础上，可适当调整字号、行距，双面打印归档材料。

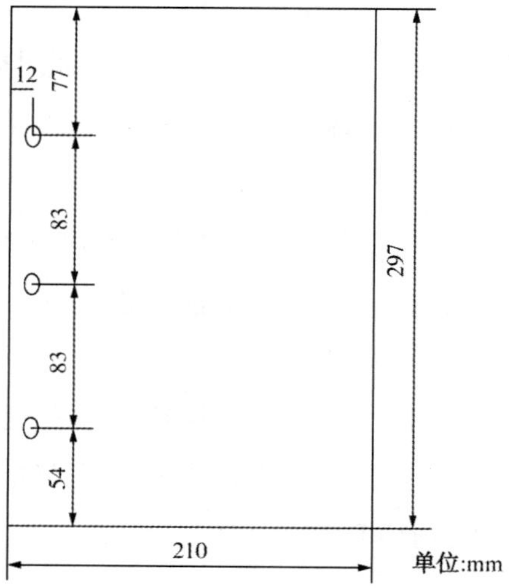

图 9-1　A4 纸型档案材料打孔式样

（6）各单位组织人事部门要及时补充档案材料。原则上每三年组织填写一次《干部履历表》，每年补充完善一次履历等相关信息；对新入职干部应在1个月内组织填写《干部履历表》；对党组管理的领导人员可结合填写年度个人有关事项报告，一并填写《干部履历表》(补充表)。

（7）材料形成部门在材料形成后1个月内应主动向相应的干部人事档案管理部门移交，并按要求填写《干部人事档案材料移交登记表》(见表9-1)履行移交手续。

表 9-1　干部人事档案材料移交登记表

序号	单位或部门	姓名	材料名称(含关键信息)	份数	备注
合　计		( )人( )份			

此表一式两份，于材料形成后一个月内移交档案管理部门。

移交单位：　　经办人：　　电话：　　接收人：　　接收日期：　年　月　日

(8)干部人事档案管理部门应当建立档案材料收集归档机制及收集网络，及时掌握形成档案材料的信息，主动向档案材料形成部门、干部本人和其他有关方面收集档案材料，鉴别材料内容是否真实，检查材料填写是否规范、手续是否完备等。

三、干部人事档案的审核

1）组织人事部门应坚持“凡提必审”“凡进必审”，干部管理权限发生变化的“凡转必审”，在考察、任职前公示、录用、任(聘)用、选调、交流，人才引进，军队转业(复员)安置，档案转递、接收等环节，严格按照有关政策和标准，及时做好干部人事档案审核工作，实现档案审核全覆盖，审核常态化。

2）干部人事档案审核在全面审核档案内容的基础上，重点审核干部的“三龄两历”(出生日期、参加工作时间、入党时间、学历学位、工作经历)、家庭主要成员及重要社会关系、专业技术职务(职称)、学术评鉴、奖惩等基本信息，审核档案内容是否真实、档案材料是否齐全、档案材料手续是否完备、档案材料记载内容之间的关联性是否合理以及是否有影响使用的情形等。

3）各级组织人事部门要按照干部管理权限和“谁管理、谁把关，谁考察、谁审核，谁签字、谁负责”原则开展审核工作。干部选任部门负责审核所联系干部的档案，干部监督机构负责核实处理有关违规违纪问题，干部人事档案管理机构负责组织对纳入管理的干部人事档案进行再审，对再审存疑的档案，可向干部选任部门提出重新认定的建议。

4）干部人事档案审核中发现的问题要逐一进行登记，按照相关规定及时进行整改和处理。

(1) 对档案材料不齐全、不规范的，分别采取补充收集、原件复印、完善手续等方式进行补充和规范；所有补充和规范的材料，要注明经办人、办理时间并加盖组织人事部门公章。确因客观原因无法查补的，应当填写《干部人事档案材料收集遗留问题汇总表》(见表9-2)。

表 9-2　干部人事档案材料收集遗留问题汇总表

姓名：

序号	缺失材料名称	材料核实情况及未能收集原因

组织人事部门盖章：　　　　　　　　　　经办人：　　　　　　日期：　　年　　月　　日

（2）涉及“三龄两历”等个人信息重新认定的，由组织人事部门根据有关政策规定，按照干部管理权限和程序予以确认，填写《干部人事档案审核认定表》（见表 9-3）和《干部任免审批表》（档案审核专用）（见表 9-4），并及时通知干部所在单位和干部本人，且需本人签字确认。

表 9-3 干部人事档案审核认定表(式样)

干部人事档案审核认定表

档案号：

姓 名		工作单位及职务	
审核中发现的有关问题及审核意见	初审人签字： 年 月 日	复审人签字： 年 月 日	

续表

组织人事部门意见	分管领导签字： （公章） 年 月 日
本人意见	签字： 年 月 日
备注	

表 9-4 干部任免审批表(式样)

中国石化干部人事档案审核工作专用

本人签字：

干部任免审批表

姓名		性别		出生年月 （ 岁）	（ 岁）	
民族		籍贯		出生地		
入党时间		参加工作时间		健康状况		
专业技术职务		熟悉专业有何特长				
学历学位	全日制教育		毕业院校系及专业			
	在职教育		毕业院校系及专业			
现任职务						
拟任职务						
拟免职务						
简历						

续表

奖惩情况					
年度考核结果					
任免理由					
家庭主要成员及重要社会关系	称谓	姓名	出生年月	政治面貌	工作单位及职务
呈报单位	（盖章） 年 月 日				
审批机关意见	（盖章） 年 月 日				
备注					

填表人： 年 月 日

(3)凡发现档案材料或者信息涉嫌造假的，组织人事部门等应当立即查核，未核准前，一律暂缓考察或者暂停任职、聘用、调动等程序。

四、干部人事档案的整理

干部人事档案原则上每年整理装订1次。首次参加工作被录用或者聘用各企事业单位、股份公司各分(子)公司、总部机关各部门的，由相应的干部人事档案管理部门以其入党、入团，录用、聘用，中学以来的学籍、奖惩和自传等材料为基础，在其上岗试用期满后6个月内建立档案正本，并且负责管理。直属单位根据工作需要，可建立本单位的党组管理领导人员人事档案副本，并且负责管理。副本由正本主要材料的复印件构成。正本有关材料和信息变更时，副本应当相应变更。整理中必须做到档案材料保持原貌、分类准确、编码规范、目录清晰、方便利用。整理档案时不得擅自处理或销毁档案材料；因历史原因产生的剔出材料，须详细核查登记并报请主管领导批准后销毁。

干部人事档案的整理在对档案材料鉴别的基础上，按材料分类、排序、编目、技术加工、装订等步骤进行。

1. 分类

干部人事档案材料根据其内容特征分为十大类。其中第四类、第九类材料须进行二级分类(见表9-5)。

表9-5　干部人事档案材料收集归档分类表

类别	需收集归档的材料	材料排序原则
第一类 履历材料	履历表和属于履历性质的登记表等材料	按时间先后排序
第二类 自传和思想类材料	1. 自传； 2. 属于自传性质的材料； 3. 参加党的重大教育活动情况和重要党性分析、重要思想汇报等材料	按时间先后排序

续表

<table>
<tr><th>类别</th><th colspan="2">需收集归档的材料</th><th>材料排序原则</th></tr>
<tr><td>第三类
考核鉴定材料</td><td colspan="2">1. 定期考核材料，年度考核登记表，专项考核形成的重要材料，实行任期制和任期目标责任制的领导人员的任期考核评价意见；
2. 工作调动、转业等鉴定材料；
3. 在重大政治事件、突发事件和重大任务中的表现材料；
4. 干部人才参加援派、挂职、扶贫和博士服务团等工作中形成的考核、鉴定材料；
5. 干部在国(境)外表现情况或鉴定等材料；
6. 党委对下一级党组织书记抓基层党建工作情况的综合评价意见等</td><td>按时间先后排序</td></tr>
<tr><td rowspan="3">第四类
学历学位职称职业资格科研学术水平培训材料</td><td>4-1
学历学位材料</td><td>1. 高中毕业生登记表，中专毕业生登记表；
2. 普通高等教育、高等教育报考登记表、成人高等教育、自学考试、党校、军队院校报考登记表，入学考试各科成绩表，研究生推免生登记表，专家推荐表；
3. 学生(学员、学籍)登记表，学习成绩表、毕业生登记表，授予学位的材料，毕业证书、学位证书复印件，党校学历证明；
4. 选拔留学生审查登记表等参加出国(境)学习和中外合作办学学习的有关材料；
5. 国务院学位委员会、教育部授权单位出具的国内外学历学位认证材料等</td><td>按时间先后排序</td></tr>
<tr><td>4-2
职称职业资格材料</td><td>1. 专业技术职务任职资格评审表、申(呈)报表，聘任专业技术职务审批表等材料；
2. 职业资格考试合格人员登记表或职业(任职)资格证书复印件；
3. 教师资格认定申请表</td><td>按时间先后排序</td></tr>
<tr><td>4-3
学术评鉴材料</td><td>1. 当选为中国科学院院士、中国工程院院士的登记表；
2. 中央组织部代中央联系专家人选证明材料；
3. 国家“千人计划”“万人计划”专家人选证明材料；
4.“西部之光”访问学者审批登记材料，省部级高层次人才登记材料；
5. 遴选博士生导师简况表；博士后申请表、博士后研究人员中期考核表、博士后研究人员登记表、博士后期满出站科研工作评审表、博士后研究人员工作期满登记表；
6. 被县处级以上党政机关、人民团体等评选为专业拔尖人才的材料；
7. 科研工作及个人表现评定材料，业务考绩材料；
8. 创造发明、科研成果鉴定材料，著作、译著和有重大影响的论文目录；
9. 发明专利证书；
10. 国家科学技术进步奖；国家最高科学技术奖；国家自然科学奖；
11. 青年科学基金材料、优秀青年科学基金材料、国家杰出青年科学基金材料；
12.“长江学者”登记表</td><td>按时间先后排序</td></tr>
</table>

续表

类别	需收集归档的材料		材料排序原则
第四类 学历学位职称职业资格科研学术水平培训材料	4-4 教育培训材料	参加政策理论、业务知识、文化素养培训和技能训练情况材料，包括组织人事部门记录的干部参加脱产培训情况和培训期间主要表现材料、考核结果等材料	按时间先后排序
第五类 政审、审计、审核材料；更改或认定姓名、民族、籍贯、国籍、出生日期、入党入团时间、参加工作时间等材料	1. 上级批复、审查(复查、甄别)结论、调查报告及主要依据与证明材料； 2. 本人对结论的意见、检查交代或情况说明材料； 3. 撤销原审查结论的材料； 4. 各类政审表； 5. 领导干部经济责任审计、自然资源资产离任审计的审计结果及整改情况材料； 6. 履行干部选拔任用工作职责离任检查结果及说明，证明材料； 7. 纪检监察机关出具的关于干部经查确有问题不宜使用、不适合担任现职等情况的意见； 8. 国有企业领导人员廉洁从业结论性评价等材料；领导干部廉政鉴定意见表； 9. 干部基本信息审核认定、干部人事档案任前审核登记表； 10. 更改(认定)姓名、民族、籍贯、国籍、入党入团时间、参加工作时间等材料； 11. 计算连续工龄审批材料等		按材料内在联系排序： 1. 上级批复； 2. 审查结论； 3. 本人的意见； 4. 调查报告； 5. 证明材料； 6. 检查交代材料
第六类 党团组织建设工作中形成的材料	1. 中国共产主义青年团入团志愿书、入团申请书； 2. 中国共产党入党志愿书、入党申请书、转正申请书、培养教育考察材料； 3. 整党工作、党员重新登记工作中民主评议党员的组织意见，党员登记表，党支部不予登记或缓期登记的决定、上级组织意见； 4. 不合格党员被劝退或除名的组织审批意见及主要依据材料； 5. 取消预备党员资格的材料； 6. 退党、自行脱党材料； 7. 保留组织关系、恢复组织生活(党籍)的有关审批材料； 8. 加入或退出民主党派的材料		按材料内在联系排序： 1. 入团志愿书； 2. 入团申请书； 3. 入党志愿书； 4. 入党申请书； 5. 入党转正申请书

续表

<table>
<tr><th>类别</th><th colspan="2">需收集归档的材料</th><th>材料排序原则</th></tr>
<tr><td>第七类
表彰奖励材料</td><td colspan="2">1. 县处级以上党政机关、人民团体等予以表彰、嘉奖、记功和授予荣誉称号的审批（呈报）表、先进人物登记（推荐、审批）表、先进事迹材料；
2. 享受政府特殊津贴的材料；
3. 撤销奖励的有关材料</td><td>按时间先后排序</td></tr>
<tr><td>第八类
违规违纪违法处理处分材料</td><td colspan="2">1. 处理处分决定，免予处分的意见，上级批复，核实（调查、复查）报告及主要依据与证明材料，本人对处分决定的意见、检查、交代及情况说明材料；
2. 解除（变更、撤销）处分的材料；
3. 党政领导干部问责材料；
4. 法院刑事判决书、裁定书，检察院不起诉决定书；
5. 公安机关作出行政拘留、限制人身自由、没收违法所得、收缴非法财物、追缴违法所得等的行政处理决定；
6. 对领导干部个人有关事项报告隐瞒不报行为的处理意见材料；
7. 经调查属实的涉及干部个人问题信访举报的处理结果材料；
8. 经查核确实存在问题的函询通知书、本人回复及处理材料；
9. 谈话诫勉记录材料、诫勉书、诫勉告知书；领导干部被问责的决定和检讨检查材料；
10. 领导干部插手干预干部选拔任用、工程建设、执纪执法、司法活动等重大事项的记录材料；
11. 纪检监察机关履行监督执纪问责，对干部形成的纪律处分、立案审查等有关结论性材料；
12. 公务员考试录用、公开遴选、公开选调中违规违纪行为的处理处分材料等；
13. 干部申诉复核决定、申诉处理决定书、再申诉处理决定书等；
14. 有关行业监管部门对干部有失诚信、违反法律和行政法规等行为形成的诚信记录材料；
15. 人民法院认定的被执行人失信信息、删除失信信息及删除原因等材料</td><td>按材料内在联系排序：
1. 上级批复；
2. 结论或处分决定；
3. 本人的意见；
4. 调查报告；
5. 证明材料；
6. 本人检讨或交代材料</td></tr>
<tr><td>第九类
录用任免工资待遇审批材料</td><td>9-1
工资待遇材料</td><td>1. 新增人员工资审批表、转正定级审批表，工资变动（套改）表、提职晋级和奖励工资审批表，工资变动登记表，工资停发（恢复）通知单；
2. 参加社会保险相关材料；
3. 解决待遇问题的审批材料</td><td>按时间先后排序</td></tr>
</table>

续表

类别	需收集归档的材料		材料排序原则
第九类 录用任免工资待遇审批材料	9-2 招录任免材料	1. 录用、聘用、招用审批(备案)表; 2. 选调生登记表及审批材料，选聘到村任职高校毕业生登记表; 3. 应征入伍登记表，招工审批表; 4. 在企事业单位签订、解除或终止的劳动合同、聘用合同有关内容的复印件，颁发的聘任通知、聘任书等; 5. 取消录用、解聘材料; 6. 干部任免审批表及相应考察材料; 7. 干部试用期满审批表; 8. 公务员(参照公务员法管理人员)登记、遴选、选调、调任、职级晋升，职务、职级套改，事业单位管理岗位职员等级晋升材料; 9. 法官、检察官、司法警察等职务套改审批材料; 10. 公务员调任审批(备案)表，干部调动审批材料; 11. 援藏、援疆、挂职锻炼登记(推荐)表; 12. 授予(晋升)军(警)衔、海关关衔、法官和检察官等级审批表; 13. 军人转业(复员)审批表; 14. 退(离)休审批表等材料; 15. 自愿辞职、引咎辞职的个人申请、同意辞职决定等材料，责令辞职的决定，对责令辞职决定不服的申诉材料、复议决定; 16. 公务员辞去公职申请表及同意辞去公职的批复; 17. 辞退公务员审批表、辞退决定材料; 18. 罢免材料	按时间先后排序
	9-3 出国(境)材料	1. 因公出国(境)审查表; 2. 外国永久居留证、港澳居民身份证等的复印件	按时间先后排序
	9-4 党代会，人代会，政协会议，人民团体和群众团体代表会议，民主党派代表会议等材料	1. 委员当选通知或证明材料，委员简历; 2. 全国代表大会代表候选人建议人选登记表、全国代表大会代表登记表等	按时间先后排序

续表

类别	需收集归档的材料	材料排序原则
第十类 其他 供组织 参考材料	1. 录用体检表，反映严重慢性病、身体残疾的体检表； 2. 工伤致残诊断书，确定致残等级的材料； 3. 人事档案报送单； 4. 人事档案材料收集遗留问题汇总表； 5. 生平，非正常死亡调查报告等材料； 6. 毕业生就业报到证(派遣证)，工作调动介绍信，人事争议仲裁裁决书(调解书)，公务员申诉处理决定书(再申诉处理决定书、复核决定)，再生育子女申请审批表等； 7. 因私出国(境)材料，包括个人的国(境)外永久居留资格、长期居留许可等证件有关内容的复印件	按时间先后排序

2. 排序

干部人事档案材料排序时，第一、二、三、四、七、九、十类档案材料按照形成时间排序。其中第四类、第九类档案材料，在二级分类的各小类内分别按时间排序。第五、六、八类档案材料按照内容以及材料之间内在联系排序。

3. 编写类号、序号

类号标注档案材料在《干部人事档案材料收集归档分类表》划定的分类号。序号标注档案材料在每类内的排列顺序号。类号、序号用铅笔编写在每份材料首页的右上角(见图 9-2)。类号和序号均用阿拉伯数字表示，之间用“-”连接。格式如下：

1-1　1-2……

2-1　2-2……

3-1　3-2……

4-1-1　4-1-2……

……　……

前面的数字代表所属类别，后面的数字代表材料在每类中的顺序号。如“1-1”表示第一类中的第一份材料，“4-4-2”表示第四类第四小类的第二份材料。

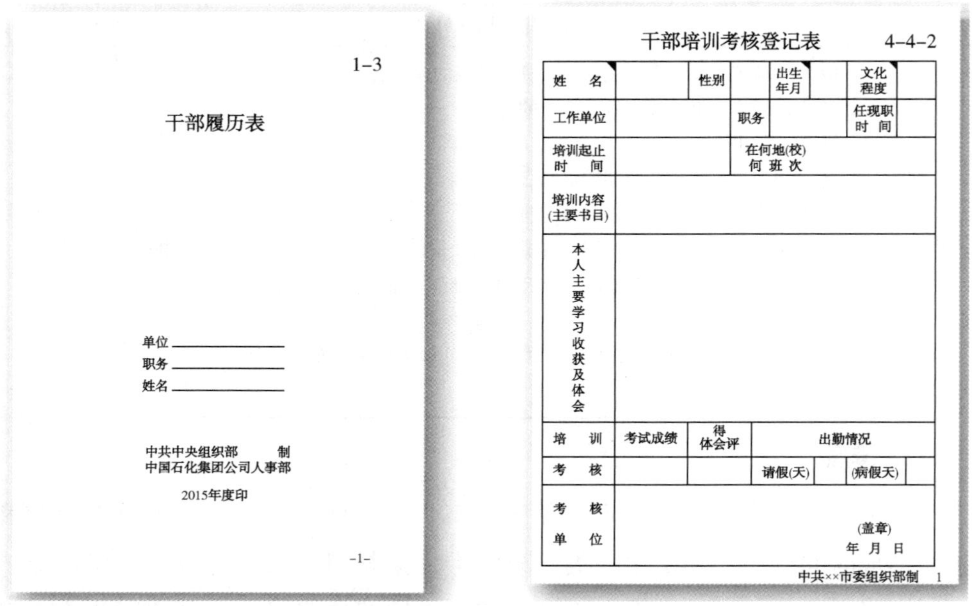

1-3

干部履历表

单位 ________

职务 ________

姓名 ________

中共中央组织部　　制
中国石化集团公司人事部

2015年度印

-1-

干部培训考核登记表　　4-4-2

姓　名		性别		出生年月		文化程度	
工作单位			职务			任现职时　间	
培训起止时　间			在何地(校)何 班 次				
培训内容(主要书目)							
本人主要学习收获及体会							
培　训	考试成绩	得体会评	出勤情况				
考　核			请假(天)		(病假天)		
考　核单　位	(盖章) 年　月　日						

中共××市委组织部制　1

图 9-2　类号、序号编写示例

4. 编页

档案材料的页码应以件为单位，从材料封面开始逐页编制。凡有图文的页面，每面作为一页；空白纸和托裱用的衬纸不计页码；文件材料已印制成册并编有页码的，拟编制页码与文件原有页码相同的，保持原有页码不变。

5. 编目

干部人事档案材料应按照排列顺序，逐件逐项编制档案目录(见图 9-3)，做到目录清楚，填写准确。档案目录一般包括序号、材料名称、材料形成时间、页数、备注等信息。

编制目录档案时，每类目录之后须留出适量的空格，供补充档案材料时使用，特别是第三、第四、第九类等，由于后续材料较多，为了留出足够的空格，不要在同一页中填写其他类别材料的条目。

档案目录

档案号: ××× 姓名: ×××

序号	材料名称	材料形成时间			页数	备注
		年	月	日		
四	学历学位、职称、学术、培训等材料					
4-1	学历学位材料					
1	高中毕业生登记表	1992	6	30	12	
2	普通高等学校招生考生登记表	1992	7	5	4	
3	中国人民大学学生登记表	1992	10	14	7	
4	中国人民大学学生学年鉴定表	1990	10	30	3	
5	中国人民大学学生学年鉴定表	1992	1	6	3	
6	中国人民大学学生学年鉴定表	1992	11	20	3	
7	高等学校毕业生登记表	1993	6	21	8	
8	中国人民大学学生成绩登记册	1993	7	3	4	
9	授予学士学位证明书	1993	7	3	1	
10	中国人民大学本科毕业证书	1993	7	3	1	复印件
11	中国人民大学学士学位证书	1993	7	3	1	复印件
……						

图 9-3 档案目录示例

序号：分别填写档案材料的类号和顺序号。其中大类号用汉字一到十表示，第四类和第九类中小类分别用 4-1~4-4、9-1~9-4 表示。顺序号用阿拉伯数字表示。

材料名称：填写档案材料的题目。无题目或材料题目不能反映材料的内容，应另拟题目。

材料形成时间：填写材料落款时间。材料上有多个时间的，以最后时间为准。复制的档案材料，采用原材料形成时间。“年”“月”“日”应填写齐全。

页数：每一件文件材料的页面总数。文件中有图文的页面为一页。

备注：填写需要说明的情况，如复印件、附考察材料等。

6. 装订

干部人事档案要使用统一规范的 A4 档案卷夹（见图 9-4）对档案材料进行装订。档案卷夹分为 310mm×225mm×25mm、310mm×225mm×35mm、310mm×225mm×45mm 三种规格，内设 3 个装订立柱。装订立柱中心距左边内沿

15mm，下装订立柱距卷盒底边 54mm，中间装订立柱距上、下装订立柱，从装订立柱中心算起 83mm，装订立柱直径为 4mm。装订工作要求：

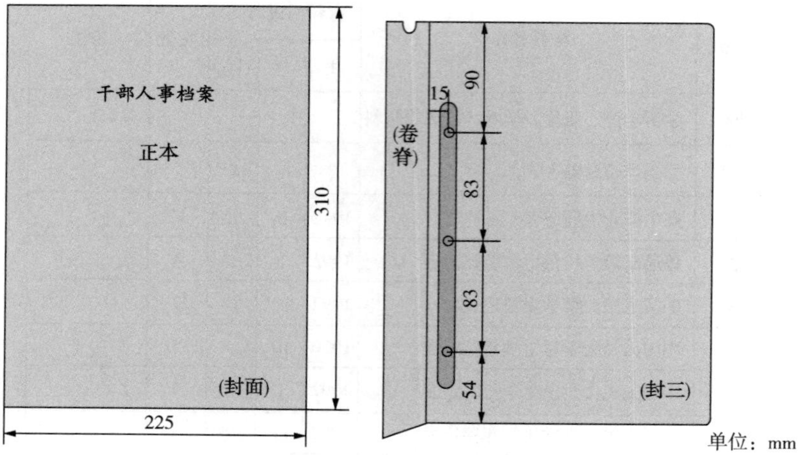

图 9-4　干部人事档案卷盒规格和式样

注："干部人事档案"字体为楷体 72 磅，"正本"字样为小初号宋体，颜色为正红色；卷盒为浅黄色。

（1）对不便长期保存的档案材料要进行适当的技术加工。一是对纸张破损或字迹材料不符合要求的档案材料，应采用复印、扫描、拍摄等方法进行复制。二是幅面过大的档案材料应进行折叠或剪裁；幅面过小的材料应进行托裱，装订边过窄或装订线内有文字的材料应加边。三是应拆除档案材料上的订书钉、曲别针、大头针等金属装订物。

（2）装订时，档案目录置于卷首，卷内材料排列顺序与目录相符。

（3）档案材料应左边、下边对齐，在左侧打 3 孔装订，中间孔距上、下孔(从孔中心算起) 83mm，下孔距材料底边 54mm，孔中心距左边沿 12mm，孔直径为 5mm，做到结实、齐整、美观，不掉页、不倒页、不压字、不损坏档案材料，方便阅读。

五、干部人事档案的数字化

干部人事档案数字化是采用扫描仪等设备对干部人事档案进行数字化加工，将其转化为可存储在磁盘、光盘等存储介质上，并能被计算机识别，数字方式可信、可取和可用的数字图像或数字文本的处理过程。

(一) 干部人事档案数字化的基本原则

1. 真实性原则

应确保干部人事档案数字化后的内容与纸质档案在内容上一致。确保档案数字化过程中档案信息不被更改。原始图像应保留原纸张颜色、污损情况和文字修改痕迹等原始信息。

2. 完整性原则

应确保数字化前后纸质档案一致，档案数字图像数量与纸质档案数量相符。

3. 可用性原则

应确保数字档案可被查找、检索、呈现等，满足相关业务的要求。确保数字档案的连续性，维护其可跟踪、可回溯、可关联、可被发现和可被再用，数据链不出现断裂。

4. 安全性原则

应建立身份认证体系、加密存储体系及数据流传输方式等安全保密管理机制，确保档案信息的安全。干部人事档案数字化过程应完整记录，可查询、可追溯。档案图像数据应得到有效保护，不被非法利用、更改或销毁。档案原件不受损毁。

(二) 干部人事档案数字化加工

干部人事档案数字化基本环节包括人员建库、目录建库、档案扫描、图像处理、数据存储、数据验收、数据交换、数据备份等。

1. 人员建库

(1) 人员基本信息集。人员基本信息集用于描述某人自然属性和社会属性中最基本的信息。编码引自组通字〔2012〕31 号文件。该信息集为单记录信息，每一记录对应一个人。至少由 6 个信息项(见表 9-6)组成，其他信息项可根据实际情况增加。该信息集内容可单独建立，也可从其他系统中获取。

表 9-6　人员基本信息集

项目	编码	类型	长度	必填	说明
人员唯一标识	A0100	字符	36	是	人员唯一标识，从其他系统获取或由软件系统自动生成，符合全球唯一标识符要求
姓名	A0101	字符	36	是	
性别	A0104	字符	1	是	符合 GB/T 2261. 1 要求的代码
民族	A0117	字符	2	是	符合 GB/T 3304 要求的代码
出生日期	A0107	字符	8	是	符合 GB/T 7408 要求的格式
居民身份证号码	A0184	字符	18	是	符合 GB 11643 要求的身份代码

（2）人员信息录入。人员基本信息录入内容及要求：

姓名：填写户籍登记所用的姓名；

性别：填写 GB/T 2261. 1 中的性别代码；

民族：填写 GB/T 3304 中的民族代码；

出生日期：按照 GB/T 7408 要求的格式填写出生年月；

居民身份证号码：填写公安机关为公民编制的符合 GB 11643 要求的身份代码。

2. 目录建库

（1）干部人事档案目录信息集。干部人事档案目录信息集用于描述档案目录的信息，由 10 个信息项(见表 9-7)组成。该信息集为多记录信息集，每一记录记述该档案目录涉及档案材料的信息。

表 9-7　干部人事档案目录信息集

项目	编码	类型	长度	必填	说明
目录唯一标识	RSDAML000	字符	36	是	该标识是目录信息与图像文件挂接的唯一标识信息，从其他系统获取或由软件系统自动生成，符合全球唯一标识符要求
人员挂接标识	RSDAML001	字符	36	是	该标识是将目录信息挂接到对应的人员的标识信息，从 A0100 获取
类号	RSDAML002	字符			表示为一到十，其中第四类中的小类用 4-1 到 4-4 表示，第九类中的小类用 9-1 到 9-4 表示，类号信息集见附录 B

续表

项目		编码	类型	长度	必填	说明
序号		RSDAML003	字符	3	是	该份档案材料在所属分类中的排列顺序号
材料名称		RSDAML004	字符	120	是	材料已有或代拟的标题名称
材料形成时间	年	RSDAML006	字符	4	否	材料形成时间的年份，格式 YYYY
	月	RSDAML007	字符	2	否	材料形成时间的月份，格式 MM
	日	RSDAML008	字符	2	否	材料形成时间的日，格式 DD
页数		RSDAML005	数值	3	是	有文字或图表的材料页数
备注		RSDAML009	字符	120	否	材料的备注说明

（2）目录录入。应根据统一的干部人事档案目录格式进行档案目录录入。

3. 档案扫描

（1）扫描仪校准。扫描仪应符合《平板式扫描仪通用规范》（GB/T 18788）的规定，亮度和对比度为中值，无偏移。

（2）扫描方式。大幅面档案宜采用大幅面扫描仪扫描，也可采用小幅面扫描后的图像拼接方式处理；纸张状况较差、容易损坏的档案，应采用平板扫描方式；对于纸张较薄的档案，若扫描时发生背页字迹透印而影响图像阅读的现象，应在背页后垫白色衬底扫描。

（3）扫描色彩模式及扫描分辨率。干部人事档案应采用真彩色 24 位 RGB 模式、300dpi 分辨率扫描。

4. 图像处理

（1）原始图像处理。

① 纠偏处理。对偏斜度大于 1°的图像应进行纠偏处理，纠偏后距离显示器 25～40cm 观看图像应没有明显偏斜。对方向不正确的图像应旋转还原。

② 裁边处理。纠偏后的图像应进行裁边处理，去除扫描过程中产生的白边或黑边。

③ 图像拼接。对大幅面干部人事档案材料进行分区扫描形成的多幅图像，应进行拼接处理，合并为一个原始图像，确保档案数字图像的完整性和真实性。

（2）优化图像处理。优化图像处理应使用计算机软件或人工方式对原始图像数据进行处理。原始图像中带有黑白、彩色照片的，应采用人工方式处理，以使优化图像中的照片得到更佳的视觉效果或与原始图像的视觉效果相符。原始图像中带有印章的图像区域应采用人工方式处理。带有身份证、学历证件、复印件及带有防伪技术的原始图像，或内容不清晰的红色或紫色背景的早期麻纸基材等，优化处理后仍不具有较好辨识效果的，应直接引用原始图像数据。

5. 数据存储

（1）图像存储格式。图像数据应采用 JPEG 格式存储。原始图像数据存储时，应进行图像数据压缩，压缩率≥80%。优化图像数据不进行压缩。原始图像数据和优化图像数据应分不同文件夹保存。

（2）图像文件存储路径。原始图像文件存储路径：系统指定路径\人员唯一标识\〈原始图像数据〉。

优化图像文件存储路径：系统指定路径\人员唯一标识\〈优化图像数据〉。

（3）数据存储索引信息集。数据存储索引信息集用于描述某页干部人事档案材料图像文件存储的最基本信息，由 4 个信息项(见表 9-8)组成。该信息集为多记录信息集，每一记录记述该档案目录涉及档案材料图像文件的存储信息。

表 9-8　数据存储索引信息集

项目	编码	类型	长度	必填	说明
目录挂接标识	RSDAWJ000	字符	36	是	该标识是图像文件挂接到对应目录的标识信息，从 RSDAML000 获取
页序号	RSDAWJ001	字符	3	是	该页在该份档案材料的序号
原始文件名	RSDAWJ003	字符	20	是	原始图像文件在存储介质上的文件名，命名规则为三位流水号
优化文件名	RSDAWJ004	字符	20	否	优化图像文件在存储介质上的文件名，命名规则为三位流水号

6. 数据验收

干部人事档案数字化完成后，应对全部数字档案成品进行质量验收，并根据验收标准填写相应的验收登记表(式样见表 9-9)，对数字档案作出合格或不合格的结论。

表 9-9　干部人事档案数字化验收登记表(式样)

序号	档案姓名	人员建库情况	目录建库情况	原始图像情况	优化图像情况	是否合格	备注
验收人				验收时间			

注：1. 人员建库情况、目录建库情况、原始图像情况、优化图像情况四栏依照验收标准填写发现的问题，没有问题的填写“无”；上述四栏任意栏内存在问题，则视为该人员数字档案不合格。

2. 是否合格栏内，合格打“√”，不合格打“×”。

3. 验收数量较多不够填写时，可将多张表格合订在一起，在末页填写验收人和验收时间。

4. 验收登记表应汇编成册，形成台账保存。

（1）人员建库验收标准。人员建库时录入项目应符合人员基本信息集数据格式要求；与其他信息系统共享人员信息的，所引用的姓名、性别、民族、出生日期、居民身份证号码等信息项也应符合人员建库要求。

（2）目录建库验收标准。目录建库时录入项目应符合干部人事档案目录信息集数据格式要求，类号、序号、材料名称、材料形成时间、页数、备注等录入内容项应规范、准确，档案目录应与纸质档案材料名称内容相符，档案目录条数应与纸质档案材料数量相符。

（3）原始图像数据验收标准。原始图像应为真彩色 24 位、JPEG 格式、300dpi。无扫描产生的白边和黑边；偏斜度≤1°，方向正确；图像页码连续；图像中档案信息与纸质档案一致，图像数量与纸质档案一致，图像的排列顺序与纸质档案一致，图像与目录一一对应。

（4）优化图像数据验收标准。优化图像数据应符合优化图像质量要求，与原始图像尺寸一致。

7. 数据交换

（1）数据交换内容。数据交换的内容应包括：人员基本信息及目录信息的描述性文件，以 XML 格式文件保存，其中，人员基本信息只交换表 9-6 内的 5 个信息项；干部人事档案数字化形成的图像数据，存放在指定的文件夹内。

（2）数据交换格式。

① XML 文件格式描述。XML 根节点为〈数字档案〉。整个 XML 文件包括人员基本信息及目录信息，分别用(人员基本信息)、(目录信息)进行标记。人员基本信息中的内容分别用〈姓名〉、〈性别〉、〈民族〉、〈出生日期〉、〈居民身份证号码>进行标记〉。目录信息中的内容分别用〈类号〉、〈序号〉、〈材料名称〉、〈材料形成时间〉、〈页数〉、〈备注〉、〈原始图像数据〉(即图像文件名称)、〈优化图像数据〉(即图像文件名称)进行标记。

② 文件夹及文件命名规范。每个人的干部人事档案图像数据应放在一个文件夹内，该文件夹应以姓名+居民身份证号码命名（如李＊＊11010219830606＊＊＊＊）。根目录下保存的是一个以姓名+居民身份证号码命名的 XML 文件和一个文件名为“图像数据”的文件夹，前者描述人员基本信息及目录信息，后者存放原始图像数据和优化图像数据。

图像文件名称的命名规则为：干部人事档案材料类号代码+“-”+分类内序号+“-”+三位流水号+后缀名。如 1-1-001. jpg(在不同的操作系统中，图像文件扩展名或显示为 . jpeg)。类号代码见表 9-10。文件夹的目录结构示例见图 9-5。

表 9-10　类号信息表

分类名称	类号	类号代码
履历材料	一	1
自传材料	二	2
鉴定、考核、考察材料	三	3
学历学位、职称、学术、培训等材料	四	4
学历学位材料	4-1	4-1
职业(任职)资格和评(聘)专业技术职务(职称)材料	4-2	4-2
科研学术材料	4-3	4-3
培训材料	4-4	4-4
政审材料	五	5
党团材料	六	6

续表

分类名称	类号	类号代码
奖励材料	七	7
处分材料	八	8
工资、任免、出国、会议等材料	九	9
工资材料	9-1	9-1
任免材料	9-2	9-2
出国(境)材料	9-3	9-3
参加会议的代表登记表等材料	9-4	9-4
其他材料	十	10

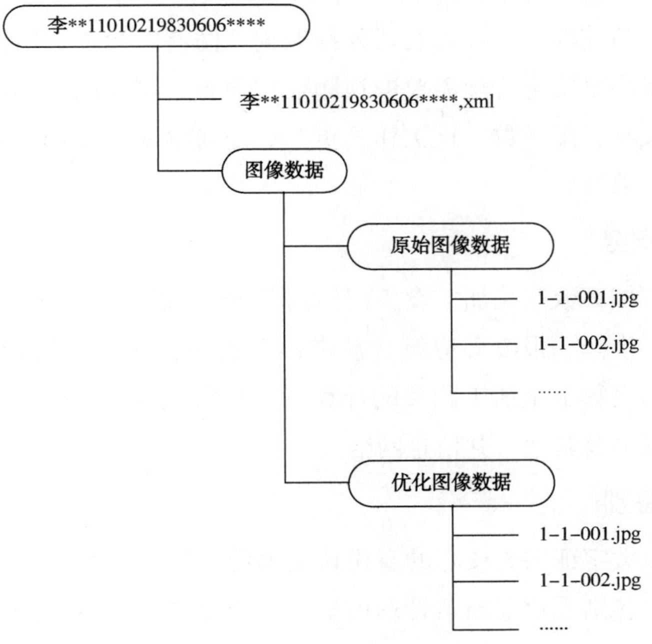

图 9-5 目录结构示例

注：圆角方框表示文件夹

8. 数据备份

经验收合格的人员基本信息、干部人事档案目录信息、原始图像数据、优化图像数据应及时进行备份。备份应采用在线、离线相结合的方式实现。在线备份可采用持续数据保护技术，保障数据备份的持续性。离线备份时，每个人的数字档案应形成一个数据包，数据包应采用硬盘、光盘等不同载体备份，宜异地备份。离线备份后应在相应的备份介质上做好标签，以便查找和管理。

（三）干部人事档案数字化的安全管理

1. 密级

数字档案的密级与纸质档案的密级相同。数字档案管理信息系统和承载管理系统的网络的密级应不低于其所承载的数字档案的密级。

2. 环境安全

数字化加工场所应设在独立、可封闭的建筑内，符合防盗、防火、防尘、防水、防潮、防高温、防日光及紫外线照射、防有害生物、防污染等安全管理要求，配备满足安全管理需要的视频监控设备、符合国家标准并满足工作需要的档案装具，配备数字化工作人员存放随身物品的专用储物箱柜，并与档案装具分区放置。

3. 设备安全

干部人事档案数字化加工设备(计算机、打印机、复印机、扫描仪等)的使用、管理、维修、报废等应符合涉密信息设备使用保密管理的有关规定。与干部人事档案数字化加工相关的计算机、打印机、复印机、扫描仪等设备不得连接互联网及其他公共信息网络。

4. 身份鉴别

应建立以数字证书为核心的身份认证系统，按照密级选择安全保密方式实现用户身份鉴别。数字档案管理信息系统应提供专用的登录控制模块对登录用户进行身份标识和鉴别，标识范围应涵盖管理系统的所有用户，不得设置匿名账户，具备用户身份标识和鉴别信息复杂度检查功能，确保管理系统中不存在重复身份标识、身份鉴别信息不被冒用。单个管理系统客户端在同一时间仅允许单个用户登录，用户在同一时间仅允许登录单个管理系统客户端。

5. 访问控制

数字档案管理信息系统应具备涉密信息和重要信息的访问控制功能。涉密信息和重要信息的访问控制，主体应控制到单个用户，客体应控制到单个页面。

6. 安全审计

干部人事档案数字化应进行全过程日志记录，修改和删除的图像数据应一并存入日志记录。日志记录的内容应包括事件发生时间、发起者信息、类型、描述和结果等。

数字档案管理信息系统应具备安全事件审计功能，审计范围应覆盖所有用户。审计事件的类型应包括系统事件、业务事件、成功事件、失败事件等。管理系统应具备对日志数据进行自动或手动备份功能，不能非授权删除、修改或覆盖日志记录，不具备单独中断审计进程功能。

7. 权限划分

数字档案管理信息系统应设置系统管理员、安全保密管理员、安全审计员。系统管理员、安全保密管理员、安全审计员应相互独立、相互制约，实行“三员分离”。系统管理员仅负责系统级的管理，不具备任何用户业务操作的权限。安全保密管理员，负责管理系统的日常安全保密管理工作，包括对用户账号权限管理、安全保密设备管理和管理系统所产生日志的审查分析，不具备任何用户业务操作的权限。安全审计员，负责对系统管理员、安全保密管理员的操作行为进行审计跟踪分析和监督检查，不具备任何用户业务操作的权限。

8. 数据保护

数字档案管理信息系统应采用加密技术确保存储和传输过程中数据的完整性，数据在网络传输和存储中应采取相应的密码保护措施，确保数据传输和存储的安全；应具备涉密信息完整性检测功能，能发现信息被篡改、伪造、删除等情况，并产生审计日志。

六、干部人事档案的保管保护

干部人事档案的保管保护要本着“安全保密、便于查找”的原则，按照

“预防为主、防治结合”的要求，建立和维护科学合理的档案存放秩序。对于属于国家秘密、商业秘密、工作秘密及个人隐私等人事档案材料和信息，按照国家和集团公司有关规定管理。发现干部人事档案丢失或者损毁的，必须立即报告上级组织人事部门，并且全力查找或者补救。确实无法找到或者补救的，经报上级组织人事部门批准，由人事档案管理部门协调有关单位重新建立档案或者补充必要证明材料。

干部人事档案库房要达到每千卷档案20~25m^2的要求，不足的要扩充面积。保管人事档案数量较少的单位，也应当设置专用房间保管档案。阅档场所、整理场所、办公场所应当“三所分开”。

七、干部人事档案的利用

干部人事档案利用方式主要包括查(借)阅、复印和摘录等。因工作需要，符合下列情形之一的，可以查阅干部人事档案。

(1) 政治审查、发展党员、党员教育、党员管理等。

(2) 干部录用、聘用、考核、考察、任免、调配、职级晋升、教育培养、职称评聘、表彰奖励、工资待遇、退(离)休、社会保险、治丧等。

(3) 人才引进、培养、评选、推送等。

(4) 巡视、巡察，选人用人检查及问题查核，组织处理，党纪政纪处分，涉嫌违法犯罪的调查取证、案件查办等。

(5) 经具有人事管理权限的党委、组织人事部门批准的编史修志，撰写大事记、人物传记，举办展览、纪念活动等。

(6) 干部日常管理中，熟悉了解情况，研究、发现和解决有关问题等。

(7) 其他因工作需要利用的事项。

员工本人及其亲属办理公证、诉讼取证等有关干部个人合法权益保障的事项，可以按照有关规定提请相应的组织人事等部门查阅档案。

查(借)阅干部人事档案必须严格履行审批手续，按照以下程序和要求进行：

(1) 查(借)阅单位如实填写《干部人事档案查(借)阅审批表》(见表9-11)，

按权限报相关负责人审批签字并加盖公章。

表 9–11　干部人事档案查（借）阅审批表（式样）

<table>
<tr><td>内容
项目</td><td>姓　名</td><td>单　位</td><td>职　务</td><td>政治
面貌</td></tr>
<tr><td rowspan="2">查档对象</td><td></td><td></td><td></td><td></td></tr>
<tr><td></td><td></td><td></td><td></td></tr>
<tr><td rowspan="2">查档人员</td><td></td><td></td><td></td><td></td></tr>
<tr><td></td><td></td><td></td><td></td></tr>
<tr><td>查档事由</td><td colspan="4"></td></tr>
<tr><td>查档内容</td><td colspan="4"></td></tr>
<tr><td>查（借）阅
单位意见</td><td colspan="4">（单位盖章）
负责人签字：　　　年　　月　　日</td></tr>
<tr><td>档案主管
处室意见</td><td colspan="4">负责人签字：　　　年　　月　　日</td></tr>
</table>

（2）查阅档案应当 2 人以上，一般均为党员。

（3）档案保管单位应按照程序审批，在规定时限内办理查阅，档案管理人员应在场监督。

（4）干部人事档案一般不予外借，确因工作需要借阅的，借阅单位应当履行审批手续，在规定时限内归还，归还时干部人事档案管理部门应当认真核对档案材料。

（5）借阅档案时间一般不得超过1周，因办理特殊事项的，按约定时间归还。干部人事档案管理部门对逾期不还者应及时催要并如实向分管领导汇报，妥善处理。

（6）查(借)阅档案人员应注意以下事项：

① 严禁涂改、拆散、抽出、增添、圈划、污损档案材料。

② 因工作需要从档案中取证的，须经档案主管部门审查批准后方可复印。

③ 借阅的档案必须保证绝对安全，要严格保密，妥善保存，不得转借，不得交无关人员和本人翻阅，用后及时归还。

④ 复印、摘录的档案材料，应当按照有关要求管理和使用。

⑤ 严禁查(借)阅本人以及有夫妻、直系血亲、三代以内旁系血亲、近姻亲关系的干部人事档案。

八、干部人事档案的转递

干部因职务变动或工作调动在集团公司范围内改变档案主管单位的，各单位应在2个月内完成档案转递。干部因辞职、出国不归、被辞退或被开除、劳动合同期满终止等与单位解除(终止)劳动合同的情况，应在解除(终止)劳动合同之日起15天内，由干部管理部门牵头为其办理档案转递手续。因个人原因未及时转递人事档案的，原单位不再提供除转递人事档案以外的其他人事档案服务，由此所产生的相应后果由干部本人自行承担。

档案转出单位要按照档案审核及整理要求，对转出的档案进行认真核对整理，保证档案内容真实准确、材料齐全完整，对不符合要求的档案严肃整改；转出的档案必须齐全完整，不得扣留材料或分批转出。报送集团公司人力资源部的档案，须填写《干部人事档案报送单》(见表9-12)。档案接收单位要按照档案接收规定，对接收的档案一般应当在接到档案2个月内完成审核入库；各级干部人事档案管理人员有权拒收未经清理、整理或清理、整理不合格的人事档案。不符合接收要求的人事档案，要及时向转出单位反馈存在的问题并将档案退回整改。

表 9-12　干部人事档案报送单(作为第十类材料装订)(式样)

<table>
<tr><td>姓　　名</td><td></td><td>性　　别</td><td></td></tr>
<tr><td>出生日期</td><td></td><td>籍　　贯</td><td></td></tr>
<tr><td>工作单位及职务</td><td colspan="3"></td></tr>
<tr><td>任职时间</td><td colspan="3"></td></tr>
<tr><td>档案整理人</td><td></td><td rowspan="2">档案审核人</td><td rowspan="2"></td></tr>
<tr><td>档案卷数</td><td></td></tr>
<tr><td>人事档案遗留问题
或需要说明的情况</td><td colspan="3"></td></tr>
<tr><td>报送单位
意见</td><td colspan="3">主管领导　　　　　　　　　　　　（公章）
签字：　　　　　　　　　　　　　　年　　月　　日</td></tr>
</table>

转递人事档案要严格履行相应的审批、登记程序，经批准转出的档案要详细进行登记，并填写《干部人事档案转递通知单》(式样见表 9-13)。接收单位对转来的档案审核无误后，应及时在回执单上签字，盖章后返回，逾期 1 个月不见回执的，转出单位要进行追查，以防档案丢失。

表 9-13　干部人事档案转递通知单(式样)

【　　　　】人档字第　　号

________：

兹将　　　等　　　同志的人事档案材料转去，请按档案内所列目录清点查收，并将回执及时退回。

经办人：　　　　　　　　　　　　　　　　　　　　转出单位(盖章)

年　　月　　日

姓名	档案转递原因	档案卷数	
		正本	副本

回执请寄(地址)：　　　　　　　　　　　　　　　　　联系电话：

…………………………………………………………………………………………

回执	________： 你处于　　年　　月　　日转来的【　　】人档字第　　号　　　等　　　同志的人事档案材料共　　卷，我处已于　　年　　月　　日收到，经清点无误，现将回执退回，请查收。 收件人：　　　　　收件机关盖章　　　　　　　　年　　月　　日

此表一式两份，转出单位留存一份。

转递人事档案必须通过机要交通或者安排专人送取，转出单位和接收单位应当严格履行转递手续，对违反转递规定，造成档案丢失或出现涂改、抽取、更换档案材料等造假行为的，严肃追究当事人和有关档案管理人员的责任。

因机构改革等原因单位撤销合并、职能划转、职责调整、重组等，组织人事部门应当制订干部人事档案移交工作方案，编制移交清单，按照有关要求及时移交档案。

第十章　油气勘探开发档案

油气勘探开发档案是指在油气勘探开发过程中形成的具有参考和利用价值并归档保存的各种载体形式的文件材料和岩芯、岩屑、测试样品、各类标本等实物。在日常工作中，“油气勘探开发档案”也常常被称为“石油天然气勘探与开发地质资料”“勘探与开发地质档案”“地质档案”“油气地质资料”或“地质资料”。

一、油气勘探开发档案的收集

（一）油气勘探开发档案的归档范围和保管期限

在油气勘探开发地质工作中形成的具有保存价值的、各种载体形式的文件材料，都属于油气勘探开发档案的归档范围（见表 10-1）。

表 10-1　油气勘探开发档案收集归档范围及保管期限表

序号	类目及归档范围	保管期限
1	综合类（代字/代号：综/01）	
1.1	规划、部署、年报、建议	
	石油天然气勘探与开发的中长期规划、发展战略、年度计划，总体设计、部署，勘探、开发、钻井、测井、试油、试采等各种年报、建议，相关附图、附件	永久
1.2	管理性文件	
1.2.1	与探矿、采矿管理有关的经批准的申请材料，资格证书与许可证	永久

续表

序号	类目及归档范围	保管期限
1. 2. 2	有关石油天然气勘探与开发的条例、规范、细则	永久
1. 2. 3	任务书、合同书、协议书，评审意见书等	永久
1. 2. 4	调研报告、论证材料等	30 年
1. 2. 5	HSE 管理文件材料	30 年
1. 3	技术交流材料	
	专业会议、技术考察与交流所形成的重要文件材料	30 年
2	测绘类(代字/代号：测/02)	
2. 1	总结报告	
	各种测绘成果总结报告、报表、附图(册)	永久
2. 2	原始记录、数据	
	用各种测绘手段(航测、卫星定位测量、地面测量等)产生的原始记录与数据	永久
2. 3	测量成果	
	用原始记录和数据整理与处理形成的测量成果、各种比例尺的测量图	30 年
2. 4	管理性文件	
2. 4. 1	测量项目的标书、任务书、合同书、委托书	永久
2. 4. 2	技术设计书及审批意见书、设计更改申请书及审批意见书	永久
2. 4. 3	测量成果的验收、评审文据与测量标志保管委托书等	永久
3	地质勘探类(代字/代号：地/03)	
3. 1	成果报告	
	地质调查、区域地质勘探、远景预测、资源评价、选区评价、圈闭评价与目标优选等成果报告和预测储量、控制储量、探明储量等各级各类储量报告，相关附图、附件	永久
3. 2	地质观测	
3. 2. 1	野外地质工作总结(小结)、专项调查报告及其图件	30 年
3. 2. 2	地质测量原始记录簿及其图、表、卡	永久
3. 2. 3	地质填图、野外观测原始记录及其草图、表	永久
3. 2. 4	实际资料图、地形地质图、横剖面图及构造图等	永久
3. 2. 5	油气苗、石油沥青、油页岩等踏勘、检查的原始记录	永久
3. 2. 6	海洋、湖泊、河流等地表水、地下水调查、观测的原始记录	永久
3. 2. 7	气象、地质灾害调查原始记录，环境地质评价调查原始记录	永久

续表

序号	类目及归档范围	保管期限
3.2.8	航片、卫片及镶嵌图、解译图和解译文字材料	永久
3.2.9	地质照片、底片、素描图及其数码影像记录等	永久
3.3	综合性成果资料	
3.3.1	室内资料整理形成的重要的中间性成果及其图(册)、表、卡	30年
3.3.2	工作阶段小结、总结，技术专报，为评审汇报准备的多媒体文件	30年
3.3.3	收集的并直接作为本项目依据的资料	30年
3.4	样品分析资料	
3.4.1	采样记录簿及采样位置平面图、剖面图	30年
3.4.2	样品登记簿、送样清单	30年
3.4.3	分析、鉴定、实验、测试成果报告及其数据表、曲线图、照片、底片及其电子数据等	永久
3.4.4	内、外质检报告等	永久
3.5	管理性文件	
3.5.1	成果报告最终评审(鉴定、验收)意见书	永久
3.5.2	任务书，认定、批准意见书，招标、投标书，发包、承包书，合同、协议书	永久
3.5.3	调研报告、立项论证材料	30年
3.5.4	项目计划、计划调整或项目撤销文件	30年
3.5.5	设计书及其附图、设计审批意见书、设计更改申请书及审批意见书	永久
3.5.6	重要技术措施，有关技术指示、专家建议	30年
3.5.7	技术会议文件	30年
3.5.8	HSE管理文件，质量监理、检查、验收文件	30年
3.5.9	勘探效益评价，项目预、决算等文件	30年
3.5.10	环境评估技术文件	30年
3.5.11	成果奖申报、评审、查新报告、奖励文件、获奖凭证等	永久
4	地球物理与地球化学勘探类(代字/代号：物/04)	
4.1	成果报告	
	地球物理与地球化学勘探成果报告、附图、附件	永久
4.2	野外测量原始记录	
4.2.1	野外工作(含方法试验)原始记录簿(本)及各种计算簿、成果簿、统计簿(如班报表、检查工作、基点网工作等)	永久

续表

序号	类目及归档范围	保管期限
4.2.2	野外观测系统	永久
4.2.3	野外测量观测手簿、水文点记录手簿等原始记录、计算手簿及有关图件	永久
4.3	仪器原始记录	
4.3.1	各种仪器观测的原始校验记录、性能试验记录、原始数据体及相关图纸、照相图纸、底片等	永久
4.3.2	仪器班报，原始记录(磁带)，地震勘探辅助数据格式(SPS)数据，现场采集剖面，小折射、微测井记录及成果等各种野外采集原始资料	永久
4.4	综合性成果资料	
4.4.1	资料整理、数据处理和解释推断过程中形成的各种记录、成果数据体、图表(册)等(如物探工作中的速度谱、时间剖面、时深转换以及其他特殊处理剖面等)	30年
4.4.2	工作阶段小结、总结，技术专报，为评审汇报准备的多媒体文件	30年
4.4.3	收集的并直接作为本项目依据的资料	30年
4.5	样品分析资料	
4.5.1	采样记录簿及采样位置平面图、剖面图	永久
4.5.2	样品登记簿、送样清单	30年
4.5.3	分析、鉴定、实验、测试成果报告及其数据表、曲线图、照片、底片及其电子数据等	永久
4.5.4	内、外质检报告	永久
4.6	管理性文件	
4.6.1	成果报告最终评审(鉴定、验收)意见书	永久
4.6.2	任务书，招标、投标书，发包、承包书，合同、协议书	永久
4.6.3	调研报告、立项论证材料	30年
4.6.4	项目计划、计划调整或项目撤销文件	30年
4.6.5	设计书及其附图、设计审批意见书、设计更改申请书及审批意见书	永久
4.6.6	重要技术措施，有关技术指示、专家建议	30年
4.6.7	技术会议文件	30年
4.6.8	HSE管理文件，质量监理、检查、验收文件	30年
4.6.9	项目预、决算文件	30年
4.6.10	成果奖申报、评审、查新报告、奖励文件，获奖凭证，专利文件等	永久
5	油气田开发类(代字/代号：开/05)	

续表

序号	类目及归档范围	保管期限
5.1	成果报告	
	油气田开发可行性研究报告、开发方案、开发试验、油气藏描述等成果报告、附图、附件	永久
5.2	综合性成果资料	
5.2.1	开发井位图、开采现状图	永久
5.2.2	油气开发数据表，油气层物理、化学分析数据表等	永久
5.2.3	油气田开发图册(包括但不限于油气层平面图、剖面图，小层划分、对比的图件及其他图件)	永久
5.2.4	采油、注水、防蜡、防沙工艺新技术方案，实施效果评价资料	永久
5.2.5	提高油气田采收率新工艺技术的论证资料，实施方案，效果评价资料	永久
5.2.6	开发试验方案、射孔、补孔方案，酸化、压裂方案，配产、配注及转抽、转注等井下作业方案、总结、报表	永久
5.2.7	开发公报、月报、季报和综合报表等相关报表及工作阶段总结，为评审汇报准备的多媒体文件	30年
5.3	开发动态资料	
5.3.1	油、气、水产量数据	10年
5.3.2	地层压力资料	10年
5.3.3	各种原始资料、数据体	10年
5.4	管理性文件	
5.4.1	成果报告最终评审(鉴定、验收)意见书	永久
5.4.2	任务书，开发井井位确定书，招标、投标书，发包、承包书，合同、协议书	永久
5.4.3	调研报告、开发建议材料	30年
5.4.4	设计书及其附图、设计审批意见书、设计更改申请书及审批意见书	永久
5.4.5	重要技术措施，有关技术指示、专家建议	30年
5.4.6	技术会议文件	30年
5.4.7	HSE管理文件，质量监理、检查、验收文件	30年
5.4.8	项目预算、决算文件	30年
5.4.9	成果奖申报、评审、查新报告、奖励文件，获奖凭证，专利文件等	永久
6	单井类(代字/代号：井/06)	
6.1	录井地质总结报告和录井地质资料	
6.1.1	录井地质总结报告、附图、附件	永久
6.1.2	小班地质、气测、钻时班报表和记录簿，大班地质日志	永久

续表

序号	类目及归档范围	保管期限
6.1.3	岩芯、岩屑、井壁取芯描述记录簿	永久
6.1.4	迟到时间测定记录簿	永久
6.1.5	泥浆记录、氯离子测定记录簿	永久
6.1.6	地质气测录井剖面	永久
6.1.7	油、气、水观察记录和卡片	永久
6.1.8	荧光检查及复查记录	永久
6.1.9	基本数据表及油气水显示层位数据表	永久
6.1.10	油气专报	永久
6.1.11	综合探矿资料(地热、矿泉水、盐岩、二氧化碳、可燃冰等其他矿产)	永久
6.1.12	与工程录井有关的数据(包括各类传感器校验记录、刻度曲线、实时打印数据、实时打印长图等)	30年
6.1.13	气测曲线，百分含量表	永久
6.1.14	井斜、井温等录井原始记录	永久
6.2	地球物理测井报告与原始资料	
6.2.1	测井解释报告、测井曲线，地震测井成果报告、相关图件	永久
6.2.2	地球物理测井(包括但不限于标准、组合、固井质量检查等)的原始记录曲线、计算机处理成果、参数表及其数据体等	永久
6.2.3	生产测井原始记录及其数据体	永久
6.2.4	地震测井原始资料与处理、解释图件及其数据体	永久
6.3	样品分析资料	
6.3.1	样品登记簿、送样清单	30年
6.3.2	分析、鉴定、实验、测试成果报告及其数据表、曲线图、照片、底片及其电子数据等	永久
6.4	试油、试采、采油报告与原始资料	
6.4.1	试油、试采总结报告、井下作业总结	永久
6.4.2	试油(气)井交接资料	永久
6.4.3	试油(气)班报、地质日报、地质月报	永久
6.4.4	油(气)井测试、试采及采油所取各种数据、曲线、表、卡等记录	永久
6.4.5	注水井所取各种数据、曲线、表、卡等记录	永久
6.4.6	试油日志	永久
6.4.7	射(补)孔记录、检查	永久

续表

序号	类目及归档范围	保管期限
6.4.8	修井记录	永久
6.4.9	酸化、压裂原始记录	永久
6.5	钻井工程报告与原始资料	
6.5.1	钻井工程报告、定向井技术服务总结、钻井液、固井报告	永久
6.5.2	井史	永久
6.5.3	中途地层测试	永久
6.5.4	钻井工程班报表	永久
6.5.5	泥浆班报表	永久
6.5.6	固井报告表	永久
6.5.7	套管记录	永久
6.5.8	指重记录卡或记录纸	永久
6.5.9	钻井工程主要技术一览表	永久
6.5.10	地层压力预、检测原始资料	永久
6.6	管理性文件	
6.6.1	成果报告最终评审(鉴定、验收)意见书	永久
6.6.2	井位论证、井位设计书，井位勘定书	永久
6.6.3	任务书，任务变更通知书，招标、投标书，发包、承包书，合同、协议书	永久
6.6.4	钻前安装验收书、钻井工程监理评定书	30年
6.6.5	钻井终井通知书、完井验收书、完井移交书	30年
6.6.6	重大井下事故处理报告	永久
6.6.7	钻井地质、测井、试油(气)设计书、补充设计书及其审批意见书	永久
6.6.8	钻井、试油、试采、固井、修井、酸化、压裂等工程设计书及审批意见书	永久
6.6.9	设计更改申请书及设计审批意见书	永久
6.6.10	重要技术措施，有关技术指示、监督指令、专家建议	30年
6.6.11	技术会议文件	30年
6.6.12	各项施工作业的预、决算、成本核算	30年
6.6.13	成果奖申报、评审、查新报告、奖励文件，获奖凭证，专利文件等	永久
7	科学技术研究类(代字/代号：研/07)	
7.1	成果报告	

续表

序号	类目及归档范围	保管期限
	石油与天然气地质学、地球物理学等基础理论研究；区域地质调查研究，地层、构造、生、储、盖层研究，油气圈闭研究，地质实验、模拟实验研究，资源评价及储量计算研究和盆地综合评价研究等应用理论研究；勘探方法和解释研究，计算机技术在勘探、开发中的应用研究；钻井、试油、试采和采油工艺技术研究；地球物理测井研究和油气田开发研究等科研成果报告、附图、附件	永久
7. 2	研究实施的各项原始记录	
7. 2. 1	野外调查、考查记录，各种观察、观测、探测记录	永久
7. 2. 2	各种照相底版、摄影胶带、录像带、录音带及电子数据等	永久
7. 3	样品分析资料	
7. 3. 1	采样记录簿及采样位置平面图、剖面图和编码图	永久
7. 3. 2	样品登记簿、送样清单	永久
7. 3. 3	分析、鉴定、实验、测试成果报告及其数据表、曲线图、照片、底片及其电子数据等	永久
7. 3. 4	内、外质检报告及统计表等	永久
7. 4	依据性资料	
7. 4. 1	各种原始性资料数据、统计表、卡、册	永久
7. 4. 2	收集的并直接作为本研究项目依据的资料	30 年
7. 5	管理性文件	
7. 5. 1	成果报告最终评审(鉴定、验收)意见书	永久
7. 5. 2	任务书，任务变更通知书，招标、投标书，发包、承包书，合同、协议书	永久
7. 5. 3	调研报告、可行性研究报告、立项论证材料	30 年
7. 5. 4	设计书及其附图、设计审批意见书、设计更改申请书及审批意见书	永久
7. 5. 5	研究计划、计划调整或项目撤销文件	30 年
7. 5. 6	研究方案、技术措施、专家建议	30 年
7. 5. 7	技术会议文件、重要技术函、电	30 年
7. 5. 8	HSE 管理文件，质量监控、检查、验收意见书	30 年
7. 5. 9	研究阶段小结、总结，技术专报，为评审汇报准备的多媒体文件	30 年
7. 5. 10	向生产单位的建议	30 年
7. 5. 11	项目研究成果经济效益和社会效益证明材料，项目预、决算文件等	永久
7. 5. 12	项目成果奖申报、评审、查新报告、奖励文件，获奖论证，专利文件等	永久
7. 5. 13	国内外同行专家评价及用户反馈意见	永久

续表

序号	类目及归档范围	保管期限
7.5.14	推广应用方案，应用中形成的技术文件及工作总结	永久
7.5.15	技术转让合同、协议书	永久
8	实物地质资料类(代字/代号：实/08)	
8.1	岩芯、岩屑	
8.1.1	各类钻井取得的岩芯、百格盘岩屑；各类探井岩屑正样	永久
8.1.2	开发井岩屑正样、各类钻井岩屑副样	10年
8.2	岩石、矿物、油、气、水、古生物化石等标本及标签	永久
8.3	岩石、矿物的光片、薄片	永久
8.4	测试副样	30年
8.5	实物地质资料入库验收单、登记表和存放位置平面图等记录文件	30年
8.6	岩芯、岩屑缩减报告及审批文件，缩减登记表	永久
8.7	岩芯、岩屑清除报告及审批文件，清除登记表	永久
8.8	岩芯扫描图像、说明文件	永久

（二）油气勘探开发档案的归档要求

1. 质量要求

（1）纸质文件材料质量要求。

① 编制格式应符合《石油天然气勘探开发地质成果报告编制格式要求》（Q/SH 0166）。

② 纸质优良，利于长期保存。永久保存的原始资料不应使用普通透明纸、氨熏蓝图。聚酯薄膜作底图时应加涂保护膜。

③ 规格统一。报告正文、附件一般采用A4幅面，附图册和附表册可采用A3、A4幅面，大幅软质图件应折成270mm×190mm，图面折在里，责任表(图签)露在外，折叠成手风琴状。不易折叠的硬质图件应用图袋(筒)包装。

④ 书写材料宜采用碳素墨水或蓝黑墨水书写。野外记录簿等一般宜采用2H铅笔书写，不应使用圆珠笔。彩色笔书写及复写纸复写。

⑤ 页面文字、图结构应合理大方，字迹工整、清楚，线划饱满、清晰、美观。

⑥ 计算机输出的文字材料和图件在不受工程作业主要技术装备软、硬件环境限制的情况下，应首选激光打印机输出或印制效果比其更利于长期保存的设备输出，不宜使用色带式打印机、水性墨打印机和热敏打印机。彩色文字、图件须彩色印刷，印制清晰，着墨牢固。

⑦ 文字报告、附件(附图册、附表册)不宜使用易锈蚀的金属物装订，宜线装或胶装。单册装订厚度不宜超过 2cm。

(2) 电子文件质量要求。

① 电子文件应按照《地质资料电子文件制作细则》(Q/SH 0348)进行组织，并按照档案管理要求的格式存储到可长期保存的脱机载体上。

② 归档电子文件的格式应通用、标准，并附配套的软件、硬件环境说明。

③ 归档电子文件应与纸质文件内容相同，电子文件信息应完整、准确、齐全、可读、可拷贝。电子文件一般不加密。

④ 存储电子文件的载体或包装盒上应贴有标签，标签内应标明电子档案号、载体编号、内容题名、形成时间等，应作防写处理，不得擦、划记录涂层，无损伤、无划痕、无病毒感染。

(3) 实物地质资料质量要求。

① 岩芯、岩屑应洁净无污染。岩芯应装入岩芯箱，岩屑应装入砂盘或砂袋，岩芯箱和砂盘、砂袋均应坚固耐用。

② 含饱和油气的岩芯应蜡封，造浆泥岩岩芯应水浸。

③ 岩芯上应用油漆标明取芯回次、岩芯块数和块序，通常以分数表示：整数代表回次，分母代表块数，分子代表该块的序号。

④ 岩芯箱外应用油漆或标签标明井号、井深、编号及箱号等，箱内在相应位置应放置回次票和分层票。砂盘外应用油漆标明井号、井深及盘号，隔档上方应用碳素墨水笔标明具体井深。

⑤ 测试副样应装入专用副样袋(瓶)，标明档号、项目名称、样品号、采样点号、批次号及送样单位等。

⑥ 光片和薄片应装入专用的盒、箱存放，并标明档号、项目名称、光片和薄片的起、止号及日期等。

⑦ 岩石和古生物化石标本用专用包装纸(袋)包装，用碳素墨水笔写明编

号，填写标签，标签书写字迹工整、清晰。标签内容一般包括标本名称、地层时代、采集地点、采集时间、采集人等。

⑧ 标本箱外应标明剖面名称、标本类型、起止编号、箱内应附标本登记表。

⑨ 油、气、水标本应瓶装，密封，瓶上应贴标签，标签内容应包括采集地点、井号、井深、层位、采集时间及采集人等。

2. 归档时间

（1）各类生产、科研项目应在终审验收后 90 日内，将完整的原始和成果地质资料按要求整理立卷后向馆藏机构移交归档。

（2）岩芯、岩屑等实物地质资料应在钻井完钻后 90 日内，按要求整理完成后向馆藏机构移交归档。

（3）分析化验类等经审核后完成的地质资料应在 30 日内向馆藏机构移交归档。

（4）其他有保存价值的地质资料应及时向馆藏机构移交归档。

3. 归档数量

（1）原始地质资料和实物地质资料归档完整的一套，其中地震资料至少归档一套磁带和一套硬盘。

（2）成果地质资料至少归档一套纸质和两套电子资料。部分资料可根据其项目性质、级别，以及上交、汇交等要求增加归档套数。

（3）其他类地质资料按各单位实际需求确定归档数量。

（三）油气勘探开发档案的收集方法

油气勘探开发档案的收集具有成套性特点。一般是油气勘探开发生产、科研和管理部门在一个油气勘探开发科研、生产项目结束或告一段落后，按照科研、生产管理和归档制度的要求，对项目文件材料进行筛选和系统整理，连同归档审批单(式样见表 10-2)一并提交档案部门审查。档案部门对归档文件进行质量验收和清点，验收合格后，方可出具归档证明(式样见图 10-1)。验收不合格的，要限期补充整改，确保归档文件完整、准确、系统。

表 10-2　地质资料归档审批单(式样)

提交单位：　　　　　　　　　提交人：　　　　　　　　联系电话：

<table>
<tr><td colspan="2">项目名称</td><td colspan="5"></td></tr>
<tr><td colspan="2">项目负责人</td><td colspan="5"></td></tr>
<tr><td>种类</td><td>序号</td><td>资料名称</td><td>套数</td><td>件数</td><td>介质</td><td>备注</td></tr>
<tr><td rowspan="2">成果</td><td>1</td><td></td><td></td><td></td><td></td><td></td></tr>
<tr><td>2</td><td></td><td></td><td></td><td></td><td></td></tr>
<tr><td rowspan="2">原始</td><td>3</td><td></td><td></td><td></td><td></td><td></td></tr>
<tr><td>4</td><td></td><td></td><td></td><td></td><td></td></tr>
<tr><td rowspan="2">管理文件</td><td>5</td><td></td><td></td><td></td><td></td><td></td></tr>
<tr><td>6</td><td></td><td></td><td></td><td></td><td></td></tr>
<tr><td></td><td></td><td></td><td></td><td></td><td></td><td></td></tr>
<tr><td></td><td></td><td></td><td></td><td></td><td></td><td></td></tr>
<tr><td colspan="2">合计</td><td colspan="2">纸质：　件　|　磁带：　盘</td><td>光盘：　张</td><td colspan="2">硬盘：　个</td></tr>
<tr><td>资料形成单位审核意见</td><td colspan="6">(资料的真实性、完整性、齐全性审核意见)
审核人：　　　　(单位盖章)
年　月　日</td></tr>
<tr><td>业务主管部门审核意见</td><td colspan="6">(资料的真实性、完整性、齐全性进行审核意见)
审核人：　　　　(单位盖章)
年　月　日</td></tr>
<tr><td>馆藏机构审核意见</td><td colspan="6">(资料的规范性进行审核意见)
审核人：　　　　(单位盖章)
年　月　日</td></tr>
</table>

接收单位：　　　　　接收人：　　　　　接收时间：　　年　月　日

地质资料归档合格证存根

×××档(　　)号

××××单位:

××××年××月××日归档的××××项目，原始地质资料×××件、成果地质资料×××件，经验收合格，特发此证。

××××档案室

××××年××月××日

——————×××档(　　)第　　号——————

地质资料归档合格证

×××档(　　)号

××××单位:

××××年××月××日归档的××××项目，原始地质资料×××件、成果地质资料×××件，经验收合格，特发此证。

××××档案室

××××年××月××日

图 10-1　地质资料归档合格证(式样)

(四)油气勘探开发档案的归档监管措施

1. 项目管理措施

一是在油气勘探开发生产科研项目(课题)招投标工作中，明确油气勘探开发档案归档有关要求。二是在油气勘探开发生产科研项目(课题)合同(协议书、任务书、订单等，下同)签订时，有明确条款对油气勘探开发档案归档工作进行约定。三是各业务主管部门在验收、审查油气勘探开发生产科研项目(课题)最终成果时，同时检查项目应归档油气勘探开发档案是否齐全、完整，整理是否规范，对不符合要求的项目，不得出具最终验收、审查报告。四是油气勘探开发生产和科研项目(课题)完成后，未按要求完成油气勘探开发档案归档的，不得进行成果登记、鉴定与评奖。

2. 财务管理措施

一是各单位在与外部单位签订油气勘探开发生产和科研项目(课题)合同时，约定不低于总合同额5%的合同尾款，待完成油气勘探开发档案归档后，凭归档证明再行支付。二是分公司内部单位承担油气勘探开发生产和科研项目(课题)工作时，将油气勘探开发档案的归档工作纳入对承担单位考核、项目负责人个人考核的指标体系。

3. 市场准入措施

油气勘探开发生产和科研项目(课题)完成后，未按要求完成油气勘探开发档案归档的，对股份公司外部的项目承担单位，视情况限制或取消其市场准入资质，对分公司内部的项目承担单位，根据考核制度，给予相应的惩罚。

4. 信息技术措施

各单位利用信息技术，实现油气勘探开发档案归档管理流程化、流程信息化，并通过油气勘探开发档案管理信息系统实施归档监管。

为确保将上述措施落到实处，油气勘探开发档案部门应加强与勘探、开发、科技等管理部门的沟通联系，掌握本单位勘探开发科研、生产工作实际，跟踪各项工作的计划、实施及完成情况，及时掌握油气勘探开发档案材料的形成情况。同时，积极对施工单位、项目承担单位开展归档要求培训，统一归档标准，明确归档内容，全面提升油气勘探开发档案的归档率和归档质量。

二、油气勘探开发档案的整理

油气勘探开发档案的整理主要包括分类、组卷、编号和编目等环节。

(一)分类

油气勘探开发档案实体的分类，执行《企业档案分类规则》(Q/SH 0760)和《石油天然气勘探与开发地质资料立卷归档规则》(Q/SH 0167)。

油气勘探开发档案为一级类目，代码为“S8”(注：2020年3月1日《企业档案分类规则》(Q/SH 0760)实施前，依据《中国石化档案分类规则》(中国石化办〔2011〕214号)油气勘探开发档案一级类目代码为“K”)。

二级类目根据油气勘探开发档案内容性质、形成特征和内在联系，分为综合、测绘、地质勘探、地球物理与地球化学勘探、油气田开发、单井、科学技术研究和实物地质资料八类，其代字/代号分别为“综/01”“测/02”“地/03”“物/04”“开/05”“井/06”“研/07”“实/08”。

（二）组卷

油气勘探开发文件材料以项目、井为单位组卷。卷内文件材料按时间或重要程度排序。按时间排序时一般时间早的放在前，时间晚的放在后。按重要程度排序的一般采用如下顺序：成果报告、附件、附图，原始记录、分析与解释记录，管理性文件等。

（三）编号

1. 2020年前油气勘探开发档案的档号编制方法

档号的结构为：［单位代号-］［全宗号-］［分类号-］类别号-案卷号-件号。其中，［ ］表示各单位可自行选择是否在地质资料实体上标注。

单位代号：在企业档案信息化建设中《石油天然气勘探与开发地质资料立卷归档规则》（Q/SH 0167）指定给各单位的一组代码（见表10-3）。

表10-3 单位代号表

单位名称	单位代号	单位名称	单位代号
中国石油化工股份有限公司	200	中国石化勘探分公司	209
中国石化胜利油田分公司	201	中国石化西北油田分公司	210
中国石化中原油田分公司	202	中国石化华北油气分公司	212
中国石化河南油田分公司	203	中国石化东北油气分公司	213
中国石化西南油气分公司	204	中国石化上海海洋油气分公司	214
中国石化华东油气分公司	205	中国石化国际石油勘探开发公司	215
中国石化石油勘探开发研究院	206	中国石化石油物探技术研究院	216
中国石化江苏油田分公司	207	中国石化石油工程技术研究院	217
中国石化江汉油田分公司	208		

全宗号：档案馆指定给立档单位的编号。

分类号：《中国石化档案分类规则》（中国石化办〔2011〕214号）指定给油

气勘探开发档案的一级类目代码。

类别号：根据《石油天然气勘探与开发地质资料立卷归档规则》给定的二级类目录类别代字或代号。

案卷号：案卷排列的顺序号。

件号：案卷内文件的顺序号。

示例：

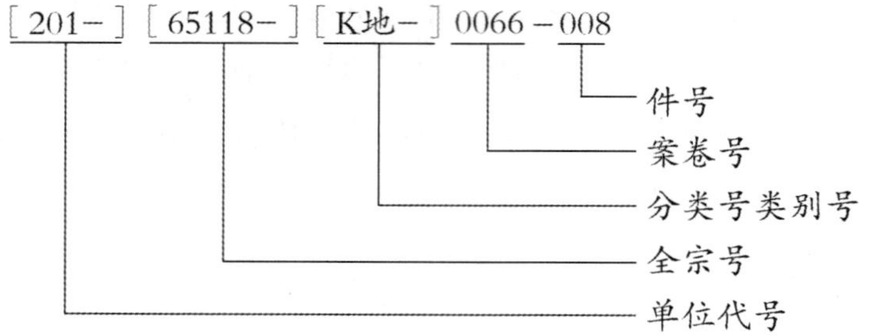

或

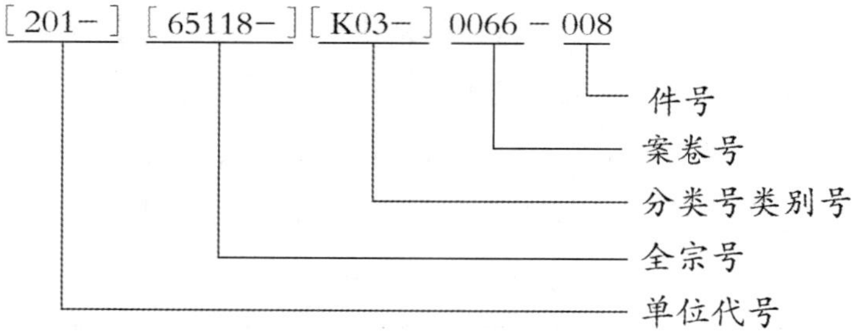

2. 2020 年后油气勘探开发档案的档号编制方法

档号的结构为：全宗号-分类号-案卷号-件号。

全宗号：档案部门给立档单位编制的代号。编制方法见本书第一章。

分类号：由一级类目代码和二级类目代号组成，两者之间用间隔号“.”分开。根据《企业档案分类规则》(Q/SH 0706)实体油气勘探档案一级类目代码用“S8”标识，二级类目代号见《石油天然气勘探与开发地质资料立卷归档规则》给定的二级类目录代号。

案卷号：案卷排列的顺序号。

件号：案卷内文件的顺序号。

示例：

ZYYT03-S8.06-150-12

件号（第12件）

案卷号（第150卷）

分类代码（油气勘探开发档案.单井）

全宗号（中原油田分公司）

以件为单位装订的案卷，应在其每件文件首页上方空白处加盖档号章，当同一件档案存在多套时，应在序号栏内用括号标识套数(示例见图 10-2)。档号章也可与包含档案目录信息的条形码一并用计算机打印成卡片，粘贴在每件文件首页上方空白处。

档　号	序　号
ZYYT03-S8.06-150	12(2)

图 10-2　档号章示例

注："序号"栏中的 12(2) 表示该卷第 12 件的第二套。

3. 电子档号的编制方法

电子档号是档案馆(室)整理电子文件时赋予的一组符号代码。一般与对应的纸质档案的档号相同。

4. 光磁载体的编号方法

光磁载体编号是档案馆(室)对光盘、硬盘等光磁载体排列顺序的编号。多个案卷在一个光磁载体上存储时，采用光磁载体编号排列。档号结构为：全宗号-分类号-年度-顺序号。

(四) 油气勘探开发档案著录及检索工具的编制

档案馆(室)应按照《地质资料档案著录细则》(DA/T 23)和《地质档案元数据及著录规则》(Q/SH 0347)有关规定进行纸质档案和电子档案著录。著录完成后，建立油气勘探开发档案总目录和细目(式样见表 10-4、表 10-5)，以备查考和检索利用。

表 10-4　油气勘探开发档案总目录(式样)

序号	档号	档案名称	形成单位	形成时间	编写者	总件数	盒数	立卷人	归档日期	备注

表 10-5　油气勘探开发档案细目(式样)

档号：　　　　　　　　　　　　　　　　　　　　　　　　　　　　　　　第　　页　共　　页

序号	档案名称	形成单位	形成时间	编写者	比例尺	份数	件数	盒(袋)号	备注

三、实物地质资料管理

（一）实物地质资料的现场管理

1. 岩芯现场整理要求

在录井现场，对岩芯的整理执行以下程序：岩芯清洁—晾干—对茬(归位)—丈量—分箱和标注—装箱—登记和信息录入。

（1）清洁和保护。无油气显示的岩芯可使用清水或软毛刷清洁，去除钻井液等污染物。含油岩芯应使用棉纱清洁钻井液。含饱和油气的岩芯清洁晾干后应进行蜡封。做特殊分析化验的岩芯应使用铝箔包装，也可进行蜡封。

（2）晾干。清洁后的岩芯应在无直射阳光处自然晾干。

（3）对茬(归位)。岩芯晾干后，应按岩芯断面、岩芯形状、岩芯纹理、取芯爪痕迹、岩性、化石、印痕等特征，剔除假岩芯和井壁掉块，对好自然断口，使茬口吻合，恢复岩芯原始顺序和位置。

（4）丈量。岩芯长度采取一次丈量法，不得分段丈量，岩芯磨损时，按实际长度量取。丈量前应确保茬口对齐，应适当挤紧茬口间隙。岩芯丈量的读数精确到厘米，收获率计算精确到小数点后二位。松散、破碎的岩芯应装入布袋，根据其体积估算长度。

（5）分箱和标注。丈量后的岩芯应进行分箱并标注方向线、整米和半米记号线以及岩芯编号，并对长度≥3cm 的每块岩芯进行编号。分箱时每一箱不宜装得过满，不同回次的岩芯不宜混装入一箱。方向线为箭头型纵贯线，使用红色油性记号笔沿岩芯轴线标注，箭头方向为井底方向，箭头标注在每个单块岩芯的右侧。标注方向线时应尽可能将整回次岩芯对茬并排齐，用一条线连续标注。整米、半米记号线应使用红色油性记号笔，与方向线垂直标注，长度为 5cm。岩芯破碎严重时，应在岩芯对应位置的岩芯箱内侧进行标注。

岩芯编号包括两部分。一是编号底色。以白色油漆在岩芯适当位置涂成长 3cm、宽 2cm 的色块。二是编号。编号使用黑色油性记号笔标注，笔芯以 1~2mm 粗为宜，编号形式为带分数形式，其整数部分为回次号，分子为当前岩芯的块编号，分母为该回次的岩芯总块数。

（6）装箱。岩芯箱一端应填写和张贴箱标签（式样见图 10-3）。岩芯装箱时应确保箱方向和岩芯方向正确。具体要求为：岩芯箱左侧为箱标签粘贴端，单槽岩芯箱从左向右为井口至井底方向；多槽岩芯箱从左向右为井口至井底方向，从上至下为井深增加方向（式样见图 10-4）。

××××××井岩芯

井号		回次		箱号	
岩芯编号	××××-××××			地层	
井深	dddd.dd-dddd.dd(米)			本箱长度	dddd.dd(米)
备注					

××××××岩芯库

图 10-3　岩芯箱标签式样

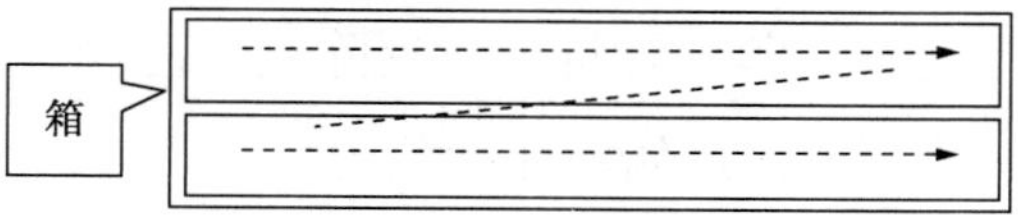

图 10-4　岩芯装箱方向示意图

岩芯装箱后应填写分层票（式样见图 10-5）和回次票（式样见图 10-6），装入塑料袋后固定在岩芯箱内侧相应位置。全直径采样后应填写采样票、装入塑料袋后固定在岩芯箱内侧相应位置，必要时应在相应位置插入木块做出已采样提示。

××××××井××回次××层分层票

层位		分层编号	××××-××××
分层深度	dddd.dd-dddd.dd(米)		
分层进尺	dddd.dd(米)	岩芯长度	dddd.dd(米)
取芯率	%	描述人	

图 10-5　分层票式样

××××××井××回次岩芯票			
层位		岩芯编号	××××-××××
回次深度	dddd.dd-dddd.dd(米)		
回次进尺	dddd.dd(米)	岩芯长度	dddd.dd(米)
取芯率	%	岩芯残留	dddd.dd(米)
取芯时间	yyyy-mm-dd	施工队	

图 10-6 回次票式样

(7)登记和信息录入。岩芯装箱后应及时编制表格、登记并形成井基础信息表(见表 10-6、表 10-7)，岩芯信息数据表(见表 10-8、表 10-9)。

2. 岩屑现场整理要求

在录井现场，对岩屑的整理执行以下程序：清洗—晾干—装袋—标注—装箱—登记和信息录入。

(1)清洗。岩屑应使用清水冲洗或漂洗。

(2)晾干。清洗后的岩屑应在无直射阳光处自然晾干，必要时可使用电炉烘干。

(3)装袋。岩屑正样、副样应分别装入包装袋内，使用订书机封口，每袋重量执行《录井分析样品现场采样规范》(SY/T 6294)的规定。

(4)标注。岩屑正样应使用黑色油性记号笔在包装袋上进行标注，内容包括井号、样品顺序编号、取样深度、取样层位、采样时间等。岩屑正样还应使用黑色记号笔和口取纸制作正样标签，并使用订书机订在封口处。内容包括井号、样品顺序编号、取样深度等。

岩屑副样应使用黑色记号笔在包装袋上进行标注，内容同正样。

(5)装箱。岩屑应装入岩屑箱，并在一端填写和张贴箱标签(式样见图 10-7)。岩屑装箱时应确保箱方向和岩屑编号增长方向正确，具体要求为岩屑箱左侧为箱标签粘贴端，单槽岩屑箱从左向右为井口至井底方向；多槽岩屑箱从左向右为井口至井底方向，从上至下为井深增加方向(式样见图 10-8)。

××××××井正(副)样岩屑

井号		箱号	
岩屑编号	××××-××××	本箱包数	xxxx
井深	dddd.dd-dddd.dd(米)		
备注			

××××××岩芯库

图 10-7　岩屑(正、副样)箱标签式样

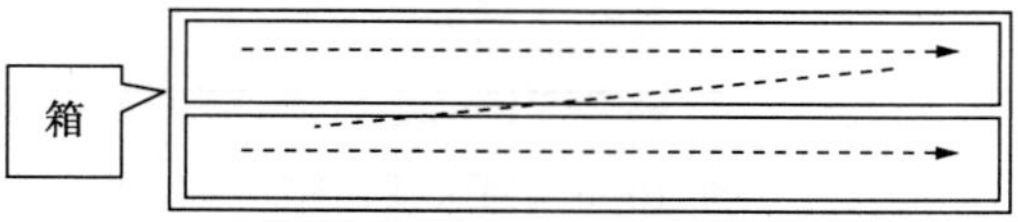

图 10-8　岩屑装箱方向示意图

每箱装入的岩屑包数宜为整数，不同采样间隔的岩屑不宜混装一箱。

(6)登记和信息录入。岩屑装箱后应及时编制表格，登记并形成岩屑信息数据(见表 10-10、表 10-11)。

3. 岩屑(百格盘)现场整理要求

在录井现场，对岩屑(百格盘)的整理执行以下程序：清洗—晾干—装盘—标注—登记和信息录入。

(1)清洗。岩屑应使用清水冲洗或漂洗。

(2)晾干。清洗后的岩屑应在无直射阳光处自然晾干，必要时可使用电炉烘干。

(3)装盘。岩屑装入百格盘不宜太满，以低于上沿 3~4mm 为宜。装盘顺序为从左向右为井口至井底方向，从上到下为取样深度增加方向(式样见图 10-9、图 10-10)。

××××××井百格盘

井号		箱号	
岩屑编号	××××-××××	本箱样数	××××
井深	dddd-dddd(米)	备注	

××××××岩芯库

图 10-9　岩屑(百格盘)箱标签式样

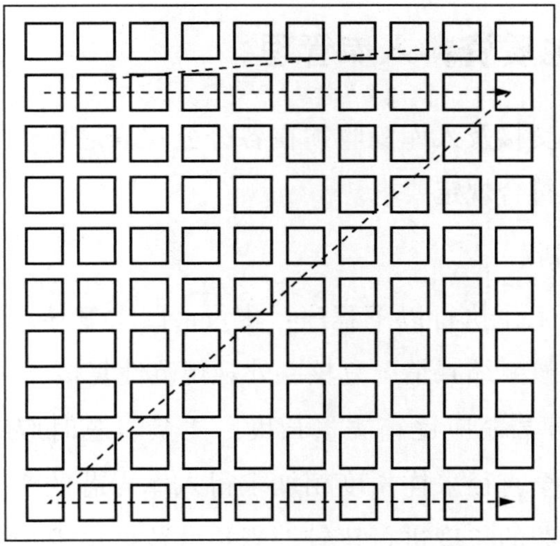

图 10-10 岩屑(百格盘)装箱方向示意图

(4)标注。木质百格盘应使用黑色记号笔在百格盘上进行标注，将第一横排首、末样的编号和对应深度标注在方格上方，以后隔一排标注一次。塑料百格盘应使用不干胶纸和黑色记号笔在百格盘上进行标注，将第一横排首、末样的编号和对应深度标注在方格上方，以后隔一排标注一次。

(5)登记和信息录入。岩屑(百格盘)装箱后应及时编制表格，登记并形成信息数据。

4. 现场保管及运输要求

(1)录井现场应设有岩芯、岩屑保管库房，整理完成的岩芯、岩屑不得在露天存放；岩芯(屑)箱垛放应保证安全、规范，确保岩芯(屑)不受损、岩芯(屑)箱不变形，并便于现场观察。

(2)岩芯(屑)箱应质地坚固，便于运输，规格应符合各分公司规定要求。

(3)未经整理的岩芯，在录井现场不得采样；现场整理完成的岩芯，应按设计严格控制采样。确因工作需要，需经分公司地质资料管理部门审批同意，方可采样。采样后的岩芯入库时必须提交详细采样清单。

(4)岩芯、岩屑向实物地质资料馆藏机构运输时，须有录井单位人员负责押运。押运时，岩芯(屑)箱应加盖保护，防止岩芯(屑)箱翻倒，造成岩芯、岩屑散乱、污损、丢失。

(二)实物地质资料入库管理

实物地质资料交接及入库验收须在各分公司岩芯库进行。入库岩芯、岩屑箱材质、规格须符合规定要求。

1. 岩芯入库验收

岩芯入库验收工作执行以下程序：丈量—回次复核—分层复核—块编号复查—采样情况复核—缩减情况复核—外观规范性复核。

(1)丈量。入库岩芯应逐箱丈量长度，丈量岩芯时应对齐茬口、挤紧空隙。将丈量长度与全直径采样长度相加求得入库岩芯的实际长度。入库实际长度与资料清单记载的长度进行比较，当长度数据出现较大差异时应查明原因，据实修正错误数据。

(2)回次复核。入库岩芯应进行回次信息复核，将回次表、回次票、岩芯接收清单进行比对，检查回次号、各回次长度、起讫井深、层位信息是否一致，检查回次票位置是否正确。不一致的应查明原因，据实修正错误数据。

(3)分层复核。入库岩芯应进行分层信息复核，将分层票、岩芯单块登记表、岩芯接收清单进行比对，检查分层代号、起讫井深信息是否一致，检查分层票位置是否正确。不一致的应查明原因，据实修正错误数据。

(4)块编号复核。入库岩芯应进行块编号复核，将岩芯接收清单、岩芯单块登记表、箱标签、岩芯实物进行比对，检查块编号是否存在空号、重号、漏编。存在空号、重号、漏编的应查明原因，据实修正错误数据。

(5)采样情况复核。入库岩芯应进行采样情况复核，将岩芯接收清单、采样登记表、岩芯实物进行比对，检查采样是否存在漏登记。存在漏登记的应查明原因，据实修正错误数据。

(6)缩减情况复核(见表 10-12、表 10-13)。入库岩芯应进行缩减情况复核，将岩芯接收清单、缩减登记表、岩芯实物进行比对，检查缩减是否存在漏登记。存在漏登记的应查明原因，据实修正错误数据。

(7)外观规范性复核。入库岩芯应逐箱进行外观规范性复核，对各类标签的内容完整性进行复核；对岩芯编号的格式进行复核；对岩芯标注规范性进行复核；对装箱规范性进行复核。存在问题的应查明原因，据实修正错误数据。

2. 岩屑入库验收

岩屑(正、副样)入库验收工作执行以下程序：装箱复核—编号抽查—点验总数—外观规范性复核。

(1)装箱复核。入库岩屑应逐箱进行装箱情况复核，将岩屑接收清单、上交清单总表、岩屑实物进行比对，检查分箱信息和箱标签是否正确。存在问题的应查明原因，据实修正错误数据。

(2)编号抽查。入库岩屑应逐箱进行编号抽查，每箱抽查2~4包，从起始编号推算抽查样的编号是否正确。存在问题的应将该箱逐包检查，查明原因，据实修正错误数据。

(3)点验总数。入库岩屑应逐箱逐包点验总数，并从起始编号推算总数，将结果与入库清单数据进行比对。存在问题的应查明原因，据实修正错误数据。

(4)外观规范性复核。入库岩屑应逐箱进行外观规范性复核，对各类标签的内容完整性进行复核；对岩屑标注的内容完整性进行复核；对装箱规范性进行复核。存在问题的应查明原因，据实修正错误数据。

3. 岩屑(百格盘)入库验收

岩屑(百格盘)入库验收工作执行以下程序：装箱复核—编号复核—外观规范性复核。

(1)装箱复核。入库岩屑(百格盘)应逐箱进行装箱情况复核，将岩屑接收清单、上交清单总表、岩屑实物进行比对，检查分箱信息和箱标签是否正确。存在问题的应查明原因，据实修正错误数据。

(2)编号复核。入库岩屑(百格盘)应逐箱进行编号复核，从起始编号推算编号是否正确。存在问题的应查明原因，据实修正错误数据。

(3)外观规范性复核。入库岩屑(百格盘)应逐箱进行外观规范性复核，对各类标签的内容完整性进行复核；对岩屑标注的内容完整性进行复核；对装箱规范性进行复核。存在问题的应查明原因，据实修正错误数据。

4. 岩芯、岩屑信息数据入库验收

岩芯、岩屑信息数据入库验收采用实物地质资料管理系统导入检测方式进行验收。

(1)各类信息数据表导入失败的退回上交人检查并修正错误。

(2)各类信息数据表导入成功后应查看其形成的台账信息，如与原始信息不一致的应退回上交人检查并修正错误。

(3)各类信息数据表导入成功，且数据库信息与原始信息一致的其信息数据验收通过。

5. 出具验收结论

验收不合格的实物地质资料退回上交单位整改；验收合格的由实物地质资料馆藏机构出具入库验收合格证。

(三)岩芯图像采集

入库岩芯应全部进行岩芯外表面图像采集。图像采集执行以下程序：资料及材料准备—岩芯准备—岩芯扫描—图像处理—图像保存—图像审核和归档。

1. 资料及材料准备

(1)资料准备。岩芯图像采集前需准备入库清单、岩芯综合录井图和岩芯描述记录等资料。

(2)清洁材料准备。岩芯图像采集前需准备毛刷、吸尘器、刮刀、电吹风、毛巾、清水和有机溶液(浓度为10%的丙三醇溶液)等清洁材料。

2. 岩芯准备

(1)岩芯清洁。清洁岩芯是将岩芯表面的钻井液或泥饼、脏物等处理干净，能清晰显示岩芯的地质特征。不同岩石类型的岩芯，采取不同的清洁方法。

岩芯清洁要求：清洁岩芯时要轻拿轻放，避免损坏岩芯；清洁后必须在30分钟内晾干(不能自然风干的，用电吹风吹干)，防止水分内浸破坏岩芯原有结构。清洁岩芯时同时将岩芯箱也清洗干净，以免弄脏清洗干净的岩芯；清洁后的岩芯按原始顺序摆放好，岩芯表面上的标签、方向线完好，标签模糊不清的要补贴上。清洁后的岩芯要求表面无灰尘、钻井液、泥饼、脏物等，能看到岩芯的本来面貌。对微含油级以上的含油岩芯禁止用清水和有机溶剂冲洗，可使用刮刀将其外部泥饼和脏物刮去或用毛巾擦干净。对有孔、洞、缝的岩芯要求清洁后充填物完好。

碎屑岩岩芯清洁要求：碎屑岩岩芯清洁应达到岩芯的沉积构造、颗粒显示清楚，不得过度清洁，以免破坏岩芯表象结构。遇水易溶解的岩芯，比如盐岩、石膏等，不能用水清洗，应使用干毛巾清洁表面。遇水易膨胀或成岩性差的岩芯，比如松软的泥岩等，不能用水冲洗，应使用湿毛巾清洁表面。

碳酸盐岩岩芯清洁要求：碳酸盐岩岩芯清洁应达到清晰显示岩芯地质特征，在岩芯不含油的情况下，可用清水和毛刷对岩芯外表面进行刷洗，清除岩芯外表面的脏物。

(2)岩芯整理。

①在清洁岩芯之前，对照岩芯综合录井图和岩芯描述记录检查岩芯的排列顺序，根据井号、取芯回次、岩芯箱编号、井深及岩芯块号的顺序，由浅至深进行摆放，保证岩芯排列顺序正确。

②在清洁岩芯之后，将岩芯从左向右按顺序排列放回岩芯箱。摆放时，应根据岩芯断面茬口、斜口面、磨损面、冲刷面和断面等特征，按顺序将岩芯摆放在相应的位置上。

③ 对于破碎较严重及风化的岩芯按长度堆积在相应位置，对于缺失的岩芯，在缺失岩芯部位放置相应长度木板，并做好标记。

④检查岩芯的各种标识(标记、标签)是否齐全准确、字迹清晰，否则应及时进行标识整理(标记描绘、标签补贴)。

3. 岩芯扫描

(1)岩芯摆放。在设备上摆放岩芯时，按以下要求进行：

①岩芯在滚轴上要轻取轻放，不能磕碰设备的任何部件。

② 根据岩芯的直径大小适当调整滚轴的距离。

③岩芯摆放在滚轴上，保持箭头朝右。

④连续的岩芯，要对齐、挤紧，保持岩芯转动时不松动。

⑤破碎的岩芯尽量用透明胶带从非采集面粘好，或者用502胶粘接，保证岩芯的完整性和连续性，严格控制岩芯原始长度。

⑥检查岩芯上的标签(如块号、半米线、整米线等)，使其面朝上，确保扫描时不遗漏。

(2)采集顺序。按深度由浅至深对岩芯进行图像采集。

(3)采集分辨率。采集的岩芯图像应保证图像清晰。外表面(圆周面)图像采集分辨率：≥300dpi。平面(剖开面)图像采集分辨率：≥300dpi。

(4)采集要求。所有岩芯均进行平面和外表面采集。特殊要求层段或需要进行图像特殊处理的层段(如断面)，按要求进行采集。

4. 图像处理

(1)图像清晰化处理：对图像进行亮度纠偏、去污等。

(2)图像裁剪编辑：图像裁剪要贴近岩芯，将其周边多余的部分进行裁剪。

(3)图像拼接：分多次采集的岩芯图像最终应拼接在一起。

5. 图像保存

外表面(圆周面)、平面(剖开面)岩芯采集图像均以JPG和BMP两种格式存储，也可根据需要选择其他格式存储。特殊结构、构造、含有物等特殊地质现象岩芯及特殊要求岩芯采集图像以BMP格式或指定格式存储。应填写岩芯图像采集登记表并形成该表电子文件。

6. 图像审核和归档

岩芯图像采集完毕后，由项目长或岩芯库负责人等专业人员对所有的岩芯图像进行质量审核。岩芯图像质量审核时，根据岩芯综合录井图和岩芯描述记录，核对岩芯图像的深度归位是否正确，对审核不合格的岩芯图像，要重新采集，直到审核合格为止。岩芯图像审核合格后，需将岩芯图像电子文件和图像采集登记表等文件材料刻入光盘或拷贝到硬盘作为原始资料归档保存，归档数量2套。

(四)岩芯剖切

(1)有条件的单位应对入库岩芯进行剖切。剖切后，利用样用于日常观察及采样，留存样置于粘板上长期保存。岩芯剖切后的留存样厚度以2.5~3.5cm为宜。

(2)岩芯剖切工作应在岩芯图像采集、现场采样完成后进行。

(3)含饱和油岩芯或易碎(较疏松、破碎、胶结不充分)岩芯不宜剖切，确需剖切的，应采取必要的保护措施。

(4)岩芯剖切的切口不得破坏岩芯编号标识、方向线，不得破坏大古化石的完整性，应尽可能保护重要的地质痕迹。

(5)岩芯剖切时，岩芯编号标识、方向线应留存于利用样，大古化石和重要的地质痕迹宜留存于留存样。

(6)岩芯剖切后应对留存样按照岩芯标识要求进行编号和标识。

(7)须填写岩芯留存样粘板信息记录资料，信息资料包括井号、箱号、层位、回次、岩芯编号、起始深度、原芯长度、切后芯长度、差值、粘板日期等数据项，并以EXCEL文件格式保存。

(五) 实物地质资料库房管理

各分公司须设实物地质资料永久性保管库房，库房应与服务办公用房分区建设管理。服务办公用房应保证有接收、整理、观察、处理岩芯和岩屑用房及办公用房；并配备取样机、岩芯观察台、实体显微镜、数码照相机、荧光灯、低浓度盐酸、放大镜、碳酸盐测定仪等服务设备。库房及服务办公用房须具备防火、防盗、防水等设施条件，保证实物地质资料安全。各分公司可建立岩芯陈列室，用于实物地质资料科研、教学及展览等用途。

表 10-6　井基础信息表

井号	井别	省份/海域	市	详细地理位置		盆地	详细构造位置			X 坐标	Y 坐标	完钻井深	目的层	完钻层位	完钻日期	备注
				县(区)	详细地址		坳陷/隆起	凹陷	详细位置							

表 10-7　井基础信息表数据格式

序号	数据项	数据构成	数据格式	示例 1	补注
1	井号	汉字、字母、数字、符号	简体、分大小写、半角符号	TK301	
2	井别	汉字	标准字集、简化	勘探	取值限：评价、开发、预探、参数、开发评价、勘探、探、区域探、扩边评价、勘探评价、开发准备、采油
3	省份/海域	汉字	标准字集、简化	新疆维吾尔自治区	
4	市	汉字	标准字集、简化	阿克苏地区	
5	县(区)	汉字	标准字集、简化	阿瓦提县	
6	详细地址	汉字	标准字集、简化	黑孜尔	可选 1/10 万图幅名
7	盆地	汉字	标准字集、简化	塔里木盆地	
8	坳陷/隆起	汉字	简化	阿瓦提坳陷	
9	凹陷	汉字	简化	阿瓦提次凹	
10	详细位置	汉字	简化	黑孜尔农场	可选 1/10 万图幅名
11	X 坐标	浮点数字	7+2	4689677.23	
12	Y 坐标	浮点数字	8+2	1432567.86	
13	完钻井深	浮点数字	N+2	4205.93	

续表

序号	数据项	数 据 构 成	数 据 格 式	示例 1	补 注
14	目的层	字母、数字、符号	区分大小写，主代号+下标+(上标)	∊d，3(f-1)	∊d，3f-1
15	完钻层位	字母、数字、符号		K1(s)	K1s
16	完钻日期	数字、符号	YYYY-MM-DD	2008-08-10	

表 10-8 岩芯入库登记表(示例)

井号	回(筒)次	箱号	起始井深/m	结束井深/m	入库岩芯长(箱情况)	层位	起始编号	结束编号	块数	入库日期	存放位置	保存状况	库房名称	备注
白 1 井	1	2	1108.07	1110.06	1.96	J1z	112/20	1 20/20	9	2014-01-03	T1004633	良好	3 号库房	
白 1 井	1	1	1106.11	1108.07	1.96	J1z	11/20	111/20	11	2014-01-03	T1004633	良好	3 号库房	

注：按箱填写，每箱一行，一表一井。保存状况验证规则为：良好，一般，差。

表 10-9 岩芯入库登记表数据格式

序 号	数 据 项	数 据 构 成	数 据 格 式	补 注
1	井号	汉字、字母、数字、符号	简化、分大小写，半角符号	
2	回(筒)次	定点数据	N+0	
3	箱号	定点数据	N+0	
4	起始井深/m	浮点数字	N+2	
5	结束井深/m	浮点数字	N+2	
6	入库岩芯长(箱情况)	浮点数字	N+2	
7	层位	字母、数字、符号	区分大小写，主代号+下标+(上标)	
8	起始编号	数字、空格、符号	回次，空格，起编号-总块数	

续表

序　号	数　据　项	数 据 构 成	数 据 格 式	补　　注
9	结束编号	数字、空格、符号	回次，空格，止编号-总块数	
10	块数	定点数据		
11	入库日期	数字、符号	YYYY-MM-DD	
12	存放位置	字母、数字	区分大小写	由岩芯库填写
13	保存状况	汉字	简化	由岩芯库填写
14	库房名称	字母、数字	区分大小写	由岩芯库填写
15	备注			

表 10-10　岩屑入库登记表（示例）

井号	样属	箱号	起始井深/m	结束井深/m	层位	岩屑录井间距/m	岩屑包数	岩屑起始编号	岩屑结束编号	入库日期	存放位置	保存状况	库房名称	备注
白 2 井	正样	6	2296	2336	T1j	1	40	196	235	2014-04-01	0210002	良好	2 号库房	
白 2 井	正样	5	2206	2296	T1j	2-1	49	147	195	2014-04-01	0210002	良好	2 号库房	

注：按箱填写，每箱一行，一表一井。样属分为：正样、副样、百隔盘。

表 10-11　岩屑入库登记表数据格式

序　号	数　据　项	数 据 构 成	数 据 格 式	补　　注
1	井号	汉字、字母、数字、符号	简化、分大小写，半角符号	
2	样属	汉字		
3	箱号	定点数据	N+0	
4	起始井深/m	浮点数字	N+2	

续表

序　号	数　据　项	数 据 构 成	数 据 格 式	补　　注
5	结束井深/m	浮点数字	N+2	
6	层位	字母、数字、符号	区分大小写，主代号+下标+(上标)	
7	岩屑录井间距/m	定点数据	N+0	
8	岩屑包数	定点数据	N+0	
9	岩屑起始编号	定点数据	N+1	
10	岩屑结束编号	定点数据	N+2	
11	入库日期	数字、符号	YYYY-MM-DD	
12	存放位置	字母、数字	区分大小写	
13	保存状况	汉字	简化	
14	库房名称	字母、数字	区分大小写	
15	备注			

表 10-12　岩芯缩减登记表(示例)

井号	回次	箱号	层位	原始情况				缩减情况				保留情况				入库日期	缩减日期	存放位置	备注
				起始井深/m	结束井深/m	岩芯原长/m	块数	起始井深/m	结束井深/m	缩减芯长/m	缩减块数	起始井深/m	结束井深/m	保留芯长/m	保留块数				
白1井	1	2	J1z	1108.07	1110.06	1.96	9					1108.07	1109.06	1.06	5	2014-01-03	2015-04-01	T1004633	
白1井	1	2	J1z					1109.06	1110.06	1	4					2014-01-03	2015-04-01	T1004633	

注：按块填写，原始情况、保留情况填在同一行，缩减情况填在下一行，一表一井。

表 10-13　岩芯缩减登记表数据格式

序　号	数　据　项	数据构成	数据格式	补　　注
1	井号	汉字、字母、数字、符号	简化、分大小写，半角符号	
2	回次	定点数据	N+0	
3	箱号	定点数据	N+0	
4	层位	字母、数字、符号	区分大小写，主代号+下标+(上标)	K1s、Kgpts、∈d，3f-1
5	起始井深/m	浮点数字	N+2	
6	结束井深/m	浮点数字	N+2	
7	岩芯原长/m	浮点数字	N+2	缩减芯长(m)、保留芯长(m)同
8	块数	定点数据	N+0	缩减块数、保留块数同
9	入库日期	数字、符号	YYYY-MM-DD	
10	缩减日期	数字、符号	YYYY-MM-DD	
11	存放位置	字母、数字	区分大小写，符号为半角	
12	备注			

四、地质资料上交与汇交

(一) 地质资料上交

地质资料上交是指中国石油化工股份有限公司各油气分公司及相关研究院依据《中国石油化工股份有限公司地质资料管理办法》向股份公司地质资料中心上交地质资料。

1. 上交范围

地质资料上交范围包括与油气勘探开发工作有关的国家项目、股份公司项目和各分公司重点项目形成的成果地质资料、原始地质资料，以及实物地质资料目录。

(1) 成果地质资料上交范围。

① 勘探、开发总体设计、规划、方案、部署建议报告和图、表等，各种勘探、开发、生产年度报告和综合图、表册、图集、数据表等。

② 石油地质勘查、勘探成果报告，地球物理和地球化学勘探成果报告，油气资源评价成果报告。

③ 勘探阶段各类探井，油气田开发中评价井、特殊工艺井的录井地质总结报告，试油(气)、试采成果报告，测井曲线图、解释成果图及报告。各类探井的各种样品分析化验报告。

④ 物探、化探方法，钻井工艺技术，有关勘探与开发的石油地质综合研究，提高采收率方法、技术、试验研究等各类科研项目(课题)成果报告。

⑤ 各类储量报告。

⑥ 承担国际油气勘探开发项目形成的各种资料，国外油气勘探开发综合考察报告等。

(2) 原始地质资料上交范围。原始地质资料上交地震原始数据体、成果数据体、探井测井数据和原始地质资料目录。

(3) 实物地质资料上交范围。实物地质资料上交实物地质资料目录清单。

2. 质量要求

（1）纸质材料质量要求。上交的纸质地质资料的编制应严格按照《石油天然气勘探与开发地质成果报告编制要求》（Q/SH 0166）执行，同时应符合以下要求：

① 用章：上交地质资料成果报告及附件（附图册、附表册等）扉页应加盖形成单位公章，不得使用资料保管专用章、档案馆章代替；盖章页应为原件，不得使用彩色打印件等代替。

② 装订：装订方式应为线装或胶装，不能采用金属物装订。

③ 齐全性要求：上交成果报告的附件及附图必须齐全，且与报告中附件附图目录对应；上交单井资料录井、测井报告及附图必须齐全，试油试采资料、分析测试资料有则必备。

④ 印刷：要求纸电一致，彩色图件需彩色印刷，打印着墨牢固、线条字迹清楚。

（2）电子文件的质量要求。电子文件的组织方式，执行《地质资料电子文件制作细则》（Q/SH 0348），同时应符合以下要求：

① 载体要求：电子文件除通过线上提交外，应按照档案管理要求的格式存储到可长期保存的脱机载体上。一般使用耐久性强的只读光盘、磁带、硬盘等存储介质，禁止使用软磁盘、优盘等归档。提交时应无损伤、无划痕、无病毒污染。涉密地质资料电子文件仅允许使用耐久性强的只读光盘刻录和提交。

② 制作和格式：上交电子文件应统一使用 ED-maker 软件制作，相关管理性文件信息填写准确。电子文件应采用通用格式，非通用软件需配套提供软件安装包、使用说明等。

③ 内容：上交电子文件应与纸质文件内容完全一致，信息可读、可拷贝，且不加密、不压缩。

3. 上交工作流程

（1）上交通知发布。每年 4 月份，股份公司地质资料中心发布上交通知。

（2）各单位拟上交资料线上准备与提交。由各单位上交管理人员根据上交通知及其附件，结合上年度科研、生产等实际情况确定上交资料范围，通过“中国石化地质资料管理系统—上交管理”模块，选取所有拟上交资料，并逐一检查其文件完整性、著录项准确性、电子文件挂接准确性和质量等。检查无误后，逐级提交档案馆(资料中心)领导、单位分管领导审批。审批完成后，由上交管理人员在系统中提交至股份公司地质资料中心进行审查。股份公司地质资料中心上交管理人员审查通过后，各单位上交管理人员方可导出上交清单(见表 10-14)，一式两份，签字盖章。

(3) 电子文件整理与离线拷贝。各单位上交管理人员根据上交清单对所有上交资料电子文件进行整理，要求每档地质资料一个文件夹，文件夹名称以档号命名，并按上交清单顺序进行排序。非涉密地质资料电子文档，拷贝至全新的 2.5 英寸 USB3.0 接口的移动硬盘中。涉密地质资料电子文档，可多档一盘一次性写入光盘之中。

(4) 资料上交和接收。各单位在上交通知安排的时间段内，将上交清单、上交硬盘提交至股份公司地质资料中心。所上交的地质资料，由股份公司地质资料中心验收合格后，股份公司地质资料中心在上交清单上签字盖章，双方各留一份。

(5) 涉密地质资料禁止走线上上交流程，直接进行纸质上交。

表 10-14 上交清单(式样)

上交清单编号：

序号	档号	资料名称	份数	报告	附图	附件	附表	其他	电子文件数据量/MB	形成时间	形成单位
合计											

报送单位(盖章)： 报送人： 接收单位： 接收人：

报送日期： 电话： 接收日期： 电话：

4. 验收工作流程

（1）上交率检查。对照各单位《上交清单》和《应上交单井和物探明细表》，检查上交率。对欠交资料进行询问，逐一落实和标注欠交原因和补交时间。

（2）纸质资料质量检查。根据《石油天然气勘探与开发地质资料立卷归档规则》（Q/SH 0167）、《石油天然气勘探与开发地质成果报告编制格式要求》（Q/SH 0166）对纸质地质资料的质量进行检查。

（3）电子资料质量检查。

一是通过中国石化地质资料管理系统的上交模块进行检查。检查著录项完整性和准确性，检查每档资料案卷信息、文件信息著录项录入是否完整，抽查信息是否准确。检查电子文件挂接完整性和准确性，检查每档资料的卷内文件能否正常浏览和下载，抽查报告是否有附图、附件、附图册和附表册等内容，若有，是否完整提交、准确挂接。

二是检查各单位上交的移动硬盘中的电子文件。

① 规范性检查。检查上交地质资料电子文件的文件夹命名是否规范，组织方式是否合规，内容与结构是否完整。

② 有效性检查。检查上交地质资料电子文件是否无病毒，可浏览、可复制等。无加密、压缩现象。如确实有需要，是否有相应的密钥和说明。

③ 一致性检查。检查上交地质资料电子文件是否与上交清单一致，每档资料中源电子文件、存档电子文件与纸质文件或系统中挂接文件的一致性。

（二）地质资料汇交

汇交是指矿权人依照国家有关法律法规，向国家矿产资源主管部门指定的地质资料馆藏机构提交在矿产资源勘查与开采工作中形成的地质资料。股份公司是中国石化的唯一地质资料汇交人。股份公司地质资料中心具体负责中国石化地质资料汇交工作，各分公司承担汇交地质资料的组织制作工作。

1. 汇交范围

地质资料的汇交范围包括成果地质资料、原始地质资料和实物地质资料。

（1）成果地质资料。

① 石油地质勘查、油气资源评价报告、综合地质研究报告。

② 石油物探、化探成果报告。

③ 参数井、区域探井、发现井、评价井的完井地质成果报告和试油(气)成果报告。

④ 各类储量报告。

（2）原始地质资料。

① 工程布置图、实际材料图。

② 各类物探、化探原始数据体、成果数据体。

③ 参数井、区域探井、发现井、评价井的录井、测井、分析化验原始数据汇总表。

④ 不需汇交的原始地质资料目录。

（3）实物地质资料。

① 参数井、区域探井、发现井和评价井的岩芯、岩屑。

② 不需汇交的实物地质资料目录。

2. 汇交期限

（1）探矿权人应当在勘查许可证有效期届满的 30 日前汇交。

（2）除下列情形外，采矿权人应当在采矿许可证有效期届满的 90 日前汇交：

① 属于阶段性关闭矿井的，自关闭之日起 180 日内汇交。

② 采矿权人开发矿产资源时，发现新矿体、新矿种或者矿产资源储量发生重大变化的，自开发勘探工作结束之日起 180 日内汇交。

（3）因违反探矿权、采矿权管理规定，被吊销勘查许可证或者采矿许可证的，自处罚决定生效之日起 15 日内汇交。

（4）工程建设项目地质资料，自该项目竣工验收之日起 180 日内汇交。

（5）其他地质资料，自地质工作项目结束之日起 180 日内汇交。

为确保按国家规定的时限完成地质资料汇交任务，中石化各油田分公司(委托保管单位)应根据汇交工作安排，参照国家规定提前向股份公司地质资料中心报送应汇交资料。具体要求如下：

（1）勘查许可证有效期届满前30~90个工作日内。

（2）采矿许可证有效期届满前90~150个工作日内。

（3）缩小勘查区块范围的，在勘查许可证变更前30~90个工作日内。

（4）勘查转入采矿的，在办理采矿许可证前30~90个工作日内。

（5）勘查许可证或采矿许可证有效期内提前终止勘查或采矿活动的，在办理许可证注销登记手续前30~60个工作日内。

（6）因不可抗力等原因不能按照国家《地质资料管理条例》规定的时间汇交时，可以申请延期汇交。申请延期汇交，应当在汇交期限届满前20个工作日报股份公司地质资料中心向国土资源部提出延期申请，延长期最长不得超过180个工作日。

未依照《地质资料管理条例》规定的期限汇交油气地质资料的，逾期超过60个工作日的，由全国地质资料馆在20个工作日内将汇交人列入地质资料汇交异常名录，并通过地质资料汇交监管平台向社会公开，公开60个工作日仍未汇交的，由自然资源部向汇交人下发《限期汇交地质资料通知书》，责令限期汇交。经责令限期汇交后逾期不汇交的，由全国地质资料馆核实逾期汇交情况后报自然资源部依法进行处罚，并向社会公开。公开60个工作日仍未汇交的，由全国地质资料馆在20个工作日内将汇交人列入地质资料汇交违法名单，并向社会公开。

3. 汇交份数

成果地质资料向全国地质资料馆汇交纸质材料和电子文档各1份；原始和实物地质资料汇交原始和实物地质资料目录清单1份，实体实行委托保管，由取得委托保管资质的油田分公司代国家接收、保管应汇交的原始和实物地质资料并提供社会利用服务。

4. 质量要求

汇交的成果地质资料由各油田分公司地质资料馆藏机构报送到股份公司地质资料中心汇总及初审，合格后提交给全国地质资料馆。汇交的地质资料应符合以下要求：

（1）汇交的地质资料，除了成果报告外，还应包含相应的矿业权勘查许可证和采矿许可证复印件（含拐点信息坐标）；相应矿权委托保管的原始和实物地质资料目录清单；通过汇交软件工具形成的成套管理性文件材料。

（2）汇交地质资料要完整、齐全。成果报告、附件、附图册、附表册、报告外附图、软件安装程序、数据体等应交尽交。

（3）成果报告必须按照国家（行业）有关报告编制标准、规定编写，没有国家（行业）标准的，按照中国石化内部规范编写；科研项目成果报告应客观真实，准确无误，封面、扉页、评审意见、摘要、目录、正文、附图、附表、附件、插图、插表、照片等要完整齐全。

（4）成果报告应印制清晰，着墨牢固，有利于长期保存和提供利用。

（5）电子文档应符合《地质资料电子文件制作细则》（Q/SH 0348）要求，其内容应与相应的纸质资料内容相一致。

5. 汇交工作流程

（1）各油田分公司的业务管理及资料管理部门，按应汇交矿权资料要求，协同进行成果资料、原始及实物资料的收集。

（2）各油田分公司的资料管理部门，对原始及实物资料进行内部验收，并开具《原始及实物地质资料委托保管合格证》自存；对成果资料及相应的汇交管理要件，进行内部自检，合格后由资料管理负责人签字确认。

（3）各油田分公司提前5~10个工作日，向股份公司地质资料中心申请预约验收时间。

（4）股份公司地质资料中心根据预约安排，进行各油田分公司汇交资料的验收。不合格者，退回油田分公司修改。合格者，向全国地质资料馆预约验收时间。

（5）全国地质资料馆验收资料，在10~15个工作日反馈验收意见。不合格者，由股份公司地质资料中心领回，并退至相关油田分公司修改，并再次提交全国地质资料馆；合格者，发放该矿权《地质资料汇交合格证》，由股份公司地质资料中心统一保管。

第十一章 声像档案

声像档案是指单位在研发、生产、经营和管理等活动中，以感光或磁性等材料为载体，直接形成的具有保存价值和查考利用价值的照片、录音、录像、影片、磁盘、光盘等各种形式的文件。本章重点介绍数码照片和录音录像档案的收集整理。

一、声像档案的收集

（一）归档范围(见表 11-1)

表 11-1　声像文件材料归档范围和保管期限表

序号	归档范围	保管期限
1	本单位主办或承办的重点工作、重大活动、重要会议的声像材料	永久
2	本单位重点建设项目、重点科研项目的声像材料	永久
3	领导人、著名人物和国际友人参加与本单位、本地区有关的重大公务活动的声像材料	永久
4	本单位劳动模范、先进人物及其典型活动的声像材料	永久
5	本单位历届领导班子成员的声像材料	永久
6	记录本单位、本地区重大事件、重大事故、重大自然灾害及其他异常情况和现象的声像材料	永久
7	记录本地区地理概貌、城乡建设、重点工程、名胜古迹、自然风光以及民间风俗和著名人物的声像材料	永久
8	本单位宣传、广告形成的声像材料	永久

续表

序号	归档范围	保管期限
9	外部宣传媒体发布本单位的新闻报道形成的声像材料	永久
10	被评为地市级以上先进集体及各种奖项、称号的荣誉实物的声像材料	永久
11	其他具有保存价值的声像材料	永久

（二）归档质量要求

1. 一般要求

（1）归档的声像材料应为原版（原件）。主题鲜明、影像清晰、画面完整、未加修饰剪裁，保证声像档案的原始性和真实性。

（2）应对归档的载体及其技术环境进行检查、选择和鉴别，保证声像档案的完整性。

（3）归档的声像档案必须附有文字说明，包括时间、地点、人物、背景及摄录者。对与科研成果、工程项目等有联系的声像档案，应标注科研成果、工程项目并概括出特点。

（4）声像档案归档时应填写归档清单，交接双方各保留一份。

（5）由扫描仪获得的图像电子档案，原件为普通纸质档案的分辨率不低于200dpi，原件为照片档案的分辨率不得低于600dpi。

（6）由缩微胶片扫描仪获得的电子档案，16mm 胶片分辨率不低于200dpi，35mm 胶片分辨率不低于600dpi。

2. 数码照片归档要求

（1）归档的数码照片应是用数字成像设备直接拍摄形成的原始图像文件，不能对数码照片的内容和 EXIF 信息进行修改和处理。

（2）对反映同一内容的若干张数码照片，应选择其中具有代表性和典型性的数码照片归档，所选数码照片应能反映该项活动的全貌，且主题鲜明，影像清晰、完整。反映同一场景的数码照片一般只归档一张。

（3）归档的数码照片应为 JPEG、TIFF 或 RAW 格式，推荐采用 JPEG 格式。

（4）归档的数码照片应附加文字说明。文字说明应综合运用事由、时间、地点、人物、背景、摄影者等要素，概括揭示该张数码照片所反映的主要内容。

示例

某单位拍摄一组召开职代会议的数码照片，则该组照片说明宜为：××××年××月××日，××单位在××召开第×届×次职代会。会议应到××人，实到××人，××出席。会议总结××××年工作，安排部署××××年工作，审议通过××××(重要事项)等。

(摄影：×××)

(5) 数码照片可通过存储到符合要求的脱机载体上进行离线归档，也可通过网络进行在线归档。

(6) 归档时，应参照《电子文件归档与电子档案管理规范》(GB/T 18894)对数码照片进行真实、完整、可用和安全方面的鉴定、检测。

3. 录音录像档案归档要求

(1) 录音录像文件应客观、系统地反映主题内容，画面完整、端正，声音和影像清晰。

(2) 经摄录设备直接形成的具有保存价值的录音录像文件应收集、保存，录像电子文件应是音频、视频封装为一体的音视频文件。以摄录设备直接形成的录音录像文件为素材，遵循活动时序与客观事实编辑制作的录音录像文件应收集、保存。

(3) 在保证录音录像电子文件真实性、完整性、可用性和安全性基础上，应通过转码、复制等方式将录音录像电子文件采集、转存在计算机存储器中，经过系统整理、著录后再归档。

① 宜一并收集相应的数字录像带、一次写光盘等记录载体。

② 同一工作活动的录音录像电子文件应存储在同一个文件夹中。

③ 可沿用摄录设备、转码设备自动为录音录像电子文件赋予的计算机文件名；需手工设定命名规则的，宜参照档号构成要素确定录音录像电子文件命名规则。

④ 采用符合要求的计算机文件格式存储录音录像电子文件，不符合要求的应做格式转换。

（4）应对模拟信号录音录像文件进行数字化转换，形成数字副本，按照著录要求进行著录，建立目录数据库。模拟信号录音录像文件数字化转换前的处理、信息采集、数字化成果验收等按照《录音录像档案数字化规范》(DA/T 62)的有关要求执行。

（5）有多件录音录像电子文件反映相同场景或主题内容的，应挑选一件影像清晰、人物端正、声音清楚、画面构图平衡的归档。

（6）应以通用或开放格式存储并归档录音录像电子文件。录音电子文件归档格式为WAV、MP3、AAC等，音频采样率不低于44.1kHz。录像电子文件归档格式为MPG、MP4、FLV、AVI等，视频比特率不低于8Mbps，珍贵的录像电子文件可收集、归档一套MXF格式文件。

（7）重大活动筹备、实施过程中形成的各种文字材料、重要实物等应与相应的录音录像文件一并归档，包括公文、活动日程、领导讲话、交流发言材料、名册、签名册、座次表、宣传册、活动标志、成立的临时机构印章、证件、礼品、纪念章、场馆设计图等。

（三）归档时间

声像档案归档时间分为随时归档和年度归档。

（1）对具有归档价值的声像材料，其摄录者或承办单位应及时整理，向档案部门归档，一般不应跨年度。

（2）声像档案随立档单位其他载体形态的档案一起向有关档案部门移交。在特殊情况下，经同级档案部门同意可以提前或延迟移交。

（3）档案部门应随时收集零散的具有保存价值的声像资料。

（四）归档手续

声像档案移交时需履行归档手续。归档手续包括《归档材料移交书》(见第三章图3-1)和《归档材料目录清单》(见第三章图3-2)。移交时应通过归档部门主管领导审核和档案部门检查，检查无误后交接双方履行签字手续，办理移交。移交书一式两份，交接双方各持一份。

二、声像档案的整理

（一）整理要求

（1）声像档案的整理应遵循有利于保持声像档案的有机联系、有利于保管、有利于提供利用的原则。

（2）声像档案在全宗内按不同载体、形成年度分别进行整理。原则上以一盒(盘)为一个保管单位，编制一个保管号。

（3）在全宗内同一事件或活动赋予一个档号。

（4）照片档案的底片、照片宜分开存放，照片要装册，底片要装袋，录音带、录像带、音频、视频档案等装盒保管。

（二）分类

声像档案的分类，执行《企业档案分类规则》(Q/SH 0760)。一级类目为"其他档案类"，代码"S9"。二级类目由各单位结合实际自行确定，示例见表11-2。

表11-2 某单位其他档案类目细分表

一级类目		二级类目		三级类目
代码	名称	代码	名称	
S9	其他档案类	ZP	照片	按年度设置
		LX	录像带	
		LY	录音带	
		CD	磁带	
		GP	光盘	

（三）数码照片档案的整理

1. 排列

（1）同一全宗内的数码照片档案按"年度+照片组"排列。

（2）同一照片组内的数码照片档案按形成时间排列。

2. 命名

(1) 整理过程中，应对数码照片文件进行重命名。

(2) 数码照片文件采用“档案门类代码-年度-照片组号-张号．扩展名”格式命名。具体编制要求：

档案门类代码：为档案的一级类目和二级类目代码。如：“S9. ZP”。

年度：照片形成年度，以4位阿拉伯数字标注公元纪年。如“2019”。

照片组号：为4位阿拉伯数字，同一年度内的照片组从“0001”开始顺序编号。

张号：为4位阿拉伯数字，同一照片组内的数码照片从“0001”开始顺序编号。

示例

2019年中原石油工程有限公司海外工程公司拍摄的一组××工作会议的数码照片为本年度第一组照片，存储格式为JPEG。则该组第一张照片的文件名应为：S9. ZP-2019-0001-0001. jpg。

3. 著录

数码照片档案应至少包括以下著录项目：全宗号、保管期限、年度、部门、照片组号、张号、参见号、摄影者、时间、组题名、文字说明、文件格式、开放状态。具体编制要求：

全宗号：档案部门给立档单位编制的代号。编制方法见本书第一章。

保管期限：照片按表11-1划定的保管期限，包括永久、30年、10年。

年度：照片形成年度，以4位阿拉伯数字标注公元纪年，如“2019”。

部门：归档部门，采用部门全称或规范化简称，并保持一致和稳定。

照片组号：为4位阿拉伯数字，同一年度内的组从“0001”开始顺序编号。

张号：为4位阿拉伯数字，同一组内数码照片从“0001”开始顺序编号。

参见号：与本张照片有密切联系的其他载体档案的档号。

摄影者：照片的拍摄单位或拍摄人。

时间：数码照片拍摄时间。采用8位阿拉伯数字，依次为年度4位，月和日各2位，不足的在前补“0”。

组题名：本组照片所共同反映的主要内容。

文字说明：本张照片的说明，包括人物、地点、事由等要素。

文件格式：本张照片的计算机文件类型，包括JPEG、TIFF或RAW。

开放状态：本张照片是否开放的标记，开放为“Y”，不开放为“N”。

4. 存储

（1）存储结构。数码照片档案可采用建立层级文件夹的形式进行存储。一般应在计算机硬盘非系统分区建立“数码照片档案”总文件夹，在总文件夹下依次按不同年度和照片组建立层级文件夹，并以年度和照片组号命名层级文件夹。

示例

某单位的数码照片档案统一存放在档案室计算机硬盘的非系统分区D盘根目录下，2019年该单位拍摄的一组××工作会议的数码照片为2019年第一组照片。该组数码照片应存放在以下路径下：

D：\ 数码照片档案 \ 2019 \ 0001 \

（2）存储载体。

① 数码照片档案应存储在耐久性好的载体上，推荐采用硬磁盘、磁带和一次写光盘作为数码照片档案长期保存的存储载体。

② 数码照片档案应存储为一式三套，一套封存保管，一套供查阅利用，一套异地保存。

③ 存储数码照片档案的载体应有专门的装具，且应在载体装具上粘贴标签，标签上注明载体套别(封存保管、查阅利用、异地保存)、载体序号、保管期限、起始年度、终止年度和存入日期等。

（四）录音录像档案的整理

1. 整理单位

录音录像档案可以以盘或盒为保管单位，一盘或一盒为一卷。亦可以件为管理单位进行整理，整理方法参照管理类档案。

2. 排列

应按录音录像文件记录的工作活动时间顺序排列录音录像文件记录载体，按照规则为其编号并标示。

3. 编号

（1）以盘或盒为单位整理的录音录像档案，其编号格式为：类别代码-年度-顺序号，编号要标注在两个位置：一是磁带带身的标签上；二是外盒的标签上，内外要相符，书写清楚。

示例

某单位 2019 年第 1 盒录像带的编号：S9. LX-2019-1

（2）以件为单位整理的录音录像档案，其编号格式为：类别代码-年度-盒号-顺序号，编号也需在上述两个位置标注。

示例

某单位 2019 年第 1 条录像档案的编号：S9. LX-2019-1-1

4. 著录

（1）基本要求。对应归档的录音录像电子文件，应按照《录音录像类电子档案元数据方案》（DA/T 63）的有关要求，基于电子档案管理系统进行著录，对录音录像文件记录的工作活动进行描述，建立目录数据库。

应在数字化转换过程中完成模拟信号录音录像文件数字副本的著录、建立目录数据库等工作。

（2）基本著录项。应对每一件应归档的录音录像电子文件进行著录，著录项包括但不限于以下内容：

① 计算机文件名：在计算机存储器中唯一标识录音录像电子文件的一个字符串，由文件名与扩展名两部分组成。

示例

某单位 2019 年第 1 条录像档案的计算机文件名：S9. LX-2019-1-1. avi

② 题名：能揭示录音录像文件中心主题的标题或名称。

③ 责任者：对录音录像文件记录的内容负有责任的单位或个人名称。

④ 摄录者：录音录像文件的录制者或拍摄者及其工作单位名称。

⑤ 摄录日期：录音录像文件的录制或拍摄日期，著录格式为 yyyy-mm-dd 或 yyyymmdd。

⑥ 时间长度：录音录像文件持续时间的数量，以小时、分、秒为计量单位，著录格式为 hh：mm：ss。

⑦ 计算机文件大小：录音录像电子文件的字节数。

⑧ 年度：录音录像文件形成年度。

⑨ 工作活动名称：著录工作活动、重要会议、重大事件等的名称；同一项工作活动中形成的多件录音录像文件的著录内容相同。

⑩ 工作活动描述：著录工作活动的主要内容，包括工作活动名称、起始日期、地点、主要人物、主要议程或过程、结果等；同一项工作活动中形成的多件录音录像文件的著录内容相同。

⑪ 保管期限：录音录像文件的保管期限，一般为永久。

⑫ 密级：录音录像文件的保密等级，密级分为秘密、机密和绝密三种。

⑬ 原始载体编号：记录或存储录音录像文件的原始载体编号，多个原始载体编号之间用“，”隔开。

⑭ 档案门类代码：录音录像文件的档案门类代码。录音为“LY”，录像为“LX”。

⑮ 参见号：与录音录像文件密切关联的其他载体或门类文件材料的唯一编号。

⑯ 著录者：对录音录像文件进行著录的责任人及其工作单位名称。

三、中国石化重要声像档案报送

属于重要声像档案报送范围的声像档案，应定期向中国石化集团公司综合管理部报送。

（一）报送范围

（1）党和国家领导人视察中国石化及所属企业。

（2）中国石化党组领导到企业调研。

（3）中国石化党组领导参加国家重要公务活动。

（4）中国石化党组领导会见外国政府、公司、高层人士等外事活动。

（5）中国石化有重要影响的庆典、展览、重要会议、科研、工程奠基、工程开工、文化建设等活动。

（6）中国石化产生重大影响的自然灾害、事故灾难、突发事件现场及处置过程。

（二）管理要求

（1）建立声像档案报送管理网络和季度零报告制度，各单位办公室应明确联系人并报综合管理部备案。如果由档案部门负责报送，需明确单位内部管理流程。声像档案报送审批单式样见表 11-3。

表 11-3　声像档案报送审批单(式样)

编号：（年度-序号）

<table>
<tr><td>送达单位</td><td>中国石化集团公司综合管理部</td><td>报送时间</td><td>（填写年月日，如 20180606）</td></tr>
<tr><td>报送内容</td><td colspan="3">（填写能够准确概括活动、事件的标题）</td></tr>
<tr><td>报送载体类型</td><td>（光盘或纸质照片）</td><td>报送载体数量</td><td>（填写光盘数量或纸质照片数量）</td></tr>
<tr><td>新闻中心
审批意见</td><td colspan="3">（盖章）
主管领导签字：
审批日期：</td></tr>
<tr><td>办公室
（党委办公室）
审批意见</td><td colspan="3">（盖章）
主管领导签字：
审批日期：</td></tr>
<tr><td>档案部门
审批意见</td><td colspan="3">（盖章）
主管领导签字：
审批日期：</td></tr>
</table>

（2）通过“邮政 EMS”邮寄报送集团公司综合管理部文件档案室，邮件应注明“声像报送”字样。

（3）声像档案报送一式两套，一套报集团公司综合管理部文件档案室，一套由报送单位档案部门存档。

（三）数码照片报送要求

1. 质量规格要求

（1）数码照片像素应在600万以上，单幅数码照片不小于3MB。

（2）数码相机及与图片扫描仪连接的计算机均应设置正确时间。

（3）上报的数码照片一般要求为JPEG、TIFF格式。

（4）上报的数码照片应清洁、无病毒，是未经剪切及修改的原件。

2. 整理要求

（1）上报的照片应齐全完整、反映事件全貌。每项活动应从主题鲜明、影像清晰、画面完整、点面结合的角度选取2~10幅照片报送。

（2）每组入选照片按顺序编号粘贴在《中国石化照片档案报送记录单》（见表11-4）上。数码照片粘贴为电子版本，方法为将数码照片通过WORD中的“插入”—“图片”—“来自文件”添加到对应张贴栏上。报送的全部照片同时需按事件建立文件夹保存原照片一并上报。

（3）《中国石化照片档案报送记录单》项目填写要求。

报送单位：填写单位全称或标准简称。

名称：填写能够准确概括活动、事件的标题。

摄制者：填写拍摄人或制作人的姓名。

摄制时间：填写拍摄或制作的日期，用8位阿拉伯数字表示，如“20081015”。

密级：有保密要求的，填写相应密级。

照片张数：填写选中的照片张数。

说明：应综合运用事由、时间、地点、人物、背景、摄影者等要素，概括揭示照片所反映的全部信息，或仅对题名未涉及内容或其他需要说明的事项作出补充（如有该组照片不同的拍摄者，应说明）。

照片编号：填写单幅照片顺序编号。

照片题名：简明概括照片的基本内容，准确反映主要人物、地点、事由。

（四）录音录像档案报送要求

1. 规格要求

录音电子文件报送格式为 WAV、MP3、AAC 等，音频采样率不低于 44.1kHz。录像电子文件报送格式为 MPG、MP4、FLV、AVI 等，视频比特率不低于 8Mbps。报送载体为光盘或磁带。

2. 整理要求

（1）上报的录像档案材料应删除与报送要求无关的内容，保留制作成品和全过程素材。

（2）录像档案材料以磁带或光盘形式上报，并填写《中国石化磁性载体档案报送记录单》（见表 11-5），打印一式两份。

（3）《中国石化磁性载体档案报送记录单》项目填写要求。

报送单位：填写单位全称或标准简称。

规格：在对应载体上打"√"。

存储格式：填写磁性载体数据存储格式。

密级：有保密要求的，填写相应密级。

制作人：填写摄制人或录制人的姓名，多项内容应分别按对应关系标示。

总长度：填写播放时间，如××分××秒。

题名：填写能够准确概括活动、事件的标题，多项内容应分别标示（每项题名控制在 100 字符以内）。

制作日期：填写拍摄或录制日期，用 8 位阿拉伯数字表示，如"20081015"，多项内容应分别按对应日期标识。

说明：应综合运用事由、时间、地点、人物、背景、摄制者等要素，概括揭示音像材料所反映的全部信息，或仅对题名未涉及内容或其他需要说明的事项作出补充（如有该组照片不同的拍摄者，应说明）。

表 11-4　中国石化照片档案报送记录单(式样)

<table>
<tr><td rowspan="2"></td><td colspan="4">中国石化照片档案报送记录单</td></tr>
<tr><td>档案编号</td><td>(由档案管理单位填写)</td><td>报送单位</td><td>(填写单位全称或标准简称)</td></tr>
<tr><td>名称</td><td colspan="4">(填写能够准确概括活动、事件的标题)</td></tr>
<tr><td>摄制者</td><td colspan="2">(填写拍摄人或制作人的姓名)</td><td>摄制时间</td><td>(用 8 位阿拉伯数字表示，如“20081015”)</td></tr>
<tr><td>照片张数</td><td colspan="2">本组照片共(填写选中的照片张数)　张</td><td>密　级</td><td>有保密要求的填写相应密级</td></tr>
<tr><td>说明</td><td colspan="4">(仿宋-GB2312，三号字；应综合运用事由、时间、地点、人物、背景、摄影者等要素，概括揭示照片所反映的全部信息，或仅对题名未涉及内容或其他需要说明的事项作出补充。如有该组照片不同的拍摄者，应说明)</td></tr>
</table>

中国石化照片档案报送记录单(续)(式样)

<table>
<tr><td rowspan="2"></td><td colspan="6">中国石化照片档案报送记录单</td></tr>
<tr><td>档案编号</td><td colspan="2"></td><td>报送单位</td><td colspan="2"></td></tr>
<tr><td colspan="7">照片请贴本框内</td></tr>
<tr><td colspan="2">照片编号</td><td>（填写单幅照片
顺序编号）</td><td>照片题名</td><td colspan="3">（简明概括照片的基本内容，
准确反映主要人物、地点、事由）</td></tr>
<tr><td colspan="7"></td></tr>
<tr><td>交接
记录</td><td>报送
单位</td><td colspan="2">报送人签名：
报送单位(部门)：
报送日期：　　年　月　日</td><td>总部
接收</td><td colspan="2">接收人签名：
接收部门：
接收日期：　　年　月　日</td></tr>
</table>

表 11-5　中国石化磁性载体档案报送记录单(式样)

<table>
<tr><td colspan="2" rowspan="2"></td><td colspan="4">中国石化磁性载体档案报送记录单</td></tr>
<tr><td>报送单位</td><td colspan="3">(填写单位全称或标准简称)</td></tr>
<tr><td colspan="2">档案编号</td><td>(由档案管理单位填写)</td><td>密级</td><td colspan="2"></td></tr>
<tr><td colspan="2">载体/格式</td><td>□数字带　□光盘/□MPEG　□AVI</td><td>总长度</td><td colspan="2">××分××秒</td></tr>
<tr><td>序号</td><td colspan="2">题　　名</td><td>制 作 日 期</td><td>长度</td><td>制作(摄制)人</td></tr>
<tr><td>1</td><td colspan="2">填写能够准确概括活动、事件的标题，多项内容应分别标示(每项题名控制在 100 字符以内)</td><td>填写拍摄或录制日期，用 8 位阿拉伯数字表示，如 20081015，多项内容应分别按对应日期标示</td><td>××分
××秒</td><td></td></tr>
<tr><td>2</td><td colspan="2"></td><td></td><td></td><td></td></tr>
<tr><td>3</td><td colspan="2"></td><td></td><td></td><td></td></tr>
<tr><td>4</td><td colspan="2"></td><td></td><td></td><td></td></tr>
<tr><td>5</td><td colspan="2"></td><td></td><td></td><td></td></tr>
<tr><td>说明</td><td colspan="5">(仿宋-GB2312，三号字；应综合运用事由、时间、地点、人物、背景、摄影者等要素，概括揭示音像材料所反映的全部信息，或仅对题名未涉及内容或其他需要说明的事项作出补充。如有不同的拍摄者，应说明)</td></tr>
<tr><td>交接记录</td><td>报送单位</td><td>报送人签名：
单位公章：
报送日期：　　年　月　日</td><td>总部接收</td><td colspan="2">接收人签名：
接收部门：
接收日期：　年　月　日</td></tr>
</table>

第十二章 实物档案

实物档案是指单位或个人在社会活动中制作或获取的，以特定有型物品存在的具有保存价值的实物，包括奖状、奖杯、锦旗、证书、印章、产品、标本、工具设备、纪念品等。实物档案具有形体直观、形状多样的特点，它不但具有较高的查考利用价值，而且具有良好的社会教育功能，是管理类档案的重要补充。

一、实物档案的收集

(一) 归档范围

(1) 本单位获得的各种荣誉实物，包括奖状、奖杯、奖牌、锦旗、证书、光荣册等。

(2) 上级领导、知名人士、有关单位赠送给本单位的题词、锦旗、牌匾、字画、纪念品等。

(3) 本单位重大活动形成的具有保存价值的凭证性实物，包括活动标志、首日封、纪念邮票等纪念品。

(4) 本单位成立以来使用过的牌、匾。

(5) 本单位党、政、工、团及各类群众性组织使用期结束，具有永久保存价值的各种印章；本单位领导班子成员、在本单位工作过的社会著名人士使用过的个人工作用印章。

(6) 反映本单位发展历史的代表性物品。如本单位各个历史时期生产的样品、获奖的产品，不同历史时期使用的办公用品、设备仪器、工装工具等。

（7）其他一些有保存价值的实物。

（二）归档要求

（1）归档的实物档案应整洁、无破损。

（2）归档的实物没有明确标明主题和时间的，移交单位应附文字说明。如荣誉类实物的奖项名称、获奖者(获奖单位、项目、个人)、颁奖者、颁奖时间；礼品类实物的名称、赠送者、接受者、赠送时间；字画类实物的名称、作者、创作时间、字画规格；题词类实物的题词内容、题词者姓名、职务、题词时间等。

（3）实物档案应在形成后 2 周内归档。因特殊原因确需在有关部门暂时保存的，应先将该实物移交档案部门拍照登记，再办理借用手续。

（4）实物档案移交时应履行归档手续。具体要求参照管理类档案。

（三）收集方法

各单位应建立健全实物档案归档制度，明确归档责任、归档范围及归档要求。日常工作中可采取以下收集方法：

（1）建立获奖登记制度。获奖单位及个人到指定部门进行获奖情况登记，登记部门定期向档案部门提交获奖登记表，档案部门依据登记表收集荣誉类实物档案。

（2）档案部门定期浏览单位门户网站，搜集重要事件信息，主动向有关部门发出收集通知。

（3）档案部门通过单位的大事记了解重大活动、重要工作实物档案形成情况。

（4）建立实物档案归档考核制度。

二、实物档案的整理

实物档案以件为单位进行整理。

（一）检查修整

实物档案由于载体特殊，容易受损或受污，在不破坏原貌的前提下，可以进行一些保护性的清扫灰尘、修补破损，牌匾受污的，要清洁、抛光、保养。

（1）对实物档案进行外观检查，对损坏严重或有其他情况(如油泥、污物、霉点和锈斑等)，应进行适度的清洗等技术处理。

（2）清洗后要确保实物的完整、不变形，保持实物上字迹与图案的完整、清晰。

（3）清洗印章印面污物时，手法要轻，防止损坏印章。

（二）分类

实物档案分类，按照《企业档案分类规则》(Q/SH 0760)一级类目为其他档案类(代码为 S9)，二级类目按物品种类分类。实物档案较少的单位，可用实物档案作为二级类目(代码为 SW)。示例见表 12-1。

表 12-1 实物档案二级类目代码表(示例)

二级类目名称	二级类目代码
证书	ZS
奖状	JZ
锦旗	JQ
牌匾	PB
奖杯	JB
印章	YZ
字画	ZH

（三）排列

实物档案在二级类目内按归档时间顺序排列。

（四）编目

实物档案应按照分类方案和排列顺序编写档号。档号结构为：全宗号—

分类号—件号。分类号由一级类目代码和二级类目代码两部分组成，两者之间用间隔号“.”分开。如“TJSH05-S9. YZ-1”。

实物档案应在不影响实物品相的合适位置加盖或粘贴档号章。平面实物(如证件、证书等)将档号章加盖或粘贴在实物背面，立体实物(奖杯等)将档号章标签粘贴在实物底部(见图12-1)。

档号	TJSH05-S9.YZ-1

图12-1　实物档案档号章示例

实物档案应编制分类目录(示例见表12-2～表12-4)。

表12-2　实物档案分类目录(证书类)(示例)

档　　号	题　　名	颁发单位	获奖单位	日期	密级	备注
ZYYT02-S9. ZS-0011	全国绿化模范单位证书	全国绿化委员会	中国石化集团中原石油勘探局	20160201		

表12-3　实物档案分类目录(牌匾类)(示例)

档　　号	题　　名	颁发(赠予)单位	获奖(接受)单位	日期	密级	备注
ZYYT02-S9. PB-0442	第十九届国家级企业管理现代化创新成果二等奖奖牌(石油企业以提升效益为目标的组织再造)	全国企业管理现代化创新成果审定委员会	中国石化集团中原石油勘探局	20121222		

表12-4　实物档案分类目录(印章类)(示例)

档　　号	印章名称	启用时间文号	停用时间文号	印章材质	印　　模	备注
OSZY01-S9. YZ-0011	中石化中原石油工程有限公司企业发展处	20180503 总经理办〔2018〕	20200330 总经理办〔2020〕	原子		
					印模	

三、实物档案的保管与利用

（1）实物档案保管期限统一划定为永久。

（2）实物档案应按“类别-件号”上架排列，单独存放。所用装具不应对实物有任何不利影响。（示例见图 12-2～图 12-4）。

（3）实物档案原则上不外借，可提供实物档案照片利用。举办展览等特殊情况下必须外借的，应尽可能减少由于人为因素造成损毁、丢失等事件的发生。

图 12-2　牌匾保存示例

图 12-3　印章柜示例

图 12-4　印章盒示例

第十三章 专门档案

一、合同档案

合同档案是指中国石化以及各企事业单位和分(子)公司与自然人、法人或其他组织之间设立、变更、终止民事权利义务关系而订立协议(包括合同书、具有法律约束力的其他各类法律文件)所形成的具有保存价值的文字、图表、声像、电子数据等各种载体的历史记录。合同档案是记载合同履行全部情况的文字材料。

(一) 合同的分类

合同分为重大合同和一般合同。重大合同是指以公司或企业名义订立的投资类、融资类、担保类、知识产权类、不动产类等合同。主要包含有较强法律约束力的战略合作协议;石油、天然气等自然资源合作勘探开发合同;长期股权投资、境内外合资合作等合同;长期贷款合同、担保合同(由财务公司办理的、公司系统内企业之间的借贷或担保合同除外);涉及专利权、商标权、著作权、商业秘密等知识产权引进、许可、转让、合资等合同;不动产买卖、土地使用权取得及处置合同;根据公司内控权限指引,需由公司主管领导审批,并由公司总部机关部门主办的其他合同。

一般合同档案指除重大合同以外的合同。主要包括买卖合同,短期贷款合同,供用电、水、气、热力合同,租赁合同,承揽合同,运输合同,技术合作开发、委托开发、咨询、服务合同,仓储合同,保管合同,建设工程合同，其他日常经营管理所需要签订的合同。

（二）合同档案的收集

1. 责任分工

合同主办部门应收集、整理合同签订、履行等相关材料。对方先行签字盖章的正式合同交付我方签字盖章，合同生效的同时，合同主办部门应将合同正本及相关材料提交合同归口管理部门归档；对于已由我方先行签字盖章的正式合同交付对方后签字盖章的，合同主办部门应在10个工作日内取得对方的签字盖章的正式合同文本，并交合同归口管理部门归档。合同归口管理部门应当按照档案管理规定将终结的合同及相关材料、合同归档清单在次年6月底前移交档案部门。履行期限较长(一般指超过两年以上)的合同，当双方主要权利与义务履行完毕后，可移交档案部门。

2. 归档范围

合同档案应包括合同考察、洽谈、签订、履行、变更、解除及解决纠纷等过程中所形成的所有书面材料及封存样品等实物。文字类原始档案主要包括：

（1）合同文本及附件。

（2）补充协议、变更或解除合同协议。

（3）对方营业执照、资格证、特种经营许可证等资信调查材料，对方签约人、法定代表人身份证明或授权委托书。

（4）意向书、备忘录、会谈记录。

（5）往来信函、电报、传真、电子邮件(包括验收确认书、质量异议书、催款通知书等)。

（6）现场签证、送达回执或确认书。

（7）在合同订立履行过程中，关于争议、纠纷等处理意见的书面文件。

（8）合同管理中形成的文件材料，包括项目招标申报审批表、招标项目立项批复文件、招标方案、资格预审文件、招标文件、资格预审结果审核材料、招标工作会议纪要、投标文件、评标情况表、中标候选人确认表、评标报告、评选结果审核表、招标总结等。

3. 质量要求

（1）合同归口管理部门应建立健全合同档案台账或清单。

（2）合同档案应齐全完整。

（3）中国石化内部单位之间通过合同管理信息系统内部合同流程办理并加盖电子合同章的合同，可以仅以电子形式归档到中国石化档案管理系统，无须另行打印纸质归档。

4. 归档方法

目前各单位合同档案归档方法有两种：一是合同清单和合同统一由合同归口管理部门（如法律事务部门）向档案部门归档；二是合同归口管理部门按年度向档案部门归档合同清单，合同主办部门按年度向档案部门归档合同，档案部门负责按照合同清单核对合同档案的完整性。

5. 归档时间及手续

合同档案归档可实时或定期向档案部门归档。实时归档是指一份合同执行完成立即归档，定期归档一般是在次年 6 月底前移交。合同档案移交时需履行归档手续。相关要求与管理类档案相同。

（三）合同档案的整理

合同档案一般归属于管理类档案，可作为管理类档案的一个二级类目，整理执行《归档文件整理规则》（DA/T 22），以件为单位进行整理。

1. 分类

合同档案按年度—保管期限来整理，实行按件归档的方式，一份合同为一件。先将归档合同按年度分类，再在年度下面按保管期限分类。

2. 排列

合同档案的排列在同一年度、同一保管期限下进行，同一保管期限的合同档案，结合合同的具体分类进行排列。

3. 确定保管期限

重大合同档案保管期限为永久，一般合同档案保管期限为30年。

4. 编号

归档合同按照排列顺序逐件编号，并以归档章(式样见图13-1)的形式在归档合同上注明，归档章的位置在首页上端空白处。合同档案档号结构为：全宗号-一级类目代码．年度-机构(问题)代码-保管期限-件号。上、下位代码之间用“-”连接，同一级代码之间用间隔符“．”分开。如“TJSH05-S1.2015-FL-Y-1”，或根据本企业的归档文件档号编制方法编制。

TJSH05	2015	1
FL	Y	50

图13-1(a) 归档章示列一

TJSH05	2015	1
法律部	永久	50

图13-1(b) 归档章示例二

5. 编目

归档合同应依据分类方案和馆(室)编件号顺序编制归档文件目录，合同档案归档文件目录的式样与管理类档案相同。

6. 装盒

将归档合同按馆(室)编件号顺序装于档案盒，并填写档案盒封面、盒脊及备考表项目。

二、招投标档案

招投标档案是指在招投标活动中直接形成的具有保存价值的各种文字、图表、声像等各种不同载体的原始记录。

(一) 招投标档案的收集归档

1. 责任分工(见表13-1)

2. 归档范围

1）线下招投标项目招投标档案归档范围：

（1）招标方案及审批情况。

（2）招标公告或投标邀请书。

（3）招标文件(含招标文件补充文件或者澄清文件)。

（4）投标报名或获取招标文件投标人一览表。

（5）开标会议签到表。

（6）投标人、设计方、委托方、评标委员会书面承诺书。

（7）评标委员会人员组成及组建原则。

（8）投标文件密封情况检查表。

（9）开标汇总一览表。

（10）评标过程中投标人澄清文件。

（11）评标方法及细则。

（12）评标委员会成员个人打分表和评分汇总表。

（13）商务分计算过程及计算说明。

（14）评标委员会评分汇总及排序表。

（15）否决投标情况及说明。

（16）评标报告(附评标委员会意见)。

（17）投标人异议/投诉材料、处理过程记录及答复和处理决定。

（18）投标文件(包含技术标书和商务标书等)。

（19）中标通知书。

（20）其他有关重要文件。

2）中国石化建设工程电子招标投标交易平台招标项目，平台标段(是指根据实际需要，依据一定的约束条件及标准，对招标项目构成内容进行合理划分，成为最基本的交易管理单元)电子文件归档范围见表13-2。

3）中国石化物资采购电子招标投标交易平台招投标项目，其电子文件归档范围见表13-3。

表 13-1 招投标档案收集归档职责分工表

阶段	程序	工作时限	责任部门（单位）	职能	责任	责任人	责任领导
收集整理	电子文件收集整理		业务部门 交易平台管理部门	每个标段按其所经过的招标流程，自动收集整理到平台的预归档管理模块	对自动收集整理工作负责	业务部门、交易平台管理部门工作人员	业务部门、交易平台管理部门分管领导
	纸质文件收集整理	与电子文件归档同时完成	业务部门	对纸质文件扫描，上传到交易平台，对纸质文件进行编号标注	对纸质文件收集整理工作负责	业务部门工作人员	业务部门分管领导
预归档	检查	中标通知书发出或招标终止 30 日内	业务部门	对交易平台预归档管理模块中的预归档电子文件进行真实性、完整性检查	对预归档电子文件进行真实性、完整性负检查责任	业务部门工作人员	业务部门分管领导
	移交		业务部门	点击“确认预归档”按钮，将电子文件和《电子文件归档交接单》推送档案系统	对移交操作工作负责	业务部门工作人员	业务部门分管领导
归档	核对	接收到电子文件 15 日内	档案部门	按照《电子文件交接单》对电子文件及纸质文件进行核对	对电子文件及纸质文件负核对责任	档案员	档案部门分管领导
	接收		档案部门	点击“确认归档”按钮归档接收	对归档操作工作负责	档案员	档案部门分管领导

表 13-2　标段电子文件归档范围表

序　号	归档文件名称	有无 CA 章	备　注
1	工程项目信息		
2	采购策划方案		
3	采购项目信息		
4	资格预审公告信息	有	
5	资格预审修改及澄清记录	有	
6	资格预审审查专家表		
7	资格预审申请文件递交记录表		
8	资格预审申请文件审查委员会成员签到表		
9	资格预审申请文件初步审查标准及记录表(个人)	有	
	资格预审申请文件初步审查标准及记录表	有	
10	未通过资格审查等情况汇总表	有	
11	资格预审	有	
12	资格预审申请文件详细审查标准及记录表(其他情形)	有	
13	资格预审申请文件评分标准及评分记录表	有	
14	资格预审申请文件评分汇总及平均分记录表	有	
15	资格预审申请人排序表	有	
16	通过资格预审申请人名单	有	
17	资格预审申请文件问题澄清通知	有	
18	资格预审申请文件问题的澄清	有	
19	资格预审申请文件审查报告	有	
20	资格预审结果通知书信息	有	
21	资格预审申请文件信息	有	
22	招标通知书信息(资格预审转后审)	有	
23	招标通知书确认函	有	
	招标通知书确认函(有联合体)	有	
24	投标邀请书信息(资格预审)	有	
	投标邀请书信息(资格后审)	有	
25	投标邀请确认函	有	
	投标邀请书确认函(有联合体)	有	
26	招标公告信息	有	
27	招标文件信息	有	
28	招标文件修改及澄清记录	有	

续表

序 号	归档文件名称	有无 CA 章	备 注
29	评标专家表	有	
30	开标记录表(EPC)	有	
	开标记录表(服务)	有	
	开标记录表(施工)	有	
31	评标委员会成员签到表	有	
32	初步评审标准及记录表(个人)	有	
	初步评审标准及记录表	有	
33	初步评审标准及记录表(其他情形)(个人)	有	
	初步评审标准及记录表	有	
34	未通过初步评审等情况汇总表	有	
35	详细评审标准及计分表	有	
36	投标报价评分记录表	有	
37	评分汇总及得分记录表	有	
38	投标人排序表	有	
39	问题澄清通知	有	
40	问题澄清	有	
41	评标报告	有	
42	中标候选人公示	有	
43	中标结果公告	有	
44	中标通知书	有	
45	中标结果通知书	有	
46	投标文件信息		
47	异常情况信息表		
48	其他资料		

表 13-3 中国石化物资采购电子招标投标平台电子文件归档范围表

序号	归档文件名称	备 注
一、招标准备材料		
1	招标采购方案	
2	招标委托材料	
3	招标委托单(招标委托书)	
4	招标委托审批记录	

续表

序号	归档文件名称	备　注
5	其他材料	
二、招标文件		
1	资格预审公告(含变更公告)	
2	招标公告或投标邀请书(含变更公告)	
3	投标邀请确认回执函	
4	资格预审文件	
5	资审澄清文件(如有)	
6	资审澄清确认回执函(如有)	
7	招标文件及附件(含技术要求、料表及专用合同)	
8	答疑与澄清文件	
9	答疑澄清回执函	
三、投标文件		
1	资格预审申请文件	
2	技术及商务投标文件	
3	价格投标文件	
四、开评标过程材料		
(一)资格预审		
1	资审委员会签到表	
2	资格预审申请文件密封情况检查表	
3	申请人情况一览表	
4	通过资审预审的申请人名单	
5	资格审查报告表	
6	资格预审申请文件开启记录表	
7	合格制评审表	
8	现场审查情况记录表	
9	现场审查情况相关附件	
10	资审结果通知书	
11	资审结果确认回执函(如有)	
(二)资格后审		
1	投标文件密封情况检查表(代签到表)	
2	开标一览表	
3	评标委员会成员承诺书	

续表

序号	归档文件名称	备　注
4	评标登录系统情况表(代评委签到表)	
5	初步评审结果表	
6	技术评审得分表	
7	商务评审得分表	
8	系统标准数据表	
9	其他评审得分表	
10	价格评审得分表	
11	综合得分结果表	
12	评标结果排序表	
13	澄清材料	
14	评标过程决议	
15	评标报告	
16	现场复核情况记录表	
17	现场复核情况相关附件	
18	其他开评标过程文件	
五、招标结果材料		
1	入围/中标通知书	
2	招标结果通知书	
六、其他材料		
1	异议投诉处理过程资料	
2	招标异常说明材料	
3	其他过程材料	

注：以上内容为电子招标投标平台电子文件归档的主要范围，在招投标过程中形成的其他重要电子文件和纸质文件(扫描为 PDF 以及纸质文件原件)也要归档。

3. 招投标档案的整理及要求

(1) 纸质版招投标档案一般归属于管理类档案，整理执行《归档文件整理规则》(DA/T 22)，以件为单位进行整理。

(2) 招投标电子文件归档参照《中国石化建设工程电子招标投标交易平台电子文件归档和电子档案管理办法(试行)》(中国石化办〔2018〕429 号)和《中国石化物资采购招标投标电子文件归档管理办法(暂行)》(中国石化物〔2019〕197 号)执行。

（3）归档电子文件在交易平台中自动进行收集整理，每个标段(或项目)应按其所经过的招投标流程，凡涉及上述电子文件归档范围内的文件，在办理完毕后，自动收集整理到交易平台的预归档管理模块中。纸质文件收集整理，应由每个标段(或项目)的业务部门工作人员负责，对纸质文件扫描成PDF文件上传，按照交易平台对上传文件的编号对纸质文件进行标注。

三、审计档案

审计档案是指中国石化各级审计部门实施审计项目(含委托审计)活动中形成的具有保存价值的历史记录。

（一）审计档案的收集归档

1. 责任分工

（1）审计档案工作实行归口管理、分级负责的原则。各级审计部门的审计档案管理工作，受同级档案部门和上级审计部门的指导和监督。

（2）各级审计部门要指定1名负责人分管审计档案工作，并设专(兼)职审计档案管理员，负责本单位的审计档案工作。

（3）审计组设资料管理员，负责审计文件材料的收集、整理、立卷、转交工作。

（4）审计组组长负责审查审计档案，对审计档案的真实、完整、有效、规范负责。

（5）审计部门的档案管理员负责本单位审计档案的收集、整理、录入(档案管理系统)、移交等工作，并对审计档案整理工作进行监督和指导。

2. 归档范围

（1）结论类文件材料：审计报告(含审计提醒函或管理建议书)、被审计单位或被审计对象对审计报告的书面反馈意见、审计移送处理书、整改报告及附件等。

（2）证明类文件材料：被审计单位承诺书和汇报材料、审计工作底稿、审计证据等。

（3）立项类文件材料：审计通知书、审前调查任务分工表、审计查证任务分工表与审计事项有关的举报材料及领导批示等。

（4）备查类文件材料：审计工作廉洁执业责任书、审计人员廉洁纪律执行情况意见反馈表等。

与上述文件材料对应的电子文档应及时在中国石化审计管理信息系统进行上传、归档。

3. 归档时间及要求

各级审计部门应在次年 4 月底前将审计档案移交本单位档案部门，交接双方应办理档案移交手续并签字，相关要求与管理类档案相同。

（二）审计档案的整理

1. 分类

审计档案归属于管理类档案，其分类参照本单位管理类档案分类方案。

2. 组卷

（1）审计档案应在审计报告签发后 1 个月内完成立卷。1 个项目立一卷或者若干卷，每卷不得含 2 个及以上项目的文件材料。审计档案卷内文件目录式样见表 13-4。

（2）审计复议项目的文件材料由复议机构按复议项目单独立卷归档，并将审计复议项目的归档情况在被复议的审计项目案卷备考表(式样见表 13-5)中加以说明。归档内容包括被审计单位的复议申请，审计部门对复议申请的受理意见，复议方案，复议报告。

3. 排列

（1）审计档案卷内的文件材料按照结论类、证明类、立项类和备查类的顺序排列：

① 结论类文件材料，按逆审计程序、结合其重要程度排列。

② 证明类文件材料，按审计工作底稿及所附审计证据的顺序、结合其重要程度排列。

③ 立项类文件材料，按形成的时间顺序并结合其重要程度排列。

④ 备查类文件材料，按形成的时间顺序并结合其重要程度排列。

(2)档案内每份或每组材料之间按以下原则排列：

① 正件在前，附件在后。

② 定稿在前，修改稿在后。

③ 批复在前，请示在后。

④ 批示在前，报告在后。

⑤ 重要文件在前，次要文件在后。

⑥ 汇总文件在前，原始文件在后。

4. 确定保管期限

审计档案的保管期限分为永久和定期两种，定期分为30年和10年。特别重大的审计事项或第一次涉及的审计领域等具有突出代表意义的审计事项档案，保管期限为永久。重要审计事项、查考价值较大的档案，保管期限为30年。一般性审计事项的档案，保管期限为10年。

5. 确定密级

审计档案的密级按卷内文件的最高密级确定，卷内文件的密级由审计部门按规定作出标识。

表13-4　审计档案卷内目录式样

卷内文件目录

档号：　　　　　　　　　　　　　　　　　　　　类别：审计项目档案

序号	文号	责任者	题　　名	日期	页号	阶段名称	备注
1			整改报告及附件			结论类	
2			审计报告(签发稿)			结论类	
3			审计提醒函或管理建议书			结论类	
4			审计移送处理书			结论类	
5			被审计单位或被审计对象反馈意见			结论类	
6			审计报告(征求意见稿)			结论类	
7			审理意见书			结论类	
8			审计报告(送审稿)			结论类	

续表

序号	文号	责任者	题　　名	日期	页号	阶段名称	备注
9			审计工作底稿及附件			证明类	
10			被审计单位汇报材料			证明类	
11			被审计单位承诺书			证明类	
12			审前调查任务分工表			立项类	
13			审计查证任务分工表			立项类	
14			审计通知书			立项类	
15			与审计有关的举报材料及领导批示等			立项类	
16			其他备查资料			备查类	

表 13-5　审计档案备考表式样

备　考　表

档号：　　　　　　　　　　　　　　　　　　　　互见号：

审计项目名称： 说明：本卷共有　　　件　　　页。 立卷人： 年　　月　　日 检查人： 年　　月　　日

四、安全事故档案

安全事故档案是指安全(包括环境保护)事故报告、事故调查和处理过程中形成的具有保存价值的各种文字、图表、声像、电子信息等不同形式的历史记录。

（一）安全事故档案的收集

1. 责任分工

事故调查组应设专人收集、整理事故调查和处理期间形成的文字材料，并在事故调查结束后及时上报事故调查处理结果，并做好归档工作。

事故调查组成员应在所承担的工作结束后 10 日内，将工作中形成的事故调查文件材料收集齐全，移交事故调查组指定的专门负责人。负责事故处理的单位(部门)在事故处理结束后 30 日内，将事故调查过程中形成的所有文件材料整理完毕后向本单位档案部门归档。文件材料向档案部门归档时，交接双方应按照归档文件材料移交目录对全部文件材料进行清点、核对，对需要说明的事项应编写归档说明。归档手续及相关要求与管理类档案相同。

2. 归档文件的质量要求

纸质文件材料应齐全完整，字迹清晰，签认手续完备；数字照片应打印纸质拷贝；录音、录像文件(包括数字文件)、电子文件应按要求确保内容真实可靠、长期可读；纸质文件与其内容相一致的电子文件一并归档；物证材料与其说明文字一并归档。

3. 归档范围

（1）中国石化事故快报或中国石化备案事故快报。

（2）中国石化事故调查报告。

（3）中国石化“四不放过”登记表。

（4）事故调查报告及领导批示。

（5）事故调查组织工作的有关材料，包括事故调查组成立批准文件、内部分工、调查组成员名单及签字等。

（6）事故抢险救援报告、事故处置过程报告，包括现场抢险、现场处置、各方协调、舆情应对等。

（7）现场勘查报告及事故现场勘查材料，包括事故现场图、照片、录像，勘查过程中形成的其他材料等。

（8）事故技术分析、取证、鉴定等材料，包括技术鉴定报告，专家鉴定意见，设备、仪器等现场提取物的技术检测或鉴定报告以及物证材料或物证材料的影像材料，物证材料的事后处理情况报告等。

(9) 安全生产管理情况调查报告。

(10) 伤亡人员名单，尸检报告或死亡证明，受伤人员伤害程度鉴定或医疗证明。

(11) 调查取证、谈话、询问笔录等。

(12) 其他有关认定事故原因、管理责任的调查取证材料，包括事故责任单位营业执照及有关资质证书复印件、管理制度、作业规程等。

(13) 事故经济损失的材料。

(14) 事故调查组工作简报。

(15) 与事故调查工作有关的会议记录。

(16) 其他与事故调查有关的文件材料。

(17) 事故调查处理意见的请示(附事故调查报告)。

(18) 事故处理决定、批复或结案通知。

(19) 对事故责任认定和对责任人进行处理的相关单位的意见、函。

(20) 对事故责任单位和责任人的责任追究落实情况的文件材料。

(21) 其他与事故处理有关的文件材料。

(二) 安全事故档案的整理

安全事故档案属管理类档案。整理应以事故为单位进行分类组卷，组卷时应保持文件之间的有机联系。同一事故的非纸质载体文件材料应与纸质文件材料分别整理存放，并标注互见号。

安全事故档案的保管期限分为永久、30 年两种。

(1) 凡是造成人员死亡或重伤，或 1000 万元以上(含 1000 万元)直接经济损失的事故档案，列为永久保管。

(2) 未造成人员死亡或重伤，且直接经济损失在 1000 万元以下的事故档案，结案通知或处理决定以及事故责任追究落实情况的材料列为永久保管，其他材料列为 30 年保管。

五、职业卫生技术档案

职业卫生技术档案是指中国石化及各企事业单位、股份公司各分(子)公司在开展职业病防治过程中形成的具有保存价值的基础资料。

(一)职业卫生技术档案的收集

1. 责任分工

职业卫生技术文件资料由安全(职业卫生)管理部门指定专人负责收集、整理、立卷，移交本单位职业卫生技术档案的保管部门进行统一保管和提供利用。

2. 归档范围(见表13-6)

表13-6 职业卫生技术档案归档范围

序号	归档范围
1	职业卫生档案
1.1	职业卫生管理季度、年度统计报表
1.2	职业卫生技术服务机构资质材料
1.3	职业卫生管理网络
1.4	职业卫生工作计划、总结、会议记录等其他材料
1.5	放射防护档案：包括《辐射安全许可证》《单位营业执照》、放射工作单位基本情况、放射源登记表，射线装置登记表、放射源安装位置平面及周围环境示意图、放射防护情况、放射工作人员健康管理情况、放射防护规章制度、放射卫生监督档案
1.6	职业卫生法律、法规、标准，上级单位和本级单位制定的相关规章制度，与职业健康有关的事故应急预案
2	职业卫生教育培训档案
2.1	教育培训计划
2.2	教育培训组织部门形成的培训材料
3	职业健康监护档案
3.1	职工职业健康监护档案
3.1.1	职业健康检查表
3.1.2	职业健康检查结果及处理情况

续表

序号	归档范围
3.1.3	职业病诊疗相关材料
3.1.4	放射工作人员职业健康监护档案还应包括：个人剂量常规监测的方法、监测结果，应急或事故中受到照射的剂量和调查报告等相关材料，职业照射接触史，历次职业健康检查结果及评价处理意见，职业性放射性疾病诊疗、医学随访观察等材料
3.2	单位职业健康监护管理档案
3.2.1	职业健康检查年度计划
3.2.2	职业健康监护委托书
3.2.3	职业健康检查结果报告和评价报告
3.2.4	职业病人登记表
3.2.5	职业病患者和职业禁忌证者的处理记录
3.2.6	在职业健康监护中提供的其他材料和职业健康检查机构记录整理的相关材料
3.2.7	地方监督部门要求的其他材料
4	职业病防护用品档案
4.1	个体防护用品年度配备计划
4.2	用品发放明细表
5	建设项目职业卫生“三同时”档案
5.1	建设项目职业卫生“三同时”审查登记
5.2	建设项目批准文件
5.3	职业病危害预评价委托书与预评价报告及评审意见
5.4	建设项目职业病危害防护设施设计专篇及评审意见
5.5	职业病危害控制效果评价委托书与控制效果评价报告及评审意见
5.6	建设项目职业病危害防治法律责任承诺书
5.7	全套竣工图纸、验收报告、竣工总结、工程改建、扩建及维修、使用中变更的图纸及有关材料
6	职业病危害因素监测与检测评价档案
6.1	接触职业病危害因素汇总表
6.2	职业病危害因素检测评价合同书
6.3	职业病危害检测与评价报告书

(二) 职业卫生技术档案的整理

职业卫生技术档案属管理类档案，整理要求参照管理类档案。

职业卫生技术档案按其种类组卷，按件装入盒内。其中，职工职业健康监护档案以人员为单位整理。

六、证照档案

证照档案是指能够表明经行政机关审批或认可、已获得从事特定活动资质的书面凭证，包括各种形式的证照等。

（一）证照档案的收集

1. 责任分工

证照档案实行分层级、分环节和在线管理原则。证照主管部门负责完成证照的申办、年检、变更、注销、使用和归档工作。档案部门负责履行接收、保管、查借阅登记等工作。

2. 归档范围(见表 13-7)

表 13-7　证照档案归档范围

序号	归 档 范 围
1	经营资质类证照
1.1	营业执照
1.2	成品油批发(仓储、零售)经营批准证书
1.3	危险化学品经营许可证
1.4	燃气许可证
1.5	食品经营许可证
1.6	烟草专卖许可证
1.7	铁路专用线与国铁接轨许可证
1.8	危险货物港口作业许可证
1.9	道路运输经营许可证
1.10	船舶营运运输证
1.11	港口岸线使用许可证
1.12	排放污染物许可证
2	技术资质类证照

续表

序号	归档范围
2.1	消防设计审核意见书
2.2	消防验收意见书
2.3	环境测评报告
2.4	防雷装置验收合格证
2.5	计量检定合格证
2.6	易燃易爆化学品消防安全许可证
2.7	压力容器使用许可证
2.8	码头危险货物装卸作业许可证
2.9	排水许可证
3	权属权利类证照
3.1	国有产权登记证
3.2	房产证
3.3	土地证
3.4	商标证
3.5	专利证
3.6	车辆登记证
3.7	船舶所有权证

3. 收集要求

各单位在生产经营活动中申办的各类证照，按照“应收尽收”原则，凡是申办的证照一律移交本单位档案部门统一保管。

（二）证照档案的整理

1. 整理原则

按照《企业档案分类规则》（Q/SH 0760），证照档案宜归属于其他档案类，可作为其他档案类的一个二级类目。

证照档案采取一证一件，按件整理的方法。整理方法参照管理类档案。

2. 证照档案的整理要求

（1）证照换证、变更、注销的过程文件，按一证一件装订。

（2）档号的编写位置为证照背面“右上角”，直接手写或粘贴“口取纸”后手写(严禁在证照有效页正面书写档号)。

(3) 证照注销或变更(如两证变一证)的，原件借出前须复印，复印件前附注销依据性文件材料或业务部门注销说明(部门领导签字并加盖公章)，此件作为证照档案保存，档号为注销证照原档号，并在档案系统目录题名中注明“已于××××年××月注销”字样。

(4) 证照年检或换证的，原件借出前须复印，复印件用原档号，新证给新档号。

第三篇

管理篇

第十四章 档案安全工作

档案安全是档案工作的底线，档案部门和档案人员要重视档案安全工作，坚持安全第一、预防为主，完善档案安全管理制度，落实档案安全工作责任，健全人防、物防、技防相结合的档案安全防范体系，加强档案应急管理体系建设；要充分运用现代科技手段，不断提高化解风险、防范事故和应急处置的能力，确保档案馆库、档案实体和档案信息安全。

一、档案馆库安全

（一）档案馆库选址与建筑

档案馆库建设应遵循“适用、经济、节能环保、美观”的原则，设计符合安全、卫生等要求，满足实际功能需要。

1. 馆库选址

档案馆库选址应同时满足下列规定：

（1）档案馆库要选择地势较高、场地干燥、排水通畅、空气流通、交通便利且相对安静的地段。

（2）周边 150m 内不能有甲、乙、丙类液体储罐区，可燃、助燃气体罐区，可燃材料堆场、输气（油）管道及大型液化气石油气储罐区等。

（3）无架空高压线穿过，库房与架空电力线的水平距离大于电杆（塔）高度 1.5 倍，35kV 以上架空电力线最近水平距离大于 40m。

（4）远离有滑坡、崩塌、泥石流、岩溶塌陷、地裂缝、地面沉降等地质灾害风险的地段。

（5）特级、甲级档案馆的抗震设计应严格按照《建筑工程抗震设防分类标准》（GB 50223）的要求执行；位于地震基本烈度七度及以上地区的乙级档案馆应按基本烈度设防，地震基本烈度六度地区重要城市的乙级档案馆可根据实际情况按七度设防。

（6）80m 以内不能有地铁、大型人防工程等城市地下空间建设项目。

2. 馆库建筑设计及功能布局

新建、改建档案馆应符合《档案馆建筑设计规范》《档案馆建设标准》。档案馆原则上应独立建筑，如确需与办公楼等其他工程合建时，应独享楼层，且按档案库房设计规范进行设计建设。

档案库房应集中布置、自成一区，避免与其他功能区相互交叉，满足档案保管安全、使用方便的要求。档案库房的面积按容纳现存及今后 30 年应进馆档案资料所需空间为宜。档案库可包括纸质档案库、声像档案库、实物档案库、图书资料库、涉密档案库、其他特殊载体档案库等，并应根据档案馆的等级、规模和实际需要选择设置或合并设置。档案库区或档案库入口处应设缓冲间，其面积不应小于 $6m^2$；当设专用封闭外廊时，可不再设缓冲间。每个档案库应设两个独立的出入口，且不宜采用串通或套间布置方式。档案库净高不应低于 2.60m；档案库楼面均布活荷载标准值不应小于 $5kN/m^2$，采用密集架时不应小于 $12kN/m^2$。

对外服务用房主要有服务大厅（含门厅、寄存处等）、展览厅、报告厅、接待室、查阅登记室、目录室、开放档案阅览室、未开放档案阅览室、缩微阅览室、音像档案阅览室、电子档案阅览室、对外利用复印室和利用者休息室、饮水处、公共卫生间等。

档案业务和技术用房主要有中心控制室、接收档案用房、整理编目用房、保护技术用房、杀菌消毒室、数字化加工室、除尘室、音像档案技术用房、信息化技术及翻拍洗印用房、缩微技术用房等。

办公用房及附属用房包括档案工作人员的办公用房及车房、卫生间、变配电室、水泵房、电梯机房、空调机房、通信机房、消防用房等。

上述各类用房设置要满足功能合理、流程便捷、内外相互联系又有所分割且无交叉的要求，各类用房之间传送档案不能有露天通道。

（二）档案设施设备

1. 档案装具

档案装具是存储档案的专用设备，档案馆(室)应按照安全、合理、有效、实用、节俭的原则配置档案装具。

档案装具分为柜装具类(包括案卷柜、底图柜、卡片柜、磁带柜、保密柜等)、架装具类(包括密集架、固定架等)、其他装具类(包括档案卷盒、卷夹、卷皮等)。

一般而言，封闭式的柜架比敞开式的柜架更有利于对档案的保护，而金属制成的柜架箱更有利于防火。为充分利用库房空间，节省库房建筑费用，推广使用手动或电动的轨道式金属密集架，该架防火、防光、防尘，平时合为一体、用时可打开，能节省近三分之二的库房面积。

档案柜、架应按照《档案装具》《直列式档案密集架》等标准执行。安装密集架对地面的承重能力有较高要求，若在一层的房间内安装，需要对地面进行特别处理，防止因地面沉降引起密集架轨道变形，导致移动困难或无法移动；若在二层以上的房间内安装，楼板承重力不应少于 $12kN/m^2$。档案装具在库房中的排放方式应考虑方便管理和充分利用库房空间等因素。库房内档案装具布置应成行地垂直于有窗的墙面，档案装具间的通道应与外墙采光窗相对应，当无窗时，应与管道通风孔开口方向相对应。档案装具排列的各部分尺寸应符合以下要求：主通道净宽不应小于 1.2m，两行档案装具间净宽不应小于 0.8m，档案装具端部与墙的净距离不应小于 0.6m，档案装具背部与墙的净距离不应小于 0.1m。固定架、密集架、案卷柜每层隔板的承重不得低于 40kg。

库房内装具的编号一般为：库号—列号(排号)—柜架号—格层号(箱号)。其号码宜用阿拉伯数字。

档案卷盒、卷夹、卷皮等装具应符合《无酸档案卷皮卷盒用纸及纸板》

(DA/T 24)采用无酸纸和无酸纸板制作，具体样式可参照《归档文件整理规则》《科学技术档案案卷构成的一般要求》《会计档案案卷格式》等标准执行。用于档案封存的档案装具，应选用无酸且阻燃的纸箱或档案多节柜，遇到紧急情况时便于转移。

2. 防尘、防污染、防有害生物、防光等设备设施

档案用房应减少灰尘和有害气体对档案及技术处理过程的影响，要求档案用房地面应平整、光洁耐磨，易于清扫；档案库内部装修、档案装具和固定家具等要表面平整、构造简洁，并选用环保材料；门窗密封效果良好。档案用房如有管道，管道穿过墙壁或楼、地面处均应使用不燃材料填塞密实，其他墙身孔洞也应采取防护措施，底层地面应采用坚实地坪；库房门与地面的缝隙不得大于 5mm，且宜采用金属门或防火门；外窗的开启扇应设纱窗。档案库房周围的空地应植树种草，搞好绿化，减少污染。

定期对库房进行检查，排查隐患，采取抽样方法检查档案材料，发现霉变、虫害及时使用专业设备进行消毒杀菌。建议选用物理消杀的消毒灭菌设备，例如冷冻杀虫设备、真空充氮杀虫灭菌消毒设备等。库房内根据实际需要放置并定期更换档案防虫防霉药(建议使用中草药制成的防霉药)。

档案库房不宜采用自然光源，有外窗时应有窗帘、窗板等遮光措施，在任何情况下均应避免阳光直射；档案库、档案阅览、展览厅及其他技术用房的人工照明应选用紫外线含量低的光源，如选用白炽灯、LED 灯等照明，避免紫外线对档案、资料的损害；档案在展出、阅览或技术处理时，暴露在灯光下的时间长，更应采取保护措施。

3. 采暖通风和空气调节设施设备

档案库房应配备温湿度控制系统或设备，控制纸质档案库房温度在 14~24℃(一天波动不超过 2℃)、湿度控制在 45%~60%(一天波动不超过 5%)；特殊载体的档案库房温湿度控制更严；对外服务用房、技术用房等一般控制在 18~28℃，40%~60%。温湿度控制设备应定期检修、保养；推荐使用具有自动记录功能的温湿度记录仪表，自动定时记录、保存，并应按设备要求定期校验。

库房不宜安装水(气)暖，上下水管道禁止通过库房。有条件的档案库房可安装漏水探测系统，实时监控库房漏水情况。

4. 消防设施设备

档案库房均应配备火灾自动报警系统，并采用相应的灭火系统。特大型、大型企业档案馆库应设气体灭火系统或细水雾灭火系统等自动灭火装置，小型企业档案库应配置适于扑救档案火灾的灭火器。《档案馆防治灾害工作指南》推荐使用气体灭火器(如二氧化碳灭火器等)。

档案库区应安全使用电器设备，定期检查电器线路。库区应避免使用插排作为延长电源。库区内严禁使用明火装置和电炉，严禁存放易燃易爆、腐蚀和挥发性物品。

5. 安防设施设备

档案馆(室)建筑的外门及首层外窗均应有可靠的安全防护设施，有条件的应设置入侵报警(红外线防盗探头、超声波防盗探头、红外线超声波双监探头等)、视频监控、出入口控制、电子巡查等安全防范系统。

档案库区出入口、档案整理及数字化用房、档案借查阅用房等重点防护部位须安装视频监控设施。视频监控影像至少保存 3 个月，档案整理及数字化工作场所的影像资料至少保存 6 个月。重要的电子档案保管场所和利用场所应满足安全屏蔽要求，保障重要电子档案的保密安全。

(三) 档案馆库日常管理

档案用房不得存放与档案管理工作无关的物品，各柜架要做好标识；做好每天 2 次的档案库房温湿度记录(手工记录表见表 14-1)，及时启用调温调湿设备，确保温湿度合格；定期(一般每月 2 次)开展档案库房安全检查，填写库房检查记录(见表 14-2)。也可以将库房温湿度记录与库房检查记录合成一个表记录(见表 14-3)。

表 14-1　档案库房温湿度记录表(式样)

库房名称							年　　月			20　年　　月	
日期	时间	温度	湿度	设备投用	记录人	日期	时间	温度	湿度	设备投用	记录人
1				□调温□调湿		17				□调温□调湿	
				□调温□调湿						□调温□调湿	
2				□调温□调湿		18				□调温□调湿	
				□调温□调湿						□调温□调湿	
3				□调温□调湿		19				□调温□调湿	
				□调温□调湿						□调温□调湿	
4				□调温□调湿		20				□调温□调湿	
				□调温□调湿						□调温□调湿	
5				□调温□调湿		21				□调温□调湿	
				□调温□调湿						□调温□调湿	
6				□调温□调湿		22				□调温□调湿	
				□调温□调湿						□调温□调湿	
7				□调温□调湿		23				□调温□调湿	
				□调温□调湿						□调温□调湿	
8				□调温□调湿		24				□调温□调湿	
				□调温□调湿						□调温□调湿	
9				□调温□调湿		25				□调温□调湿	
				□调温□调湿						□调温□调湿	
10				□调温□调湿		26				□调温□调湿	
				□调温□调湿						□调温□调湿	
11				□调温□调湿		27				□调温□调湿	
				□调温□调湿						□调温□调湿	
12				□调温□调湿		28				□调温□调湿	
				□调温□调湿						□调温□调湿	
13				□调温□调湿		29				□调温□调湿	
				□调温□调湿						□调温□调湿	
14				□调温□调湿		30				□调温□调湿	
				□调温□调湿						□调温□调湿	
15				□调温□调湿		31				□调温□调湿	
				□调温□调湿						□调温□调湿	
16				□调温□调湿		本月	最高温度	最低温度	最高湿度	最低湿度	
				□调温□调湿							

注：工作日上、下午各进行一次温湿度登记，如发现温湿度超标或可能超标时，需启用调温、调湿设备。

表 14-2　档案库房检查记录表(式样)

检查人员							检查时间			20　年　月　日
库房名称	空调机组完好	消防器材完好	门禁完好	门窗完好	照明完好	柜架完好	卫生整洁	无虫害发生	专柜上锁	异常处理情况

表 14-3　档案库房安全巡查记录表(式样)

库房号：

巡查人		巡 查 时 间				库房温湿度			
		年　月　日		时　　分		温度	℃	湿度	%
				时　　分		温度	℃	湿度	%
门窗		环境卫生		电气线路		档案柜架		防虫害措施	
发现问题及处理措施：									

节假日期间库房无人值守时，应对档案库房开展安全检查后进行封闭处理，库房封库、启用要登记时间及责任人等信息；档案库房实行专人负责，涉密、特藏档案库房应双人出入，对于非档案管理人员进入档案库房必须进行登记(登记表式样见表 14-4)，且在档案库房管理人员陪同下方可进入。

表 14-4　档案库房非常规出入记录表(式样)

库房名称：

日期	入库人员签名	入/出库时间	事由	审批人	备注

注：本表仅登记非档案管理人员出入库房情况，该类人员出入库须经审批并有档案人员陪同。

二、档案实体安全

（一）档案保管

档案工作人员应区别不同档案载体，使用不同的设备和装具，采取适当的措施和方法，妥善保存档案。档案安全保管措施主要包括：

（1）档案登记台账完整、准确，做到账物相符。

（2）档案目录编制要完整准确。

（3）档案全部上架保管，且有序排列、存放位置索引准确。

（4）不同载体档案要满足不同保管要求。

（5）特藏档案集中存放在特藏库内。

（6）重要档案原件数字化后实施特殊保护，并封存管理。数字化产品代替原件提供利用，减少对库存档案的调阅次数和复印次数，降低库存档案的老化速度，确保档案原件安全。

（7）对库藏档案定期开展档案清查盘点，并制定明确的档案缺失处置办法。

（二）档案流转

1. 档案接收

档案移交、接收手续完备，入库档案目录与数量相符，密级登记准确，且经过必要的杀虫灭菌除尘处置。

2. 档案出入库

档案出库、入库手续完备，数量准确，明确出入库责任单位及责任人，且建立档案出入库登记台账。原件一般不外借，确需借阅的，应限时归还或由档案人员陪同。需要移交出去(不归还)的且无副本的档案，应制作副本后再办理档案移交手续。

3. 档案利用

档案利用应严格执行档案借查阅规定，档案部门应通过在阅览室安装监控系统、严格档案交接审查等形式，加强利用过程中安全监护，确保档案安全。

4. 档案销毁

档案销毁必须严格执行档案鉴定、销毁制度。具体要求见本书第十六章。

（三）档案抢救与保护

纸质档案在保存和使用中有时会出现破损现象，档案部门应及时采取抢救和保护措施。

1. 调查分析

档案部门应按照《档案抢救与修复相关规范第 2 部分：纸质档案保存状况的调查方法》及时制定档案保存现状调查表和档案保存环境调查表，采取普查、抽样调查、重点调查等方式，了解和掌握所藏档案保存现状、破损程度、馆库条件等，建立档案保存信息数据库，以便有重点、有针对性地开展档案保护与抢救工作。

2. 分类定级

在调查分析的基础上，根据《档案抢救与修复相关规范第 1 部分：纸质档案破损等级的划分》标准对破损的纸质档案进行分类并合理定级。档案抢救破损等级分为 4 级：特残破损、严重破损、中度破损、轻度破损。

3. 实施抢救

根据不同的破损等级，以保持档案原貌、最大限度延长档案寿命为目标，制定修复保护计划，按照《档案抢救与修复相关规范第 3 部分：档案抢救修复技术质量要求》，采取去酸、去污、字迹加固、恢复以及修裱等档案抢救修复技术，确保档案修复质量。

三、档案信息安全

（一）系统安全

1. 机房安全

主机房应达到《数据中心设计规范》或《数字档案馆系统测试办法》的相关要求。原则上，档案管理系统服务器应集中存放于企业信息机房并由信息部门统一管理。

2. 网络安全

局域网应配备必要的防火墙、路由扫描、入侵检测、安全审计等网络安全设施。

3. 设备安全

设备采购和使用应符合国家的相关规定，并通过相关验收，且不得超期使用。

4. 软件安全

基础软件应使用正版软件，档案管理系统原则上使用中国石化档案管理系统，采用其他系统的应通过有相关资质的机构组织的测试和验收并具备身份认证、权限设置、日志记录与操作审计等功能。

5. 运行安全

系统运行稳定、可靠，日志记录完整规范；安全管理制度和措施落实到位；管理权限划分清晰、责任明确。

（二）数据安全

1. 数据管理

接收环节对数据的“四性”（真实性、完整性、可用性与安全性）进行检测；数据资源按照收、管、存、用不同业务环境划分安全域并实施边界控制管理；采用技术手段防止数据资源被篡改和丢失；数据资源登记完整、统计准确。

2. 数据保存与备份

按照长期保存要求实施档案信息资源文件格式转换；实施本地在线、近线、离线备份及异地备份；对数据载体进行定期检测，发现问题及时整改；定期实施备份数据恢复演练且达到应有效果。

3. 档案数字化加工

采取科学有效的安全管理措施，应用确保档案安全的技术手段，建立权责明确覆盖全过程的岗位责任制，对全过程实行严格监督和管理，确保档案实体与信息安全。

四、档案安全保障机制

（一）组织保障

建立档案安全工作领导机构，成立消防抢险、保密工作、信息安全等档案安全工作队伍，档案安全工作人员需经过相关安全培训。严格落实档案安全领导机构和安全队伍的工作职责，建立档案安全工作日常检查和定期考核评价机制。

（二）制度保障

要不断完善和细化档案标准规范和技术要求，做到标准统一、要求明确、制度之间协调一致。要及时修订和完善档案收集、保管、开放、利用等基本制度，及时查漏补缺，彻底消除制度缺陷。要根据情况不断修订完善档案安全管理制度，建立健全档案安全工作责任制，签订档案安全岗位责任书并定期检查档案安全工作责任落实情况，不定期开展安全检查与安全隐患排查及处置。

（三）应急措施

制定火灾、水灾、地震等重大灾害造成档案损毁、数据灭失等重大事故突发事件应急预案，把档案馆(室)列入重点保护范围，定期开展应急演练，检查人员、装备、技术等应急应对能力，确保档案安全受到威胁时得到优先抢救和妥善处置。

应急预案内容应包括：编制和实施预案的有关危机情况和背景；应急处置工作的目标、要求和具体措施；应急指挥机构的建立及其人员组成，应急处置工作队伍的数量、分工、联络方式、职能及调用方案；有关协调机构、咨询机构及能够提供援助的机构、人员及其联系方式；抢救档案的顺序及其具体位置，库房常用及备用钥匙、重要检索工具的位置和管理人员；档案库房所在建筑供水、供电开关及档案库区、重点部位的位置等；其他预防突发事件、救灾应注意事项。

（四）宣传培训

积极开展档案安全文化建设，积极参加档案安全相关的专业培训，定期组织档案安全知识及岗位操作技能的教育培训工作。要建立档案安全宣传制度，运用电视、报刊、互联网、手机公众号等多种形式普及档案安全意识，加大对档案安全的宣传力度，引导员工正确认识和理解档案安全工作的重要作用。

五、档案保密工作

凡内容涉及国家秘密、中国石化商业秘密、工作秘密的档案，作为涉密档案管理。涉密档案实行专人、专库、专柜、专用信息设备管理。保存涉密档案的库房应纳入单位保密要害(重点)部位管理，保管涉密档案的人员应纳入保密重点岗位人员管理。

（一）涉密档案管理人员要求

涉密档案管理人员应具有中华人民共和国国籍；忠于祖国，遵纪守法，拥护《中华人民共和国宪法》；作风正派，品行端正，诚实可靠，责任感强，社会关系清楚；具备胜任涉密岗位要求的业务素质和工作能力；原则上应为中国共产党党员，配偶不得为非中国公民。

档案部门拟定的涉密档案管理人员，由组织人事部门审查后，报同级保密委员会审批。经批准的涉密档案管理人员，填写《中国石化涉密岗位及人员登记表》报单位保密委员会办公室备案；签订《中国石化涉密人员保密承诺书（适用在岗人员）》，接受上岗前保密教育、在岗保密教育、离岗离职前保密教育。涉密档案管理人员因公、因私出国（境），应按照人事隶属关系和干部管理权限履行审批手续。涉密档案管理人员离岗离职，应清退涉密纸质载体、涉密电子文件、涉密信息设备等所有涉密载体，并填写《涉密载体清退登记表》。同时，取消涉密信息系统账户访问权限和涉密场所出入权限。组织人事部门应与其签订《中国石化涉密人员保密承诺书（适用离岗离职人员）》，并实行脱密期管理。

（二）涉密档案标识要求

国家秘密标识形式：“密级★保密期限”“密级★解密时间”或者“密级★解密条件”。如“机密★5 年”“秘密★2021 年 12 月 1 日”“秘密★考试结束”。

商业秘密标识形式：核心商密为“商密▲▲”，普通商密为“商密▲”。标识前为权属单位简称、标识后为保密期限、解密时间或解密条件。字体字号规范为 3 号黑体字。如中国石化核心商业秘密保期 2 年，标识为“中国石化商密▲▲2 年”；中国石化普通商业秘密 3 年，标识为“中国石化商密▲3 年”。

工作秘密的标识形式：“内部资料”。标识前为权属单位规范简称，标识后为保密期限、解密时间或解密条件。字体字号规范为 3 号黑体字。如“中国石化内部资料 1 年”“中国石化内部资料 2022 年 2 月 8 日”或者“中国石化内部资料公开后。”

纸质档案在档案盒（皮）封面和首页左上角作出相应的密级标识。非纸质档案以能够明显识别的方式作出标识。凡有包装（套、盒、袋等）的载体，以恰当的方式在包装上作出标识。电子文件要在文件名称、文件正文及文件所在文件夹同时作出标识。

（三）涉密档案的密级变更和解密

涉密档案的密级变更和解密由原定密单位负责，档案人员不得擅自解除档案的密级、保密期限和知悉范围。

涉密档案的密级、保密期限变更后，应当在原标明位置附近作出新标识，并在原标识正中加盖“注销印章”；保密期限内解密的，在原标识右下角加盖“解密”印章。注销印章外框为25mm（宽）×10mm（高），框内为3条等宽距离的1mm深蓝色横杠。解密印章无外框，字体为6mm（字宽）×7mm（字高）的深蓝色2号加粗宋体。注销印章及解密印章的式样见图14-1。

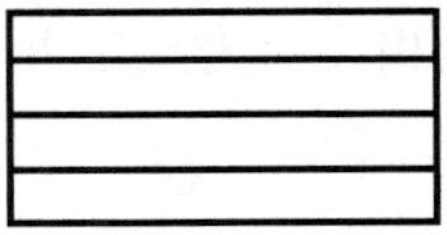

图14-1(a)　注销印章式样

解密

图14-1(b)　解密印章式样

（四）涉密档案保管要求

（1）涉密档案库房应配备保险柜、防盗门窗、视频监控系统等人防、技防、物防安全措施。

（2）涉密档案库房及装具实行专人管理，严禁无关人员进入涉密档案库房。

（3）绝密级档案应放置在保险柜内。

（4）严禁将涉及国家秘密和中国石化核心商业秘密的档案外包或委托社会中介机构保管。

（5）国家秘密、中国石化核心商业秘密的档案目录和电子文件严禁录入档案管理系统。

（五）涉密档案利用管理要求

（1）借阅涉密档案必须履行审批手续。

（2）档案人员应严格按照批准的范围提供涉密档案。

（3）阅读和使用档案，应当在符合保密要求的办公场所进行，并做到档案管理人员和阅读人员“双见面”。

（4）复制本单位产生的涉密档案，应经过本单位主要负责人批准，履行登记手续，复制件加盖复制单位的戳记，并视同原件管理，不得改变其密级、保密期限和知悉范围。复制非本单位产生的涉密档案，要经密级确定机关、单位或其上级机关批准，并按规定程序进行备案。绝密级档案严禁复制。

（5）汇编涉密档案时，应当经原制发机关、单位批准，不得改变原件的密级、保密期限和知悉范围。

（6）因工作需要携带涉密档案外出时，应当采取保护措施，使涉密档案始终处于携带人的有效控制之下。携带绝密级档案，应当经单位主管领导批准，并有2人以上同行，专车护送。禁止将绝密级档案携带出境。因工作需要携带机密级、秘密级档案出境时，应当按照相关保密规定办理批准和携带手续。

（六）信息设备保密管理

档案部门使用的计算机、打印机、扫描仪、复印机等信息设备，应遵守“上网不涉密、涉密不上网、电脑不混用、U盘不乱插”的原则。

1. 涉密信息设备保密管理

（1）涉密计算机等信息设备应严格按照国家保密标准，统一采购、登记、标识、配备，明确设备管理人，并登记在册。

（2）涉密计算机必须实行物理隔离，安装必要的安全防护软件，配备专用的打印机和刻录光驱。严禁连接互联网及其他公共信息网络，严禁使用网卡、无线鼠标、无线键盘、U盘接口、蓝牙等设备。

（3）涉密计算机应按要求设置并定期更新开机和屏保口令，口令应由大小写英文字母和阿拉伯数字组成，不少于8位字符；更换周期不超过1个月。在操作使用涉密计算机临时离开时，须锁定系统或启用设置密码口令的屏保，使用完毕后必须关闭计算机。

（4）涉密计算机及其专用打印机的标识(见图 14-2)，应粘贴在设备的显著位置。

编号:×××	密级:××级
责任部门:	
责任人:	

图 14-2 涉密设备标识

（5）非涉密计算机与涉密计算机之间的信息交换，采取光盘刻录单向导入的方式进行。存储涉密信息的光盘要严格登记管理。

（6）涉密复印机应符合保密安全要求，禁止使用网络和无线互联功能。

（7）涉密信息设备维修原则上应在本单位内部进行，确需送到外部维修的，应送到保密部门指定的维修点进行，不得擅自将涉密信息设备交由无涉密维修资质的单位或人员维修。在单位内部维修时，应由专人全程监督，严禁维修人员读取或复制内部信息。

（8）淘汰、报废涉密信息设备，应严格履行清点、登记手续，交由保密部门或其指定单位处置，严禁将未经安全技术处理的退出使用的涉密信息设备赠送、出售、丢弃或者改作其他用途。

2. 非涉密信息设备管理

（1）严禁使用非涉密计算机存储、处理、传输国家秘密和核心商业秘密信息。

（2）非涉密计算机存储普通商业秘密和工作秘密时，应采取文件夹和文件双重加密的方式进行。

（3）连接互联网的办公计算机应当安装中国石化统一防病毒和终端安全管理软件，用户账号应定期更换密码。

（4）不使用来源不明的移动存储介质，存储、处理、传输工作信息。

（5）在非涉密计算机的显著位置上粘贴保密提示语(见图 14-3)。

非涉密计算机严禁处理国家秘密和中国石化核心商业秘密信息

图 14-3 非涉密计算机提示语

第十五章 档案统计工作

一、档案统计工作的基本要求

档案部门应建立健全档案统计制度和统计台账，明确统计内容、统计要求和统计数据分析要求，保持档案统计工作的连续性，并及时、准确地填报档案工作年报及有关统计报表，确保统计内容准确、全面。

二、档案工作统计台账

各单位档案部门一般应建立库藏档案资料统计台账(见表 15-1)、档案数据库统计台账(见表 15-2)、档案资料利用统计台账(见表 15-3)、档案管理基础设施统计表(见表 15-4)、专(兼)职档案人员统计表(见表 15-5)。各单位也可以结合单位实际分门类、分年度建立档案台账(见表 15-6、表 15-7)。

表 15-1 ________档案统计台账 保管单位________

档案归档单位	所属年度或类别	档案收入					档案移出(包括销毁)					现存档案数量		备注
		日期	数量		移交人	接收人	日期	原因	经办人	数量		卷件盘张	米	
			卷件盘张	米						卷件盘张	米			

表 15-2(a) ________档案目录数据库统计台账

全宗名称	档案类别	所属年度	条目增加			条目缩减				条目数累计		备注
			日期	案卷级（条）	文件级（条）	日期	原因	案卷级（条）	文件级（条）	案卷级（条）	文件级（条）	

表 15-2(b) ________档案全文数据库统计台账

全宗名称	档案类别	所属年度	全文增加			全文缩减				累计		备注
			日期	件	MB	日期	原因	件	MB	件	MB	

表 15-3 ________年档案资料利用情况统计表

月份	利用人次	利用卷次	利用件次	工作查考			其他			统计日期
				人次	卷次	件次	人次	卷次	件次	
1										
2										
3										
4										
5										
6										
7										
8										
9										
10										
11										
12										
合计										

统计人： 审核人：

表 15-4 ××××年度档案管理基础设施统计表

项　目		单位	本年新增	截至本年
馆室面积	总面积	平方米		
	库房面积	平方米		
	陈列室面积	平方米		

续表

项目		单位	本年新增	截至本年
档案装具	档案柜	套		
	密集架	节		
	底图柜	套		
	其他			
技术设备	计算机	台		
	打印机	台		
	扫描仪	台		
	光盘刻录仪	台		
	复印机	台		
	服务器	台		
	摄像机	台		
	照相机	台		
	空调机(分散式)	台		
	中央空调	套		
	去湿机	台		
	加湿机	台		
	火灾自动报警系统	套		
	气体灭火系统	套		
	细水雾灭火系统	套		
	灭火器	个		
	视频监控系统	套		
	温湿度控制系统	套		
	物理方法消毒设备	台		
	化学方法消毒设备	套		
	其他			
其他设备				

表 15-5　专(兼)职档案人员基本情况统计表

单位：　　　　　　　　　　　　　　　　　　　　　　　　　　　制表时间：

姓名	性别	出生时间	文化程度	毕业时间	毕业院校	所学专业	参加工作时间	从事档案工作时间	技术职称	资格时间	政治面貌	职务/岗位	本年度接受档案业务在职培训教育情况

表 15-6　××××年管理类档案工作统计表

指标 月份	档案收集	档案接收				档案整理			档案利用					挂接量			
	文件材料	纸质档案		电子档案		新归档文件材料		原库存档案	查阅		借阅		主动服务	文件级目录挂接量	原文件接量		
	件	件	卷	件	GB	件	卷	卷	人次	件次	人次	件次	次	条	件	幅	GB
1																	
2																	
3																	
4																	
5																	
6																	
7																	
8																	
9																	
10																	
11																	
12																	

表 15-7　××××年基建档案工作统计表

指标 / 月份	档案收集（前期、后期文件）	档案接收（施工、监理、竣工图、设备）		档案整理		入库量		档案利用					挂接量				
	新文件材料	纸质档案正本	纸质档案副本	文件材料组卷	原库存档案	基建档案（正本）	基建档案（副本）	查阅		借阅		主动服务	案卷级目录挂接量	文件级目录挂接量	原文挂接量		
	件	卷	卷	卷	卷	卷	卷	人次	卷次	人次	卷次	次	条	条	卷	幅	GB
1																	
2																	
3																	
4																	
5																	
6																	
7																	
8																	
9																	
10																	
11																	
12																	

三、档案工作统计单位

（1）以案卷为基本保管单位管理的纸质档案按“卷”统计，以件为基本保管单位管理的纸质档案按“件”统计。

（2）照片档案按“张”统计，与其他档案一起立卷保管的照片档案不统计入照片档案内。

（3）底图按“自然张”统计，包括硬底图、透明纸底图、聚乙酯薄膜底图、胶片底图等。

（4）录音带、录像带按“盘”统计。

（5）电子档案的磁带按“盘”统计，磁盘、光盘按“张”统计。

（6）锦旗、奖杯、奖牌、奖章、奖状、证书、印章等实物按“件”统计。

（7）“档案排架长度”，指档案叠放排列的厚度总和，按“米”统计，保留两位小数。

（8）室存资料按“册”统计，合订的报纸、期刊每合订本按1“册”统计。

（9）装订成册的手工档案目录按“本”统计。卡片式档案目录按“张”统计。

（10）档案目录数据库按“条”统计。档案全文数据库按“件”和“MB”统计。

（11）利用档案按“人次”“卷次”或“件次”统计。一个利用者查档时间在一天以内的，按1人次计算。一个利用者连续若干天查档，每来1天按1人次计算；一个利用者将档案借走若干天，按1人次计算。利用以案卷为保管单位的档案，按“卷次”统计。利用以件为保管单位的档案按“件次”统计。一个利用者上、下午利用同一卷（件）档案，按1卷（件）次计算；一个利用者连续若干天利用同一卷（件）档案，每用1天按1卷（件）次计算；一卷（件）档案外借若干天，按1卷（件）次计算。录音、录像、电子档案、照片、底图、实物等档案的利用数量，均计入“利用件次”中。每利用一个保管单位的上述各类档案，按1件次统计。

（12）档案编研资料按“种”和“万字”统计。

(13)“档案室总建筑面积”“档案库房建筑面积”按“平方米”统计。档案室总建筑面积，使用独立建筑的档案室按建筑总面积计算，与其他部门共用一栋建筑的只计算档案室各种用房面积，不包括公共使用部分。档案库房建筑面积，指存放档案资料房间的建筑面积，不包括其他辅助用房。

四、档案统计年报的编制与报送

各单位每年应向中国石化集团公司综合管理部文件档案室上报《档案室基本情况表》(见附录15-1)，在国家档案局登记的档案馆还应上报档案馆统计年报(见附录15-2)。

(一) 报送时间

一般在2月底前完成上一年度档案统计报表的报送。

(二) 报送要求

(1) 各单位登录中国石化档案统计网站(http：//10.246.102.181：8088)，按照网站右上方的《用户手册》要求填写各项数据。

(2) 各单位不再邮寄纸质版档案统计年报。年报的封面需经单位负责人签字并加盖公章后，扫描生成电子版发送至集团公司综合管理部联系人邮箱。

(3) 档案实施分级管理的单位，各分支机构档案部门可登录中国石化档案统计年报网站填报。各单位审核汇总后向集团公司综合管理部提交。

(4) 在总部1号楼办公且档案移交综合管理部统一管理的单位，无须填报档案统计年报。

五、中国石化地质资料管理年报的编制与上报

中国石化各油气田分公司、各上游研究院每年应向股份公司上报地质资料管理工作年报(以下简称“年报”)。

年报报送采取电子、纸质及网上管理系统同步报送方式。各基层馆藏机

构应于次年 1 月 15 日前将年报电子版和纸质版报送至本分公司地质资料中心（馆）。各分公司应于次年 1 月 31 日前，将分公司年报电子版和纸质版报送至股份公司地质资料中心，同时登录股份公司地质资料信息门户网站，完成网上管理系统年报内容的填制。

中国石化地质资料管理工作年报分三级进行编报，即股份公司年报、分公司年报、馆藏机构年报。股份公司年报包括年度地质资料管理工作总结、年度地质资料统计年报汇总表。分公司年报应包括年度地质资料管理工作总结、年度地质资料统计年报汇总表、附录三部分。附录为本单位所属各基层馆藏机构年度地质资料统计年表基本表。基层馆藏机构年报应包括年度地质资料管理工作总结、年度地质资料统计年报基本表两部分。

股份公司每年开展一次年报评比活动。评比范围包括分公司年报和基层馆藏机构年报。各分公司每年推荐本单位基层馆藏机构年报数量的 20%参加股份公司年报评比。参评的基层馆藏机构年报及推荐表与本分公司年报同时上报股份公司地质资料中心。分公司年报总分前 5 名、基层馆藏机构总分前 10 名为优秀年报。评比结果由油田事业部进行通报。

附录 15-1：档案室基本情况表

档案室基本情况表

表　　号：　　DA-3 表
制定机关：　　国家档案局
单位名称：　　批准机关：　　国家统计局
单位类别代码：　　批准文号：国统制〔2019〕8 号
统一社会信用代码　　20　　年　　有效期至：　　2022 年 1 月

指标名称	计量单位	代码	数量
甲	乙	丙	1
一、机构数	个	1	
二、专职人员	人	2	
其中：女性	人	3	
年龄	—	—	—
50 岁及以上	人	4	
35~49 岁	人	5	
34 岁及以下	人	6	
文化程度	—	—	—
博士研究生	人	7	
硕士研究生	人	8	
研究生班研究生	人	9	
双学士	人	10	
大学本科	人	11	
大专	人	12	
高中(含中专)及以下	人	13	
专业文化程度	—	—	—
博士研究生	人	14	
硕士研究生	人	15	
研究生班研究生	人	16	
大学本科	人	17	
大专	人	18	
中专	人	19	
档案干部专业技术职务	—	—	—
研究馆员	人	20	
副研究馆员	人	21	
馆员	人	22	
助理馆员	人	23	

续表

指标名称	计量单位	代码	数量
甲	乙	丙	1
管理员	人	24	
三、兼职人员	人	25	
四、本年度接受档案业务在职培训教育	次	26	
	人	27	
五、室存情况	—	—	—
纸质档案	—	—	—
案卷	卷	28	
以件为保管单位档案	件	29	
总排架长度	米	30	
底图	张	31	
室存永久、30年(长期)档案	卷	32	
	件	33	
永久保管	卷	34	
	件	35	
电子档案	GB	36	
数码照片	GB	37	
数字录音、数字录像	GB	38	
其他载体档案	—	—	—
照片档案	张	39	
录音磁带、录像磁带、影片档案	盘	40	
缩微胶片	万幅	41	
实物档案	件	42	
档案数字化成果	—	—	—
纸质档案	—	—	—
案卷	卷	43	
	GB	44	
以件为保管单位档案	件	45	
	GB	46	
其他载体档案	—	—	—
照片档案	GB	47	
录音磁带、录像磁带、影片档案	GB	48	
其他	GB	49	
室存档案历史分期	—	—	—
新中国成立前档案	卷	50	

续表

指标名称	计量单位	代码	数量
甲	乙	丙	1
	件	51	
新中国成立后档案	卷	52	
	件	53	
档案编目情况	—	—	—
手工目录	本	54	
机读目录	—	—	—
案卷级	万条	55	
文件级	万条	56	
本年接收档案情况	—	—	—
纸质档案	—	—	—
案卷	卷	57	
以件为保管单位档案	件	58	
底图	张	59	
电子档案	GB	60	
数码照片	GB	61	
数字录音、数字录像	GB	62	
其他载体档案	—	—	—
照片档案	张	63	
录音磁带、录像磁带、影片档案	盘	64	
实物档案	件	65	
本年向档案馆移交档案	—	—	—
纸质档案	—	—	—
案卷	卷	66	
以件为保管单位档案	件	67	
电子档案	GB	68	
数码照片	GB	69	
数字录音、数字录像	GB	70	
其他载体档案	—	—	—
照片档案	张	71	
录音磁带、录像磁带、影片档案	盘	72	
室存档案数字化成果	—	—	—
纸质档案	—	—	—
案卷	卷	73	
	GB	74	

续表

指标名称	计量单位	代码	数量
甲	乙	丙	1
以件为保管单位档案	件	75	
	GB	76	
其他载体档案	—	—	—
照片档案	GB	77	
录音磁带、录像磁带、影片档案	GB	78	
其他	GB	79	
本年移出档案	—	—	—
纸质档案	—	—	—
案卷	卷	80	
以件为保管单位档案	件	81	
电子档案	GB	82	
数码照片	GB	83	
数字录音、数字录像	GB	84	
其他载体档案	—	—	—
照片档案	张	85	
录音磁带、录像磁带、影片档案	盘	86	
室存档案数字化成果	—	—	—
纸质档案	—	—	—
案卷	卷	87	
	GB	88	
以件为保管单位档案	件	89	
	GB	90	
其他载体档案	—	—	—
照片档案	GB	91	
录音磁带、录像磁带、影片档案	GB	92	
其他	GB	93	
本年销毁档案	—	—	—
纸质档案	—	—	—
案卷	卷	94	
以件为保管单位档案	件	95	
其他载体档案	—	—	—
照片档案	张	96	
录音磁带、录像磁带、影片档案	盘	97	

续表

指标名称	计量单位	代　码	数　量
甲	乙	丙	1
六、档案利用情况	—	—	—
本年利用档案	人次	98	
	卷(件)次	99	
工作查考	人次	100	
	卷(件)次	101	
其他	人次	102	
	卷(件)次	103	
陈列室	平方米	104	
本年编研成果	—	—	—
公开出版	种	105	
	万字	106	
内部参考	种	107	
	万字	108	
七、室内设施设备情况	—	—	—
档案室建筑面积	平方米	109	
档案库房建筑面积	平方米	110	
档案室设备	—	—	—
服务器	台	111	
安全防范系统	—	—	—
火灾自动报警系统	套	112	
温湿度控制系统	套	113	
八、数字档案室	个	114	

单位负责人：　　　　填表人：　　　　报出时间：20　年　月　日

注：1. 本表由县直以上机关、人民团体、民主党派档案室(处、科)、企业、事业单位档案室(处、科)填报。

2. 统计指标间的关系：

(1) 专职人员=各类文化程度人数总和，即2=4+5+6=7+8+9+10+11+12+13。

(2)“室存档案”中，包括“本年接收档案”，不包括66~97“本年向档案馆移交档案”“本年移出档案”和“本年销毁档案”。

(3) 室存档案数量=室存档案历史分期数量合计，即28=50+52，29=51+53。

(4) 室存档案数量≥室存永久、30年(长期)档案≥永久保管，即28≥32≥34，29≥33≥35。

(5)“档案编目情况”均为截至填报年度的累计数字。

(6) 本年利用档案(人次)=工作查考(人次)+其他利用(人次)，即98=100+102。

本年利用档案(卷件次)=工作查考(卷件次)+其他利用(卷件次)，即99=101+103。

附录 15-2：档案馆基本情况表

档案馆基本情况表

表　　号：　　DA-2 表
制定机关：　　国家档案局
单位名称：　　批准机关：　　国家统计局
单位类别代码：　　批准文号：国统制〔2019〕8 号
统一社会信用代码　　20　　年　　有效期至：　　2022 年 1 月

指标名称	计量单位	代码	数量
甲	乙	丙	1
一、机构数	个	1	
二、定编	人	2	
三、专职人员	人	3	
其中：女性	人	4	
文化程度	—	—	—
博士研究生	人	5	
50 岁及以上	人	6	
30~49 岁	人	7	
34 岁及以下	人	8	
硕士研究生	人	9	
50 岁及以上	人	10	
30~49 岁	人	11	
34 岁及以下	人	12	
研究生班研究生	人	13	
50 岁及以上	人	14	
30~49 岁	人	15	
34 岁及以下	人	16	
双学士	人	17	
50 岁及以上	人	18	
30~49 岁	人	19	
34 岁及以下	人	20	
大学本科	人	21	
50 岁及以上	人	22	
30~49 岁	人	23	
34 岁及以下	人	24	

续表

指标名称	计量单位	代码	数量
甲	乙	丙	1
大专	人	25	
50岁及以上	人	26	
30~49岁	人	27	
34岁及以下	人	28	
高中(含中专)及以下	人	29	
50岁及以上	人	30	
30~49岁	人	31	
34岁及以下	人	32	
专业文化程度	—	—	
博士研究生	人	33	
硕士研究生	人	34	
研究生班研究生	人	35	
大学本科	人	36	
大专	人	37	
中专	人	38	
本年度接受档案业务在职培训教育	人	39	
	次	40	
档案干部专业技术职务	—	—	
研究馆员	人	41	
副研究馆员	人	42	
馆员	人	43	
助理馆员	人	44	
管理员	人	45	
四、馆藏情况	—	—	—
纸质档案	—	—	—
全宗	个	46	
案卷	卷	47	
以件为保管单位档案	件	48	
总排架长度	米	49	
底图	张	50	
电子档案	GB	51	

续表

指标名称	计量单位	代码	数量
甲	乙	丙	1
数码照片	GB	52	
数字录音、数字录像	GB	53	
其他载体档案	—	—	—
照片档案	张	54	
录音磁带、录像磁带、影片档案	盘	55	
缩微胶片	万幅	56	
实物档案	件	57	
档案数字化成果	—	—	—
纸质档案	—	—	—
案卷	卷	58	
	GB	59	
以件为保管单位档案	件	60	
	GB	61	
其他载体档案	—	—	—
照片档案	GB	62	
录音磁带、录像磁带、影片档案	GB	63	
其他	GB	64	
馆藏资料	—	—	—
纸质资料	册	65	
电子资料	GB	66	
馆藏档案历史分期	—	—	
新中国成立前档案	卷	67	
	件	68	
明清以前档案	件	69	
明清档案	卷	70	
	件	71	
民国档案	卷	72	
	件	73	
革命历史档案	卷	74	
	件	75	
新中国成立后档案	卷	76	

续表

指标名称	计量单位	代码	数量
甲	乙	丙	1
	件	77	
档案编目情况	—	—	—
手工目录	本	78	—
机读目录	—	—	—
案卷级	万条	79	
文件级	万条	80	
国家重点档案抢救情况	—	—	—
应抢救档案总数	卷	81	
	件	82	—
已抢救档案数量	卷	83	
	件	84	
本年度抢救档案数量	卷	85	
	件	86	
本年接收档案情况	—	—	—
纸质档案	—	—	—
案卷	卷	87	
以件为保管单位档案	件	88	
底图	张	89	
电子档案	GB	90	
数码照片	GB	91	
数字录音、数字录像	GB	92	
其他载体档案	—	—	—
照片档案	张	93	
录音磁带、录像磁带、影片档案	盘	94	
实物档案	件	95	
档案数字化成果	—	—	—
纸质档案	—	—	—
案卷	卷	96	
	GB	97	
以件为保管单位档案	件	98	
	GB	99	

续表

指标名称	计量单位	代　码	数　量
甲	乙	丙	1
其他载体档案	—	—	—
照片档案	GB	100	
录音磁带、录像磁带、影片档案	GB	101	
其他	GB	102	
本年征集档案情况	—	—	—
纸质档案	—	—	—
案卷	卷	103	
以件为保管单位档案	件	104	
底图	张	105	
电子档案	GB	106	
数码照片	GB	107	
数字录音、数字录像	GB	108	
其他载体档案	—	—	—
照片档案	张	109	
录音磁带、录像磁带、影片档案	盘	110	
实物档案	件	111	
档案数字化成果	—	—	—
纸质档案	—	—	—
案卷	卷	112	
	GB	113	
以件为保管单位档案	件	114	
	GB	115	
其他载体档案	—	—	—
照片档案	GB	116	
录音磁带、录像磁带、影片档案	GB	117	
其他	GB	118	
本年销毁档案情况	—	—	—
纸质档案	—	—	—
案卷	卷	119	
以件为保管单位档案	件	120	
电子档案	GB	121	

续表

指标名称	计量单位	代码	数量
甲	乙	丙	1
其他载体档案	—	—	—
照片档案	张	122	
录音磁带、录像磁带、影片档案	盘	123	
接收寄存档案	卷	124	
	件	125	
五、档案开放情况	—	—	—
新中国成立前档案	卷	126	
	件	127	
新中国成立后档案	卷	128	
	件	129	
开放档案目录	—	—	—
案卷级	万条	130	
文件级	万条	131	
在线目录	—	—	—
案卷级	万条	132	
文件级	万条	133	
六、档案利用情况	—	—	—
本年利用档案	人次	134	
	卷(件)次	135	
利用目的	—	—	—
单位	—	—	—
工作查考	卷(件)次	136	
其他	卷(件)次	137	
个人	—	—	—
学术研究	卷(件)次	138	
权益维护	卷(件)次	139	
其他	卷(件)次	140	
政府信息公开查阅场所	个	141	
本年利用政府公开信息	人次	142	
	件次	143	
本年利用资料	人次	144	

续表

指标名称	计量单位	代码	数量
甲	乙	丙	1
	册次	145	
七、档案宣传情况	—	—	—
档案网站	个	146	
本年 IP 访问次数	次	147	
档案微信公众号	个	148	
推送数量	篇	149	
爱国主义教育基地	个	150	
本年举办档案展览	个	151	
基本陈列	个	152	
本年参观档案展览人次	人次	153	
本年编研档案资料	—	—	—
公开出版	种	154	
	万字	155	
内部参考	种	156	
	万字	157	
档案期刊出版情况	种	158	
年度出版	期	159	
八、档案馆基本建设情况	—	—	—
档案馆总建筑面积	平方米	160	
档案库房建筑面积	平方米	161	
后库面积	平方米	162	
档案业务技术用房建筑面积	平方米	163	
对外服务用房建筑面积	平方米	164	
本年度在建项目	—	—	—
新建	个	165	
改、扩建	个	166	
建筑面积	平方米	167	
档案库房建筑面积	平方米	168	
计划总投资额	万元	169	
累计完成投资额	万元	170	
本年度完成投资额	万元	171	

续表

指标名称	计量单位	代码	数量
甲	乙	丙	1
本年度竣工项目	—	—	—
新建	个	172	
改、扩建	个	173	
建筑面积	平方米	174	
档案库房建筑面积	平方米	175	
计划总投资额	万元	176	
实际完成投资额	万元	177	
九、馆内设施设备情况	—	—	—
缩微设备	台	178	
服务器	个	179	
安全防范系统	—	—	—
视频监控系统	套	180	
温湿度控制系统	套	181	
火灾自动报警系统	套	182	
库房灭火系统	—	—	—
气体灭火系统	套	183	
细水雾灭火系统	套	184	
十、数字档案馆	个	185	
十一、档案部门服务业事业单位财务情况	—	—	—
存货	万元	186	
固定资产原价	万元	187	
资产合计	万元	188	
负债合计	万元	189	
本年收入合计	万元	190	
事业收入	万元	191	
经营收入	万元	192	
本年支出合计	万元	193	
工资福利支出	万元	194	
商品和服务支出	万元	195	
取暖费	万元	196	
差旅费	万元	197	

续表

指标名称	计量单位	代码	数量
甲	乙	丙	1
因公出国(境)费用	万元	198	
劳务费	万元	199	
工会经费	万元	200	
福利费	万元	201	
对个人和家庭的补助	万元	202	
抚恤金	万元	203	
生活补助	万元	204	
救济费	万元	205	
助学金	万元	206	
奖励金	万元	207	
生产补贴	万元	208	
经营支出	万元	209	
销售税金	万元	210	
项目经费	万元	211	

单位负责人： 填表人： 报出时间：20 年 月 日

注：1. 本表由各级各类档案馆填报。

2. 统计指标间的关系：

（1）各类文化程度人数=对应的年龄人数总和。即5=6+7+8；9=10+11+12；13=14+15+16；17=18+19+20；21=22+23+24；25=26+27+28；29=30+31+32。

专职人员=各类文化程度人数总和，即3=5+9+13+17+21+25+29。

（2）“馆藏档案”包括“本年接收档案”和“本年征集档案”的数量，即47≥87+103；48≥88+104；……64≥102+118。

附录 15-3：分公司地质资料管理工作年报编制格式

××分公司

××××年度地质资料管理工作年报

（一号黑体，居中，行间距固定值 38 磅，大纲级别 1 级）

编写人：

初审人：

审核人：

（三号楷体_GB2312，加粗，首行缩进 8.5 字符，1.5 倍行距，无大纲级别）

分公司名称

年　月　日

（三号黑体，居中，行间距固定值 28 磅，无大纲级别）

第一部分　××××年度地质资料管理工作总结

（三号黑体，居中，单倍行距，段前段后自动，大纲级别**2**级）

一、地质资料管理基本工作完成情况

（小三号宋体，加粗，首行缩进2个汉字，单倍行距，大纲级别3级）

（一）归档管控与归档验收工作

（四号宋体，加粗，首行缩进2个汉字，单倍行距，大纲级别4级）

（年报正文，小四号宋体，行间距20磅）

本部分主要综合阐述本分公司本年度在地质资料归档管控与归档验收等方面开展的工作情况。包括但不限于以下内容：分公司年度地质资料归档管控工作的主要措施；分公司年度归档验收工作量及与上一年的工作量对比；分析对比结果，总结经验；本单位地质资料归档率统计表(表1)；对上年未归档资料的补充归档情况作简要说明。

表1　本年度地质资料归档率统计表

项目分类	应归档资料的项目数量	实际归档资料的项目数量	归档率	备注
科研				
单井				
合计				

（二）整理、编目工作

本部分主要综合阐述本分公司本年度在地质资料整理、编目等方面开展的工作情况，应包括但不限于以下内容：分公司年度整理、编目的工作量；与上一年的工作量对比；分析对比结果，总结经验；总结分析整理、编目工

作情况和经验。

（三）上交工作

本部分所指的上交，仅指分公司地质资料中心向股份公司地质资料中心上交资料的工作。基层馆藏机构与分公司地质资料中心之间的资料传递、交换等工作，填入“归档管控与归档验收工作”部分。本部分主要综合阐述本分公司本年度在地质资料上交方面开展的工作情况，应包括但不限于以下内容：分公司年度上交地质资料量；分公司年度地质资料上交率统计表（表2）；对表2中未按时上交地质资料的现象，写明数量、原因以及计划补交时间，并对上年度未上交资料的补交情况进行说明；总结上交工作情况和经验。

表2　本年度地质资料上交率统计表

统计项	应上交资料的项目（井）数量	已上交资料的项目（井）数量	上交比率	备注
国家项目				
科技部项目				
油田部项目				
单井				
物探和化探				
开发方案				
其他（储量、规划、年报）				
合　计				

（四）成果地质资料汇交工作

本部分所指的汇交，仅指分公司地质资料中心通过股份公司地质资料中心将变动矿权的成果地质资料汇交至全国馆的工作。基层馆藏机构与分公司地质资料中心之间的资料传递、交换等工作，填入“归档管控与归档验收工作”部分。本部分主要综合阐述本分公司本年度在成果地质资料汇交方面开展的工作情况，包括但不限于以下内容：分公司年度矿权变动情况；分公司年度汇交成果地质资料数量；成果地质资料汇交工作的质量控制措施、经验等。

（五）原始和实物地质资料委托保管工作

本部分主要综合阐述本年度在原始和实物地质资料委托保管方面开展的工作情况，应包括但不限于以下内容：委托保管资质复查方面开展的主要工作；委托保管数据库建设方面开展的主要工作；委托保管年报编制方面的主要工作；委托保管其他方面的主要工作。

（六）地质资料利用服务工作

本部分主要综合阐述本分公司本年度在地质资料利用服务方面开展的工作情况。包括但不限于以下内容：本年度地质资料利用服务工作量；本年度地质资料利用服务工作与往年的对比，以及对对比结果的分析；年度地质资料利用服务工作的创新与特点分析。

二、地质资料管理信息化建设工作情况

本部分专门强调地质资料管理的信息化建设情况，若与“地质资料综合研究工作”“地质资料科研项目情况”两点内容有重复，则有关地质资料管理信息化建设工作的内容专门放入本部分。本部分应包括但不限于以下内容：分公司年度地质资料信息化建设投入情况及取得的成绩；分公司在软件系统应用、数据资源建设等方面所做的努力和取得的成果等。

三、地质资料管理提升工作情况

（一）地质资料综合研究工作

地质资料综合研究工作包括地质资料信息资源的编研与开发，利用地质资料开展咨询工作，提供情报分析等项工作。本部分主要综合阐述本分公司本年度在地质资料综合研究方面开展的工作情况。包括但不限于以下内容：分公司年度地质资料综合研究工作开展情况；分公司年度地质资料综合研究工作取得的成果。

（二）地质资料科研项目情况

地质资料科研项目是指各单位在地质资料馆藏机构设置的，以地质资料及其管理工作为主要研究对象的科研项目。本部分主要综合阐述本分公司本年度在地质资料科研项目研究方面开展的工作情况。包括但不限于以下内容：分公司年度地质资料科研项目开展情况；分公司年度地质资料科研项目取得的成果。

（三）地质资料培训交流工作

本部分专门强调地质资料培训交流工作开展的情况。包括但不限于以下内容：分公司年度地质资料管理业务培训工作情况及取得的成绩；分公司年度岗位培训工作及取得的成绩；分公司年度地质资料管理工作内部、外部交流情况等。

四、地质资料管理其他主要临时工作完成情况

本部分主要综合阐述本分公司本年度在地质资料管理其他主要临时任务方面开展的工作情况。包括但不限于以下内容：分公司自主开展的地质资料管理方面的其他主要工作，如技术比武、竞聘上岗等情况；其他不属于上述各项的工作开展情况。

五、存在问题和建议

本部分主要阐述本分公司在地质资料管理方面存在的主要问题，并提出解决建议。应主要提出一些在分公司层面，需要总部领导协调解决的共性问题。

六、下一年度重点工作

本部分主要阐述本分公司在下一年度地质资料管理方面的主要工作计划。

第二部分　××××年度地质资料统计年报汇总表

××××年度地质资料统计年报汇总表

填报单位：　　　　填写人：　　初审人：　　审核人：　　　　填报日期：　年　月　日

		行次	单位	数量			行次	单位	数量	单位	数量
一、机构与定编	—	—	—	—	四、原本地质资料	单井	24	件		档	
	资料室(馆)	1	个			测绘	25	件		档	
	专职人员	2	人			物化探	26	件		档	
	其中：女性	3	人			地质勘探	27	件		档	
二、专职人员情况	—	—	—			油气田开发	28	件		档	
年龄	50 岁及以上	4	人			科学研究	29	件		档	
	35~49 岁	5	人			综合	30	件		档	
	34 岁及以下	6	人			总计	31	件		档	
文化程度	硕研及以上	7	人		五、复制本地质资料	单井	32	件		档	
	大学本科	8	人			测绘	33	件		档	
	大专	9	人			物化探	34	件		档	
	中专	10	人			地质勘探	35	件		档	
	高中	11	人			油气田开发	36	件		档	
	初中及以下	12	人			科学研究	37	件		档	
专业技术职称	正高级	13	人			综合	38	件		档	
	副高级	14	人			总计	39	件		档	
	中级	15	人		六、光磁载体资料	光盘	40	盘		—	
	初级	16	人			磁带	41	盘		—	—
	其他	17	人		七、实物地质资料	岩芯	42	米		口	
专业类别	档案	18	人			岩屑	43	包		口	
	石油工程	19	人			油气水样品	44	件		—	—
	计算机与信息	20	人			岩石和薄片样	45	件		—	—
	其他	21	人		八、本年形成资料	—	—	—	—	—	—
三、其他人员	兼职人员	22	人		原本地质资料	单井	46	件		档	
	劳务用工人员	23	人			测绘	47	件		档	

续表

		行次	单位	数量			行次	单位	数量	单位	数量
	物化探	48	件		档			文件级	72	条	
	地质勘探	49	件		档		数据库全文	数量	73	件	
	油气田开发	50	件		档		纸质目录	案卷目录	74	本	
	科学研究	51	件		档			全引目录	75	本	
	综合	52	件		档			卡片式	76	张	
	总计	53	件		档		十三、本年利用资料情况	—	—	—	—
复制本地质资料	单井	54	件		档		在馆利用	人次	77	人次	
	测绘	55	件		档			档数	78	档	
	物化探	56	件		档			件数	79	件	
	地质勘探	57	件		档		网络利用	人次	80	人次	
	油气田开发	58	件		档			件数	81	件	
	科学研究	59	件		档		十四、本年编研资料	种类	82	种	
	综合	60	件		档			数量	83	万字	
	总计	61	件		档		十五、资料室面积	总建筑面积	84	平方米	
光磁载体资料	光盘	62	盘		—	—	纸质资料库	使用面积	85	平方米	
	磁带	63	盘		—	—	光盘、磁带库	使用面积	86	平方米	
实物地质资料	岩芯	64	米		口		其他用房	使用面积	87	平方米	
	岩屑	65	包		口		十六、岩芯库面积	建筑面积	88	平方米	
	油气水样品	66	件		—	—	十七、资料室设备	服务器	89	台	
	岩石和薄片样	67	件		—	—		计算机	90	台	
九、本年汇交资料	总数	68	件		档			复印机	91	台	
十、本年上交资料	总数	69	件		档			打印机	92	台	
十一、室存其他资料	总件数	70	件					空调机	93	台	
十二、资料编目情况	—	—	—	—				去湿机	94	台	
数据库目录	案卷级	71	条					扫描仪	95	台	

附件：××分公司各馆藏机构××××年度地质资料统计年报基本表

一、××××年度地质资料馆藏机构明细表

（一）本年度地质资料馆藏机构明细表

序号	馆藏机构全称	是否含岩芯库	备注

注：馆藏机构名称变动应在备注说明。

（二）本年度地质资料馆藏机构变化情况

1. 新增馆藏机构：

2. 合并（撤销）馆藏机构：

二、各基层馆藏机构××××年度地质资料统计年报基本表

编写注意事项：基层馆藏机构年报名称、排序应与《本年度地质资料馆藏机构明细表》一致。

附录 15-4：基层馆藏机构地质资料管理工作年报编制格式

××单位

××××年度地质资料管理工作年报

（一号黑体，居中，行间距固定值 38 磅，大纲级别 4 级）

编写人：

审核人：

（三号楷体_GB2312，加粗，首行缩进 8.5 字符，1.5 倍行距，无大纲级别）

单位名称

年　月　日

（三号黑体，居中，行间距固定值 28 磅，无大纲级别）

第一部分　××××年度地质资料管理工作总结

（三号黑体，居中，单倍行距，段前段后自动，大纲级别5级）

一、地质资料管理基本工作完成情况

（小三号宋体，加粗，首行缩进2个汉字，单倍行距，大纲级别6级）

(一)归档验收工作

（四号宋体，加粗，首行缩进2个汉字，单倍行距，大纲级别7级）

（年报正文，小四号宋体，行间距20磅）

(二) 整理、编目工作

(三) 利用服务工作

二、地质资料管理信息化建设工作情况

三、地质资料管理提升工作情况

(一) 地质资料综合研究工作

(二) 地质资料科研项目情况

(三) 地质资料培训交流工作

四、地质资料管理其他主要临时工作完成情况

五、存在问题和建议

六、下一年度重点工作

第二部分　××××年度地质资料统计年报基本表

××××年度地质资料统计年报基本表

填报单位：　　　　填写人：　　审核人：　　　　填报日期：　年　月　日

		行次	单位	数量			行次	单位	数量	单位	数量
一、机构与定编	—	—	—	—	四、原本地质资料	单井	24	件		档	
	资料室(馆)	1	个			测绘	25	件		档	
	专职人员	2	人			物化探	26	件		档	
	其中：女性	3	人			地质勘探	27	件		档	
二、专职人员情况	—	—	—			油气田开发	28	件		档	
年龄	50 岁及以上	4	人	—		科学研究	29	件		档	
	35~49 岁	5	人			综合	30	件		档	
	34 岁及以下	6	人			总计	31	件		档	
文化程度	硕研及以上	7	人		五、复制本地质资料	单井	32	件		档	
	大学本科	8	人			测绘	33	件		档	
	大专	9	人			物化探	34	件		档	
	中专	10	人			地质勘探	35	件		档	
	高中	11	人			油气田开发	36	件		档	
	初中及以下	12	人			科学研究	37	件		档	
专业技术职称	正高级	13	人			综合	38	件		档	
	副高级	14	人			总计	39	件		档	
	中级	15	人		六、光磁载体资料	光盘	40	盘		—	
	初级	16	人			磁带	41	盘		—	—
	其他	17	人		七、实物地质资料	岩芯	42	米		口	
专业类别	档案	18	人			岩屑	43	包		口	
	石油工程	19	人			油气水样品	44	件		—	—
	计算机与信息	20	人			岩石和薄片样	45	件		—	—
	其他	21	人		八、本年形成资料	—	—	—	—	—	—
三、其他人员	兼职人员	22	人		原本地质资料	单井	46	件		档	
	劳务用工人员	23	人			测绘	47	件		档	

续表

		行次	单位	数量	单位	数量			行次	单位	数量
	物化探	48	件		档			文件级	72	条	
	地质勘探	49	件		档		数据库全文	数量	73	件	
	油气田开发	50	件		档		纸质目录	案卷目录	74	本	
	科学研究	51	件		档			全引目录	75	本	
	综合	52	件		档			卡片式	76	张	
	总计	53	件		档		十三、本年利用资料情况	—	—	—	—
复制本地质资料	单井	54	件		档		在馆利用	人次	77	人次	
	测绘	55	件		档			档数	78	档	
	物化探	56	件		档			件数	79	件	
	地质勘探	57	件		档		网络利用	人次	80	人次	
	油气田开发	58	件		档			件数	81	件	
	科学研究	59	件		档		十四、本年编研资料	种类	82	种	
	综合	60	件		档			数量	83	万字	
	总计	61	件		档		十五、资料室面积	总建筑面积	84	平方米	
光磁载体资料	光盘	62	盘		—	—	纸质资料库	使用面积	85	平方米	
	磁带	63	盘		—	—	光盘、磁带库	使用面积	86	平方米	
实物地质资料	岩芯	64	米		口		其他用房	使用面积	87	平方米	
	岩屑	65	包		口		十六、岩芯库面积	建筑面积	88	平方米	
	油气水样品	66	件		—	—	十七、资料室设备	服务器	89	台	
	岩石和薄片样	67	件		—	—		计算机	90	台	
九、本年汇交资料	总数	68	件		档			复印机	91	台	
十、本年上交资料	总数	69	件		档			打印机	92	台	
十一、室存其他资料	总件数	70	件					空调机	93	台	
十二、资料编目情况	—	—	—	—				去湿机	94	台	
数据库目录	案卷级	71	条					扫描仪	95	台	

附录 15-5：地质资料统计年报表填写说明

统计大项	统计小项	行次	单位	统计项说明	备注
一、机构与定编					
	资料室(馆)	1	个	保存地质资料的档案馆(室)数量，档案馆(室)应该是一个独立的部门	
	专职人员	2	人	档案室(馆)中专门从事地质资料管理的工作人员数量。兼职人员和劳务用工人员不统计在内	
	其中：女性	3	人	专职人员中女性的数量	
二、专职人员情况					
年龄	50 岁以上	4	人	专职人员中，年龄在 50 岁(含)以上的工作人员数量	4~6 行次的数字之和等于第 2 行数字
	35~49 岁	5	人	专职人员中，年龄在 35(含)~49 岁(含)之间的工作人员数量	
	34 岁以下	6	人	专职人员中，年龄在 34 岁(含)以下的工作人员数量	
文化程度	硕研及以上	7	人	专职人员中，文化程度为硕士研究生及以上的工作人员数量	7~12 行次的数字之和等于第 2 行数字。填最高学历
	大学本科	8	人	专职人员中，文化程度为大学本科的工作人员数量	
	大专	9	人	专职人员中，文化程度为大专的工作人员数量	
	中专	10	人	专职人员中，文化程度为中专的工作人员数量	
	高中	11	人	专职人员中，文化程度为高中的工作人员数量	
	初中及以下	12	人	专职人员中，文化程度为初中及以下的工作人员数量	
专业技术职称	正高级	13	人	专职人员中，专业技术职称为正高级(如研究馆员、教授级高工、教授等)的工作人员数量	13~17 行次的数字之和等于第 2 行数字
	副高级	14	人	专职人员中，专业技术职称为副高级(如副研究馆员、高级工程师、副教授等)的工作人员数量	
	中级	15	人	专职人员中，专业技术职称为中级(如馆员、工程师、讲师等)的工作人员数量	

续表

统计大项	统计小项	行次	单位	统计项说明	备注
专业技术职称	初级	16	人	专职人员中，专业技术职称为初级(如助理馆员、助理工程师等)的工作人员数量	13~17 行次的数字之和等于第 2 行数字
	其他	17	人	专职人员中，无专业技术职称或上述四级专业技术职称之外的工作人员数量	
专业类别	档案	18	人	专职人员中，高等教育阶段专业为“档案”的工作人员数量	18~21 行次的数字之和等于第 2 行数字，对具有多专业背景的人员，填主要专业
	石油工程	19	人	专职人员中，高等教育阶段专业为“石油工程类”的工作人员数量。石油地质、石油物探、油藏开发等专业都算入此类	
	计算机与信息	20	人	专职人员中，高等教育阶段专业为“计算机与信息类”的工作人员数量。信息管理与信息系统、软件工程等与计算机直接相关的专业都算入此类	
	其他	21	人	专职人员中，高等教育阶段专业为上述三类专业以外的工作人员数量	
三、其他人员					
	兼职人员	22	人	填写在岗并从事多项工作，其中一项工作为地质资料管理的工作人员数量。劳务用工人员不计算入内	
	劳务用工人员	23	人	通过劳务用工方式在本单位从事地质资料管理相关工作满一年以上的工作人员数量。短期临时聘用人员(一年以内)、实习生不统计入内	
四、原本地质资料					
	单井	24	件、档	本馆藏机构中，分类为“单井”的地质资料数量。本统计项有“档”和“件”两个单位，一口井的全部资料视为一档	1. 建档单位依据 Q/SH 0167 标准 2. 原本地质资料指馆藏机构所在单位在石油天然气勘探开发生产和科研过程中直接形成的单套原始和成果地质资料。原始地质资料的直接保管单位，可将原始资料相应的成果地质资料填在此项
	测绘	25	件、档	本馆藏机构中，分类为“测绘”的地质资料数量。本统计项有“档”和“件”两个单位，一个测绘项目的全部资料视为一档	
	物化探	26	件、档	本馆藏机构中，分类为“物化探”的地质资料数量。本统计项有“档”和“件”两个单位，一个区块的物探资料采集、处理、解释工作，根据合同情况区分是否作为一档，若是一个合同则视为一档，若是多个合同则视为多档	

续表

统计大项	统计小项	行次	单位	统计项说明	备注
	地质勘探	27	件、档	本馆藏机构中，分类为“地质勘探”的地质资料数量。本统计项有“档”和“件”两个单位，一个地质勘探项目的全部资料视为一档	3. 原本地质资料具有唯一性，在整个分公司年报统计中只统计1次
	油气田开发	28	件、档	本馆藏机构中，分类为“油气田开发”的地质资料数量。本统计项有“档”和“件”两个单位，一个油气田开发项目的全部资料视为一档	
	科学研究	29	件、档	本馆藏机构中，分类为“科学研究”的地质资料数量。本统计项有“档”和“件”两个单位，一个科研项目的全部资料视为一档	
	综合	30	件、档	本馆藏机构中，分类为上述“综合”的地质资料数量。本统计项有“档”和“件”两个单位	
	总计	31	件、档	本统计项有两个数量单位，分别是24~30行次的件数之和与档数之和	
五、复制本地质资料					
	单井	32	件、档	32~38行次各统计小项的含义与24~30行次一致，复制本地质资料可由各保存单位重复统计。对于存在两套或多套资料的情况，注意两点：(1)档数不重复，只作一档统计；(2)件数可以累加，以总件数作为统计值。 39行次的数值，分别是32~38行次的件数之和与档数之和	复制本地质资料指馆藏机构所在单位通过分发、交换等渠道收集到的地质资料。本单位形成的多套成果地质资料填到此项
	测绘	33	件、档		
	物化探	34	件、档		
	地质勘探	35	件、档		
	油气田开发	36	件、档		
	科学研究	37	件、档		
	综合	38	件、档		
	总计	39	件、档		
六、光磁载体资料					
	光盘	40	盘	本馆藏机构全部光盘的数量	
	磁带	41	盘	本馆藏机构全部磁带的数量	

续表

统计大项	统计小项	行次	单位	统计项说明	备注
七、实物地质资料					
	岩芯	42	米、口	本馆藏机构全部岩芯的总长度，以及全部取芯井的口数	
	岩屑	43	包、口	本馆藏机构全部岩屑的总包数，以及全部取岩屑井的口数	
	油气水样品	44	件	本馆藏机构全部油样、气样、水样的总件数	
	岩石和薄片样	45	件	本馆藏机构全部岩石样品、薄片样品的总件数	
八、本年形成资料					
原本地质资料	单井	46	件、档	本馆藏机构保存的本单位当年形成的各类地质资料的数量，各统计小项的含义同前	
	测绘	47	件、档		
	物化探	48	件、档		
	地质勘探	49	件、档		
	油气田开发	50	件、档		
	科学研究	51	件、档		
	综合	52	件、档		
	总计	53	件、档		
复制本地质资料	单井	54	件、档		
	测绘	55	件、档		
	物化探	56	件、档		
	地质勘探	57	件、档		
	油气田开发	58	件、档		
	科学研究	59	件、档		
	综合	60	件、档		
	总计	61	件、档		

续表

统计大项	统计小项	行次	单位	统计项说明	备注
光磁载体资料	光盘	62	盘	本馆藏机构保存的本单位当年形成的各类地质资料的数量，各统计小项的含义同前	
	磁带	63	盘		
实物地质资料	岩芯	64	米、口		
	岩屑	65	包、口		
	油气水样品	66	件		
	岩石和薄片样	67	件		
九、本年汇交资料	总数	68	件、档	分公司地质资料中心填写，指汇交给国家的成果地质资料数量	基层馆藏机构不用填写
十、本年上交资料	总数	69	件、档	分公司地质资料中心填写，指分公司上交至股份公司地质资料中心的资料数量	
十一、室存其他资料	总件数	70	件	一般指内部资料、会议资料、收集资料等不能归类于原本或复制本的资料。各分公司内部单位互相交换的资料归于复制本，与外单位交换的资料也可以算作室存资料	
十二、资料编目情况					
数据库目录	案卷级	71	条	本馆藏机构数据库中的案卷级目录数量	Excel 格式的目录不算数据库目录，只能算纸质目录
	文件级	72	条	本馆藏机构数据库中的文件级目录数量	
数据库全文	数量	73	件	本馆藏机构数据库中加载的地质资料电子文件全文的数量	
纸质目录	案卷目录	74	本	本馆藏机构的纸质案卷级账本本数	
	全引目录	75	本	本馆藏机构的纸质文件级账本本数	
	卡片式	76	张	老式的地质资料卡片的数量	

续表

统计大项	统计小项	行次	单位	统计项说明	备注
十三、本年利用资料情况					
在馆利用	人次	77	人次	本年度到馆利用地质资料的人次，借还各算一次	
	档数	78	档	本年度到馆利用地质资料的总档数	
	件数	79	件	本年度到馆利用地质资料的总件数	
网络利用	人次	80	人次	本年度通过网络利用地质资料的人次，每个用户每登录一次算作一人次	
	件数	81	件数	本年度通过网络利用地质资料全文的件数，统计用户下载或网上浏览全文的地质资料件数	
十四、本年编研资料					
	种类	82	种	编研，指利用库存资料进行科学研究的工作，其成果是对库存资料、档案信息的二次、三次开发，例如：油田志	
	数量	83	万字		
十五、资料室面积					
	总建筑面积	84	平方米	资料室总建筑面积，包含纸质资料库房、办公室及其他业务用房的建筑面积的和（不含岩芯库面积）	
	纸质资料库使用面积	85	平方米	纸质资料库房的使用面积	
	光盘、磁带库使用面试	86	平方米	光盘库、磁带库的使用面积。如果光盘、磁带与纸质资料共用一个库房，则计入纸质资料库面积中，此处不重复统计	
	其他用房使用面积	87	平方米	除库房、办公室以外的诸如整编室、修裱室、阅览室等其他用房的使用面积。如果业务用房与办公室共用，则不单独计算	

续表

统计大项	统计小项	行次	单位	统计项说明	备注
十六、岩芯库面积	建筑面积	88	平方米	岩芯库的建筑面积	
十七、资料室设备					
	服务器	89	台	资料室拥有的服务器数量	打印、复印、传真、扫描一体机作为1台计入“打印机”统计项中，一体机的其他功能在其他行次不重复统计
	计算机	90	台	资料室拥有的计算机数量。包括台式机与笔记本电脑	
	复印机	91	台	资料室拥有的复印机数量	
	打印机	92	台	资料室拥有的打印机数量	
	空调机	93	台	资料室拥有的空调机数量。中央空调作为1台统计	
	去湿机	94	台	资料室拥有的去湿机数量	
	扫描仪	95	台	资料室拥有的扫描仪数量	

第十六章　档案鉴定工作

本章重点介绍保管期满档案的鉴定工作。

一、档案鉴定工作的基本要求

档案鉴定应从企业、国家和社会的整体利益出发，坚持全面的、历史的、发展的、效益的观点，从档案的来源、内容、时间、文本、外形等多个方面全面地衡量判定档案对现实及长远工作的查考价值。档案鉴定工作应合理合规。未经鉴定和批准，禁止擅自销毁档案。

二、档案鉴定工作流程

(1) 成立档案鉴定小组。在档案鉴定开展前，须成立档案鉴定小组(成立文件示例见本章附录)，成员由公司业务主管领导、职能部门、专业技术人员和档案人员组成。其中管理类档案鉴定以主管档案的领导为组长、档案主管部门、归档单位等为职能部门；会计档案鉴定以总会计师为组长、财务、审计、纪检监察、档案等部门为职能部门；项目档案鉴定以工程主管领导为组长、工程管理、生产管理部门为主要职能部门。地质资料鉴定工作由各分公司、各上游研究院地质资料鉴定领导小组负责组织。鉴定领导小组组长由各分公司、各上游研究院地质资料分管领导担任，成员由本单位勘探、开发、科技、地质资料专业部门负责人组成。单位地质资料鉴定领导小组根据鉴定申请，组织成立鉴定专家组具体负责鉴定工作。鉴定专家组由勘探、开发等相关专业技术人员与地质资料管理人员共同组成。

（2）档案部门鉴定初审。档案管理人员根据档案保管期限清理出已到保管期限拟鉴定的档案，编制档案鉴定（销毁）清册（示例见表 16-1、表 16-2，地质资料销毁清册式样见图 16-1，岩屑报废登记表示例见表 16-3、表 16-4），提出鉴定销毁申请。档案部门负责人审核提出初步审核意见。

表 16-1　档案鉴定（销毁）审批表（示例）

<table>
<tr><td>鉴定
报告</td><td colspan="5">本次共鉴定的档案为____年至____年的____类档案，共计____卷（件）。其中鉴定为需继续保存档案____卷（件），调整后的保管期限详见附件《档案鉴定（销毁）清单》的备注栏，由档案馆负责继续保存；鉴定为拟销毁档案____卷（件），按国家及中石化相关规定，经公司法人代表审批同意后，由档案馆负责组织销毁工作</td></tr>
<tr><td>档案馆审核意见：

审核人：

年　月　日</td><td>相关单位审核意见：

审核人：

年　月　日</td><td>相关单位审核意见：

审核人：

年　月　日</td><td>相关单位审核意见：

审核人：

年　月　日</td><td>档案鉴定小组审核意见：

组长：

年　月　日</td><td>公司领导意见：

公司领导：

年　月　日</td></tr>
<tr><td>销毁情况说明</td><td colspan="5">经审批同意销毁的______（数量）______档案，于__年__月__日由________、________监销，送__________（销毁单位）__________单位进行销毁
监销人（签字）：</td></tr>
<tr><td>备注</td><td colspan="5"></td></tr>
</table>

共　　页　　第　　页

表 16-2　档案鉴定（销毁）清册（示例）

序号	档号	题名	年度	页（件）数	原保管期限	已保管年限	备注

表 16-3　岩屑报废登记表(示例)

井号	样属	箱号	层位	入库日期	原始情况			报废情况			保留情况			报废日期	存放位置	备注
					起始井深/m	结束井深/m	包数	报废起始井深/m	报废结束井深/m	包数	保留起始井深/m	保留结束井深/m	包数			
白2井	正样	6	J1z	2014-04-01	2296	2336	40	2296	2230	2	2230	2336	38	2015-02-01	0210002	

注：按段、箱填写，每段、箱一行，原始情况、报废情况、保留情况填在同一行，一表一井。

表 16-4　岩屑报废登记表数据格式

序　号	数　据　项	数 据 构 成	数 据 格 式	补　　注
1	井号	汉字、字母、数字、符号	简化、分大小写，半角符号	
2	样属	汉字		
3	箱号	定点数据	N+0	
4	层位	字母、数字、符号	区分大小写，主代号+下标+(上标)	K1s、Kgpts、∈d，3f-1
5	入库日期	数字、符号	YYYY-MM-DD	
6	起始井深/m	浮点数字	N+2	报废起始深度、保留起始深度同
7	结束井深/m	浮点数字	N+2	报废结束深度、保留结束深度同
8	包数	定点数据	N+0	
9	报废日期	数字、符号	YYYY-MM-DD	
10	存放位置	字母、数字	区分大小写，符号为半角	
11	备注	此表全部由岩芯库填写		

地质资料销毁清册

共 页

单位名称(公章):

编制时间:

鉴定领导小组审批签字表

	姓名	部门	职务	签字
组长				
成员				

馆藏机构名称(公章):

销毁人:

监销人:

销毁时间:

地质资料销毁目录

序号	档号	题名	形成单位	编写者	形成日期	件数	页数	介质	密级	已保管年限	备注

共 页 第 页

图 16-1 地质资料销毁清册(式样)

(3) 档案鉴定小组鉴定。档案鉴定小组对档案鉴定(销毁)清册中的档案实物进行逐件鉴定，形成鉴定工作报告(内容包括：鉴定档案资料的主要内容、保存情况、销毁的原因和数量，鉴定的方法与过程，鉴定人员签字表)和鉴定(销毁)清册。对其中确认仍有保存价值的档案，在档案鉴定(销毁)清册的备注栏上注明调整后的保管期限，由档案部门抽出、重新整理并继续保存；对确认无保存价值需要销毁的档案，经鉴定小组组长和公司法人代表审批后，由档案部门组织销毁工作。

(4) 档案鉴定小组组长审批。档案鉴定小组组长对鉴定报告进行审批。

(5) 公司法定代表人审批。经过鉴定小组审批的档案鉴定(销毁)清册，报公司法定代表人审批。

(6) 档案部门组织销毁。档案部门组织集中待销毁的档案实体，并与档案鉴定(销毁)清册进行逐一核对，确保无误；安排两人(其中会计档案销毁需有会计部门人员参加、地质资料销毁需由单位地质资料主管部门派员参加)押送到地方政府保密部门指定的定点单位并进行监销；电子档案的销毁按照《电子文件归档与电子档案管理规范》(GB/T 18894)要求，应由单位档案部门、与销毁档案内容相关业务的主管部门和信息系统管理部门共同派员监销。属于保密范围的电子档案，如存储在不可擦写载体上，应连同存储载体一并销毁；如存储在可擦写载体上，应到保密部门认可的指定机构进行处理，并在网络中彻底清除。不属于保密范围的电子档案可进行逻辑删除。监销人根据实际销毁情况，填写销毁情况说明，并在监销人栏内签字；档案管理人员根据实际销毁情况，在相关目录(含档案管理系统上的目录)上注明“已销毁”字样和销毁日期；档案部门应将销毁情况报告档案鉴定小组。

(7) 档案鉴定(销毁)清册存档。档案销毁后，档案鉴定(销毁)清册作为档案永久保存备查。

(8) 档案管理系统目录及电子原文件处理。已销毁档案的档案目录及电子原文，宜从档案管理库中转移到档案鉴定销毁库备查，不再列入馆藏档案统计。

三、档案鉴定注意事项

(一) 会计档案鉴定注意事项

(1) 保管期满但未结清的债权债务会计凭证和涉及其他未了事项(包括未了结的诉讼案件、未结案违规违纪案件、因固定资产后期维修等需要使用购买固定资产原始票据等)的会计凭证不得销毁，纸质会计档案应当单独抽出立卷，电子会计档案单独转存，保管到未了事项完结时为止。

(2) 财务共享服务中心销毁线上会计电子档案前须对企业方履行告知义务，并办理相关审批手续。

(二) 地质资料鉴定注意事项

下列地质资料可以销毁：

(1) 载体损坏的地质资料。①严重破损、文字或图面严重缺失的纸质地质资料。②载体损坏导致地质资料数据无法读取的光盘、磁带、硬盘等光磁载体。③保管装具损坏，导致实体损坏或排序混乱、无法归位，失去利用价值的岩芯、岩屑、液体和气体样等实物地质资料。

（2）数据被替代的地质资料。①数据已经被完整转储到新的可识别载体上的磁盘、磁带和光盘。②被新版本替代的、现有系统已无法识别的电子文件。

（3）失效的地质资料。原工作方法或技术停止使用或被新工作方法和技术取代，原工作方法的技术直接产生的失去利用价值的原始地质资料。

下列具有文物价值的地质资料不得销毁：

（1）发现井、区域或单位第一项工程等标志性事件形成的地质资料。

（2）杰出人物形成的地质资料。

（3）标志性的工作方法或技术产生的前期和结束期形成的地质资料。

附录

关于成立公司档案鉴定小组的通知

各有关单位：

为做好我公司已到保管期限的会计档案的鉴定、销毁工作，根据《企业档案工作规范》《中国石化档案管理办法》《××分公司档案鉴定（销毁）工作管理规定》要求，决定成立公司档案鉴定小组。现将有关事项通知如下：

一、小组成员：

组　长：×××

副组长：×××

成　员：×××、×××、×××、×××、×××、×××

二、工作职责

小组负责制订鉴定工作计划，审定已到保管期限档案的存毁，签署小组鉴定意见，经公司法人代表审批同意后，实施销毁工作。

三、工作要求

档案馆负责编制拟鉴定的档案清册，提交鉴定小组成员审核；鉴定小组成员根据分工，对档案清册与档案实体进行确认，提出档案存毁意见；档案馆、财务部根据审核结果，将公司法人代表批准销毁的档案送地方保密部门指定造纸厂进行监销，严防档案丢失和泄密。

四、工作计划

1. ××××年×月×日，档案馆提交档案清册；

2. ××××年×月×日，鉴定小组完成鉴定工作；

3. ××××年×月×日，完成公司法人代表的审批工作；

4. ××××年×月×日，档案馆、财务部完成档案销毁工作。

××公司

××××年×月×日

第十七章　档案利用工作

一、档案利用工作要求

（一）档案利用工作一般要求

（1）档案部门应加强档案管理系统建设，开发档案信息资源，及时、有效地提供档案利用服务。

（2）企业应根据档案利用规范，设定利用者权限，超越权限的利用需经有关领导审批。档案利用审批表见表17-1、表17-2。推荐档案利用审批实行信息化管理，将利用审批流程固化到档案管理系统。

表17-1　档案利用审批表(式样)

编号：　　　　　　　　　　　　　　　　　　　　　　　利用效果登记表编号：

利用人姓名		单位		联系电话	
用途					
利用档案范围、内容					
利用要求	是否仅在档案室查阅：□是□否　　是否需要复印：□是□否 是否要求借出：□是□否　　需借出天数：　　天				
利用单位意见	（单位盖章） 负责人签字：　　　　年　月　日				
审批意见	（审批意见中应注明是否仅限在档案室查阅，是否同意复印，是否同意借出及同意借出的天数） （单位盖章） 负责人签字：　　　　年　月　日				

表 17-2 特藏档案利用审批表(式样)

编号：　　　　　　　　　　　　　　　　　　利用效果登记表编号：

<table>
<tr><td colspan="2">利用人单位名称</td><td colspan="2"></td><td colspan="2">利用人及联系电话</td><td colspan="2"></td></tr>
<tr><td colspan="8">利用事由和利用内容：</td></tr>
<tr><td colspan="3">利用部门审批意见</td><td colspan="3">主管部门审批意见</td><td colspan="2">公司保密部门审批意见</td></tr>
<tr><td colspan="3">(签字、盖章)
年　月　日</td><td colspan="3">(签字)
年　月　日</td><td colspan="2">(签字)
年　月　日</td></tr>
<tr><td colspan="4">档案部门审批意见</td><td colspan="4">分管领导审批意见</td></tr>
<tr><td colspan="4">(签字、盖章)
年　月　日</td><td colspan="4">(签字)
年　月　日</td></tr>
<tr><td colspan="8">备注：</td></tr>
</table>

(3) 借出和归还档案时，利用者应当场清点档案，并按规定进行登记。档案利用登记表见表 17-3。利用效果突出的宜进行登记。利用效果登记表见表 17-4。推荐利用档案登记表和档案利用效果登记表实行信息化管理，通过档案管理系统实现档案利用申请、登记、利用效果反馈的对应检索。

表 17-3 档案利用登记表

序号	日期	档号	题名	利用人单位	利用人签字	利用人联系方式	归还日期	档案人员签字	备注

表 17-4　档案利用效果登记表

编号：

利用日期		利用部门		利用人	
档号		档案题名			
利用目的					
利用效果					

（4）可采用直接查阅、电话调阅、网上查阅等方式提供利用原件、复制件、缩微件和电子档案。

（5）企业宜对档案信息进行分类汇总、综合整理、分析研究等，形成专题汇编、专题材料或其他深层次加工材料。

（二）会计档案利用工作要求

会计档案的利用工作应注意以下几点：

（1）各单位应建立会计档案利用审批登记管理制度以及配套流程。利用者应向会计档案所属单位财务部门申请，申请通过后方可进行档案利用，并办理登记手续。查阅财务共享服务中心临时保管的会计档案，应经档案所属单位或其上级单位同意。

（2）单位保存的会计档案一般不得对外借出。确因工作需要且按国家有关规定需要借出的，应严格按照规定办理审批和登记手续。外借财务共享服务中心临时保管的会计档案，档案原件借出前，档案借用单位应首先逐页核对借出实物与影像的一致性并予以签字确认。无电子影像的纸质原始凭证借出时，共享中心须加盖附件骑缝章。

档案借用单位应妥善保管和利用借出的会计档案，确保借出会计档案的安全完整，并在规定时间内归还。

（3）国家安全、纪检、审计、税务等外部单位因工作需要查阅会计档案的，须由本单位承接部门办理档案利用审批手续，档案部门方可提供相关档案。

（三）档案利用注意事项

（1）档案利用要注意保护原件，尽量用档案复制件或数字化产品代替原件提供利用。

（2）档案复制件和数字化产品提供利用时应加盖档案部门印章或数字水印。权证等重要档案复制件上还应注明使用用途和有效期。如“本档案复制件仅限于办理××事项使用，有效期至××××年×月×日”。

（3）借出档案要规定借出期限，并在规定期限内归还。借出档案时间一般不超过5个工作日。如有需要，可办理续借手续。

（4）凡涉及国家秘密及中国石化商业秘密、知识产权保护的档案未解密前，必须经档案形成部门审核同意，方可提供利用。

（5）利用档案时，不得拆卷、撤换原件和在档案上勾划、涂改，未经允许不得复制、摄录。

（6）未经利用审批责任部门批准，利用者禁止擅自向社会公开所利用档案内容；严禁将借出的档案转借他人。

（7）档案管理系统应设定利用权限，严格管理制度，定期开展日志检查，并做好检查登记。

二、档案利用服务的方式

1. 档案查阅服务

档案查阅服务是指档案部门在特定的场所开辟阅览室，向用户提供档案信息的一种服务方式。

档案阅览室选址应邻近办公室和库房，环境安静。要考虑工作人员监管和取放档案方便，考虑为阅览人员提供舒适的条件，考虑纸质档案、电子档案、涉密档案阅览的需求以及复印、打印、拍照等不同的利用方式。

2. 档案出借服务

档案出借服务是在某些特殊情况下，经过批准并办理有关手续，档案用户将档案借出档案部门使用的方式。

档案出借必须履行审批手续。借出期限不宜太长，数量要有所限制。借出时当面点清，要求用户注意保密和保护档案，并保证借出档案按时归还。在工作实践中，一些企业实行借阅者身份审查手续、借阅登记手续、借阅清点手续和借阅证制度、催还续借制度、调离认可制度等，确保外借档案的安全。

3. 档案复制服务

档案复制服务是指档案部门以档案原件和档案副本为依据复制出复制本或摘录本，然后将它们提供给利用者的一种服务形式。提供利用档案应以电子档案或复制件代替原件，档案复制件载有档案部门负责人签名或档案部门印章的，具有与档案原件同等的效力。

4. 档案证明服务

档案证明是档案部门根据用户的询问和申请，为核查某种事实在本部门保存的档案中有关记载而编写的书面证明材料。

档案部门只有在单位、个人的正式申请下才能出具档案证明，而且对申请的审查和证明的拟写，都必须严肃认真。在申请书中应写明申请出具档案证明的目的，所要证明的事项及其发生的时间、地点等情况，以方便对申请书的审查以及对证明材料的查找和编写。档案证明的文字要确切明了，内容范围不能超出申请证明的范围。档案证明应根据档案正本或可靠的抄本来编写，并注明证明材料出处。同时要注意，档案部门不是公证机关或仲裁机关，它在这方面的职责仅是对某一问题在本部门所藏档案中有无记载和怎样记载的情况加以证明。在证明中不能进行评论和总结，只能对有关材料进行客观、如实的叙述或摘录，尤其对所要证明的问题起关键作用的内容应做到与原件的字、句甚至标点完全吻合。档案证明加盖档案部门公章后，才能生效。

5. 档案咨询服务

档案咨询服务是指档案馆(室)以档案为依据，解答用户询问、指导用户利用档案信息资源的一种服务方式。

档案咨询服务的种类按内容性质，可分为事实性咨询、指导性咨询与检索性咨询。事实性咨询是指档案部门解答档案用户关于特定的事项或数据的询问；指导性咨询是指档案部门对用户查阅档案时发生的疑难问题进行指导；检索性咨询是指档案部门根据有关用户的利用需求，主动地提供档案信息咨询服务。按档案咨询的难易，可分为一般性咨询和专门性咨询。一般性咨询是指档案部门对档案用户提出的关于档案馆(室)的基本情况、档案利用制度、所藏档案的种类及内容等方面的询问所进行的一般性解答服务；专门性咨询是指档案部门根据对有关档案材料的分析研究结果，解答用户关于特定档案的研究价值、文件中记载的事实或数据的真实性与可靠性、文件中某些术语的含义，以及有关专题档案文件的范围等方面的询问。按档案咨询的形式，可分为口头咨询和书面咨询。

档案咨询服务具体分以下步骤：

(1) 接受咨询问题。对用户提出的问题，较简单和有把握的则立即回答；问题比较复杂的，要记录下来研究后再予以答复。必须指出的是，不是用户所提一切问题都要解答。如所咨询的内容超出咨询范围，或涉及国家或企业秘密，或属于家庭、个人隐私不宜公开的问题等，可以说明情况，或介绍给有关部门办理。

(2) 查找档案材料。根据用户提出的问题，确定查找范围，选定检索工具，查找有关的档案材料。

(3) 答复咨询问题。查找到用户所需的档案材料或线索后，即可答复咨询问题。其方式可采取直接提供档案或复制本和介绍有关查找线索等途径。若档案中对同一事实有不同记载，要全部提供给用户，由用户判断，决定取舍。

(4) 建立咨询档案。回答的咨询问题，应有目的地建立咨询档案。咨询档案对于全面掌握咨询情况，总结经验，改进工作，探索规律，是一种有参考价值的材料。

6. 档案目录信息服务

档案目录是联系档案用户与档案馆(室)的桥梁。在企业内部，档案馆(室)可以将与本单位工作、生产或科研等项目活动相关的档案目录，主动印发给有关的领导、业务部门，使他们能够及时地了解可利用的档案信息情况，以便减少不必要的重复劳动，节省时间、人力和财力。随着计算机网络技术的发展，目前，中国石化各单位已经普遍建立档案目录数据库，提供档案目录的网上检索，极大方便了用户的利用。

7. 档案展览或陈列服务

档案展览或陈列服务是指档案部门围绕特定的主题，以档案原件或复制品的陈列展出为手段，系统地揭示、介绍档案馆(室)藏有关档案内容的一种服务方式。

档案展览或陈列服务，能够充分利用档案库藏，强化观众的亲身参与感，服务面广，信息传播效果突出，是广泛发挥档案作用、普及档案知识、宣传档案工作重要意义、培养企业全员档案意识的有效手段。

档案展览或陈列一般分为两类：一类是设立长期的展览厅，陈列档案部门保存的反映本企业历史的珍贵原件或复制件。如燕山石化展览馆、齐鲁石化发展陈列厅、中原油田档案陈列室、河北石油分公司历史博览厅等。另一类是配合中心工作和重大活动而举办的临时性展览。如中国石化集团公司办公厅 2011 年举办的振兴石化之路——中国石油化工集团纪念中国共产党成立 90 周年大型文献展、中原油田档案管理中心举办的中原油田纪念改革开放 30 周年成就展等。

档案展览或陈列可以由档案部门单独承办，也可与其他部门联办。可经常性的长期展出，也可临时展出，展览陈列的地点和方式，可根据需要和条件，固定地点展出，或巡回展出。胜利油田、中原油田档案管理中心等单位还创新展览形式，在单位门户网站上开设了网上展厅，收到了较好的效果。

举办档案展览或陈列的工作程序：确定展览或陈列的主题；确定服务对象；选择合适的展出方式；确定展品；展览艺术设计；确定展览与陈列的组织形式；设置陈列原件的安全保护措施；记录、分析展览与陈列的实际效果。

8. 网上档案信息服务

网上档案信息服务，是指档案部门通过计算机网络建立的档案管理信息系统、数字档案馆(室)、档案网站为利用者提供档案信息的在线查询、浏览、下载等业务，以满足档案信息需求的服务。

9. 异地查档、跨馆服务

“异地查档、跨馆服务”是各级档案馆在依法履行职责的基础上，利用各自馆藏资源，依托现有网络信息技术，利用统一工作平台，实现跨行政区域的档案查阅利用，以满足利用者异地查档需求的一项创新工作。开展“异地查档、跨馆服务”是档案部门适应网络时代发展要求推出的服务社会的新模式。开展“异地查档、跨馆服务”需要注意以下问题：一是协调配合，各方联动，该工作涉及众多档案馆，这些档案馆分属不同的地区，必须建立协调联动、齐抓共管的工作推进机制；二是重视资源，加强整合，不断丰富档案资源；三是推进数字档案馆建设，加强远程共享平台建设；四是加强标准规范体系建设，着力构建在各级档案馆之间实现互联互通的一系列标准规范体系；五是加强安全管理，要严格处理好利用与保密、开放与安全的关系。

10. 档案编研服务

档案编研服务，是指档案部门为满足用户需要，按照一定选题，对馆(室)藏档案及相关资料进行收集、筛选、分析研究、加工形成不同载体形式的编研成果提供给利用者的主动服务方式。如编写大事记、组织沿革、基础数字汇集、会议简介、专题概要、企业年鉴、科技成果简介等各种档案材料汇编、选编等。

三、档案编研工作

(一) 档案编研工作的基本要求

档案编研工作应忠于原文，实事求是，讲求实效。遵守授权、审批、时限、保密的原则。应注意知识产权保护，处理好档案部门与档案原作者公布权归属的关系，不得因违反有关规定擅自出版和传递而造成侵权。

（二）档案编研工作的一般程序

档案编研工作包括需求调研、科学选题、拟定方案、合理选材、加工编排、审校出版等环节。

1. 需求调研

调研内容包括本单位各项生产活动的历史与现状、经营活动的状况与存在的问题、用户利用档案的规律与特点、编研所需客观条件和可行性研究等。要在充分调研的基础上，确定编研服务的目标。

2. 科学选题

选择编研题目要通盘考虑当前和长远的客观需要、库藏档案材料基础、编研条件匹配程度等因素。选题依据包括以下几个方面：

（1）符合企业生产活动的客观需要。选题时，要把握预见性、注重时效性、注意层次性、考虑可行性，统筹兼顾，有的放矢。

（2）与库藏档案状况相适应。库藏状况不一定非要限定在本单位已有的库藏，也包括可以收集到的有关档案与资料信息，几个单位联合编研。

（3）与编研力量相匹配。档案部门可与专业部门、人员结合，使编研力量与选题相匹配。

3. 拟定方案

编研方案应包括：编研的目的和要求；编研成果的类型、主题内容与体例；选材的范围与重点；编研工作进度计划及人员分工；编研工作注意事项、质量要求等。

编研方案应由参加编研工作的全体人员充分讨论，尽可能严密、周到，使其有助于全面铺开后能有条不紊地进行。重要的编研计划还应申报有关领导部门批准。

4. 合理选材

选材一般分两个阶段：一是查找材料。要求查找范围的覆盖面要大，材料要完整准确，尽量把与选题相关的材料查齐。二是筛选材料。要求入选材料具有典型性、时效性、针对性，根据编研方案的要求把对利用者有使用价值的材料挑选出来。

材料查找的方式方法：一是要充分利用检索工具，尽量全面、详细地占有材料。二是选材不要拘泥于编研方案，在查询过程中注意及时扩大查找线索，发现有价值的材料。三是要注意材料的形成时间。对初选材料进行筛选时，要善于通过比较，鉴别材料的先进性、现实性和针对性。

5. 加工编排

加工是在对档案信息分析研究的基础上，运用考订、选录、摘要、复印、撰述、绘制等方式，对档案信息进行优化，对其内容进行校核与注释，以及对相关文字、标点、图例、符号进行考订和标准化审查等过程。

编排是按照拟定的体例形式，对选择的档案材料进行科学系统的组织和排列。常用的编排体例有：专业特征体例、技术特征体例、时间特征体例、地理特征体例、技术水平特征体例。编排体例的选择：一是要方便组织科技档案信息；二是能充分体现信息间的内在联系；三是有利于充分表现主题和便于查找利用。每一种编研成果可以用一种体例形式，也可以几种体例形式并用，主要视编研材料的多少而定。

6. 审核出版

审核重点是按有关规定审核入选材料的完整性、准确性、规范性。审核分为初审和终审。初审是对档案材料的选录、摘抄、绘制图表等加工活动结合在一起进行的。可以由参加编研工作的人员自行审核校对，也可以相互审核校对。终审是对编研成品初稿的全面审查和校核，包括选材内容是否恰当，图样、报表是否准确，编排体例形式是否科学，文字、标点、图例、符号有无错误等。终审应当委托专家完成。经过终审后的编研成品定稿，应报请有关领导审定和批准，其印刷方式、印刷数量、发放范围、发行方式等传播问题，也必须经过有关领导批注。

7. 反馈信息的收集与研究

编研成果完成后，编研人员应关心使用者对编研成果的反映，注意收集各种反馈信息，从中分析利用效果，了解利用者进一步要求，总结经验，改进工作。

（三）档案编研成果的一般结构

1. 封面

封面内容一般应包括标题、编辑单位名称、编辑出版时间及使用范围和密级等事项。

2. 说明或前言

说明或前言内容主要包括：编辑目的、编辑内容和时间断限、编排体例、编辑者、编辑时间、编研中提出的问题，以及其他需要介绍的问题。

3. 目录

目录或目次一方面起到固定编研成果中所有材料的排列顺序的作用；另一方面，为利用者使用编研成果提供方便。

4. 正文

正文是编研成果包含的档案材料的具体内容，是编研成果的主体。正文应该根据其内容确定编排体例，以便系统地反映有关档案信息，并且根据其数量适当划分章节。

5. 附录

附录主要指参考文献书目、引用档案材料来源以及与正文体裁不同的档案信息等。

（四）企业常见档案编研成果的编写方法

1. 大事记

大事记是按照时间顺序简要记载企业一定历史时期发生的重大事件的一种参考资料。

（1）大事记的内容。大事记的内容主要由大事时间和大事记述两部分组成。还可根据大事记的编写目的、对象、篇幅大小、年限长短等因素，设置前言、材料出处、注释等。

（2）大事记的编写方法。大事记一般按日记事，一条一事，每条对大事涉及的时间、地点、人物、数据、发展过程、因果关系，用简练的文字表达。

形式多为条例的文字叙述，也可采用表格形式。编写方法主要有三种：一是将大事按时间顺序(年、月、日)排列，先排列有确切日期的大事，后排列接近准确日期的大事，日期不清的附于月末，月份不清的附于年末，年度不清的一般不记。二是先分若干时期，每一时期内的大事综合归纳为几个问题，然后再按时间顺序叙述大事。三是先分几个大问题，在大问题下再分时期，然后再按时间顺序叙述大事。

(3) 大事记的编写要求。编写大事记应坚持实事求是的原则，尊重历史、尊重史实，客观地加以记述。其具体要求是：

① 观点正确，用材真实。

② 大事突出，要事不漏，小事不要。

③ 系统条理，简明扼要。

④ 大事记记叙一般不加评述，观点寓于条文之中。

⑤ 收集材料尽量广泛，所用材料要经过严格挑选，去粗取精，去伪存真。

⑥ 材料来源一般注明出处。

⑦ 建立大事记记录制度。平时由专人负责记载大事记，定期印发给企业领导和有关部门征求意见，修改补充完善，年终立卷归档。

(4) 企业综合性大事记的选事范围。

① 企业隶属关系的变化，体制、机构的调整(包括企业合并、兼并、撤销；企业内部实体机构和各种委员会、领导小组的调整)，企业规模的扩大或缩小，主要业务的变更，企业名称变更等。

② 主要负责人(指本企业高层领导人，中层干部一般不记录)的人事任免、调动、奖惩等。

③ 企业制定的重要制度、办法、下达的规划、计划，采取的重大生产技术决策和措施，进行的改扩建任务，重要设备仪器的引进等。

④ 企业内召开的各种重要会议(包括党政工团和群众团体的各种代表会议、股东大会、重要的董事会、监事会、年度总结表彰会及其他有特殊意义的会议等)。

⑤ 参加国家、地方和上级机关的重要会议时在会上提出汇报、建议、提案和受奖情况等。

⑥ 企业生产、经营、基建、科研、职工教育、文化体育、职工福利等方面的成果(成绩)和重大的质量、安全事故等。

⑦ 企业某个时期开展的重点工作，如企业整顿、设备和设施普查等。

⑧ 国家、地方或上级机关领导对本企业的重要指示、批示，或来本企业视察、调研、检查工作及其他活动等。

⑨ 外单位来本企业参观、学习、考察等。

⑩ 重大的外事活动，如外宾来参观、考察、协助工作、进行技术交流、商务洽谈、签订重要合同等，本企业人员出国学习、参观、考察等。

⑪ 本企业承办的国家、地方或上级的各种活动、会议等。

⑫ 本企业、企业内部各部门、企业员工受到国家、地方或上级的各种表彰、奖励等。

⑬ 媒体(包括广播、电视、报刊等)关于本企业的重要报道。

⑭ 其他有特殊意义的事件。

2. 组织机构沿革

组织机构沿革是系统记载企业的组织机构、人员编制、体制变革情况的一种参考资料。

(1) 组织机构沿革的内容包括：企业的历史概况，名称的改变、地址迁移，企业成立、合并以及撤销时间，职权范围、隶属关系，领导人的任免、编制发展情况，内部组织机构的设置变化情况及负责人姓名、人员编制情况。

(2) 组织机构沿革的编写体例。

编年法，就是按年代顺序，逐年列出该企业的机构设置与人员任免等情况。适合于组织机构常有变化的企业的组织机构沿革的编写。

系列法，就是以组织机构为主线，将每个机构及主要领导成员的变化作为一个系列来编写，适用于组织机构相对稳定、变化不大的企业的组织沿革的编写。

阶段法，就是根据企业自身的重大变革，划分为若干阶段，在每个阶段内划分为若干系列进行编写。

(3) 组织机构沿革的编写形式。组织机构沿革的编写一般采用文字叙述和图表显示相结合的形式。历史沿革概述、主要职能任务等用文字叙述，机构、编制、任免等用图或表排列显示。

3. 基础数据汇编

基础数据汇编是以图表形式，揭示企业经济技术和管理基础数字的编研成果。它可以是一个单位的全面情况、综合性的基础数据统计，也可以是某一方面情况的专题性的基础数据统计。可以是一年的，也可以是数年的。

（1）基础数据汇编的编写体例。基础数据汇编有综合性、专题性两种体例。综合性基础数据汇编，即系统地综合单位全面情况的基础数据。专题性的基础数据汇编，即系统地记载或反映某一方面或某个专题的基本情况的基础数据。

（2）基础数据汇编的编写要求。基础数据汇编应按年编写，一年一续，一般采用表格形式，兼附文字、图形。数据应集中完整，准确无误，分类科学和排列有序，类项规范系统，符合逻辑，便于进行分析比较。绘制的图表应当配以必要的文字说明，便于看懂数字的因果关系。汇编形式应灵活多样，方便利用。

4. 专题概要

专题概要是以文字叙述的形式，简要地记述和反映某一方面的工作、生产或其他社会现象、自然现象的产生、发展变化情况的参考资料。

（1）专题概要的内容。各单位可根据本企业工作职能、工作任务来选择专题编写。有反映各类代表会、重要工作会、专业会的，如《历次党代会会议简介》《计划工作会议简介》等。有反映企业主要工作、专业职能活动的，如《历年工作发展基本情况》《历年水灾情况汇编》《大案、要案汇集》《教育改革成果汇集》《市场调查报告集锦》《安全事故情况汇集》《档案利用实例汇集》等。

（2）专题概要的编写要求。尊重历史，实事求是，客观叙述。具体做到观点正确，取材真实，文字精练，简明扼要。

5. 科技图册

科技图册也称科技图集，是以图样为主体，配以必要的文字和数字说明的编研成果。图样可以是设计图、简图或示意图。根据需要，表示基建工程的应配以规模、布局、走向、结构、数据等说明；表示产品和设备的应配以规格、结构、性能、技术参数等说明。

6. 科技成果简介

科技成果简介是以文字叙述或列表的形式，简要摘录科技成果的主要内容并予以编撰和汇集的编研成果。

（1）科技成果简介的内容。一般包括科技成果的名称；科技成果的性能、结构、用途、工作原理、工艺过程、技术参数、技术规范等的报道；科技成果的技术水平、经济价值、鉴定及鉴定时间、评审和获奖（颁奖机关及获奖时间）的结论意见；主持和参与科技成果研制工作的人员名单；科技成果的档号等。

（2）科技成果简介的编写方法。科技成果简介一般不加编研人员的评论，一项成果简介一般控制在300~400字之间。多项简介可以汇编成册，也可以随时编辑单项成果以快报的形式及时传播。

7. 会议简介

会议简介是简要介绍企业召开的一些重要会议情况的专题参考资料。包括各类代表会议、重要工作会议、专业会议等。

（1）会议简介的内容。包括会议名称、届次、会议召开的起止时间；出席会议的代表和列席代表的人数及其所代表的范围；会议的主要任务；会议的主席团组成情况及会议主要议程；会议形成的决议、决定和讨论、选举结果的情况；会议期间遇到意外的情况等。

（2）会议简介的作用和编写要求。会议简介可以起到宣传、贯彻会议精神和指导工作的作用，为系统地研究企业的发展积累史料，也能为今后再次召开有关会议提供借鉴。在编写时要求分别编写，连续不断；结构完整，层次分明；内容全面，重点突出；文字简练，评述准确；实事求是，秉笔直书。

8. 产品简介

产品简介是根据产品档案的内容编制的一种向用户宣传产品用途、性能、技术指标等的参考资料。

（1）产品简介的内容。一般包括产品名称、产品型号、规格、性能、特征；产品用途、适用范围、使用特点、质量状况；产品制作过程中一些可以公开的技术数据、鉴定结果、获奖情况、用户反馈意见；产品的生产厂家、地址、参考价格、联系电话等，有条件的可附上产品和获奖证书等有关照片。

（2）产品简介的编写要求。一般采用文字叙述的形式，要求每种产品编写一份简介，然后汇编成册。产品简介汇编的编排，可以产品型号为分类原则，按从大型产品到小型产品、从元器件到配套产品、从复杂产品到简单产品的顺序排列，但要注意系列产品的成套性。

9. 基建工程项目简介

基建工程项目简介是档案部门根据基建档案编写而成的一种系统的参考资料。它可为利用者了解本单位基本建设情况提供档案信息，也可为本单位领导、工程技术人员进行新基建项目的决策、设计、建设提供系统的参考。

(1) 基建工程项目简介的内容。包括基建工程项目名称、代号；建设依据；工程投资情况与工程造价；占地面积与建筑面积；建筑物总高度、层数、基础和主体结构、内外装修等；实耗钢材、水泥、木材情况；工程建设负责人、设计、施工单位与责任人等；工程质量评价结果；档案资料归档情况、档案存放地点等。

(2) 基建工程项目简介的编写要求。基建工程项目简介一般采用文字叙述的形式，每个项目编写一份简介，然后按照工程性质、重要程度、建设时间等进行编排汇编成册。

四、档案利用典型事例的编写

为体现档案价值，宣传档案工作，提升全员档案意识，档案部门应抓好档案利用典型事例的收集和宣传工作。

(一) 档案利用典型事例的内容

档案利用典型事例一般应包括八个要素。一是标题；二是利用档案的单位名称或个人姓名、身份；三是利用档案的目的，即利用档案所要解决的问题或档案利用事件发生的历史背景；四是利用档案的时间、地点；五是利用档案的数量；六是利用档案的过程；七是利用效果，即利用档案取得社会效益、经济效益和解决的问题等；八是事例的提供者所在单位、部门及姓名。

(二) 档案利用典型事例的编写要求

1. 立场要客观

要遵循叙而不议的原则，坚守客观平实的写作基调。

2. 依据要真实

事例所反映的必须是真人真事，情节和效果要准确，一定要写确实已产生经济效益或社会效益并有文字依据的事情。利用者、时间、利用档案的具体卷件、利用经过以及产生的效果等要素必须齐全。

3. 事例要典型

事例要选择有指导性、有代表性、有推广价值、给人启迪，以及取得突出效益、开辟新的利用领域、具有一定代表意义的事件。

4. 效益计算要准确

要考虑到一项效益的取得，往往是多方面因素共同作用的结果，在计算时不能将其他因素的作用都加到档案的作用里。

5. 涉密要保护

对有可能涉密的档案利用效果事例，应根据提供范围的不同而形成档案利用效果事例的保密版(对内版)和脱密版(对外版)，分别提供利用。此外，编写事例中如涉及个人隐私或个人名誉问题，可以隐去真实名字，用“某某”代替。

示例

单井档案助长停井恢复青春

2019年1月份，胜利油田河口采油厂工艺技术人员通过查阅档案室详细的井史和生产数据等资料，摸排出长停井义古59井恢复生产，日产油15.4吨。

义古59井于1985年6月投产，因高含水于1986年2月找堵水作业后停井，停井时间长达30余年。2019年1月15日，工艺技术人员到档案室调阅了义古59井的井身结构、录井综合、层位分布、监测、生产、测试、油水化验等档案材料，重新对该井开展了地层对比，精细剩余油挖潜，认为该井在经过水井长期注水后，可能有剩余油富集，具有较大恢复潜力。在实施机械卡封工艺措施后，该井于2019年2月2日开井自喷生产，“沉睡”多年的油井被成功“唤醒”，为采油厂上产添加了强劲动力。

（胜利油田河口采油厂档案室）

附录

××公司档案利用管理办法

1. 总则

1.1 目的依据

为了加强和规范公司档案利用管理工作，维护档案资源安全，保护公司的合法权益，根据工作需要，制定本办法。

1.2 适用范围

适用于××公司所属各单位、机关各部室。

1.3 规范内容界定

本办法所称档案利用包括：纸质档案的查阅、复印、借出，电子原文的在线浏览、下载、拷贝等，根据利用内容、形式、对象的不同，需履行不同的审批手续。

1.4 管理原则

根据有关档案保密管理规定，规范公司档案的查阅、复制、借出、在线浏览、下载的管理工作，确保档案安全、有效利用。

2. 部门职责

2.1.1 档案管理中心是公司档案利用管理主管部门，负责利用手续的审查、审批，提供档案利用服务，做好档案借阅登记表、档案利用效果登记表等资料的管理和归档工作。

2.1.2 企业管理部(法律事务部)负责对外提供档案证据的利用审批和登记备案。未经企业管理部(法律事务部)审查同意、登记备案，档案部门不得擅自对外提供档案证据服务。

2.1.3 办公室(党委办公室)负责涉密档案的利用审批。

2.1.4 财务部负责会计档案的利用审批。

2.1.5 发展规划部负责土地证的利用审批。

2.1.6 行政事务管理中心负责房产证的利用审批。

2.1.7 各业务部门负责提出档案利用相关需求，办理利用审批手续，并按时归还档案。

3. 工作程序和控制内容

3.1　管理内容

3.1.1　档案利用可以采取在线借阅和实体档案借阅两种方式，推荐采用在线借阅方式。

3.1.2　档案借阅需履行审批手续，档案部门对不能提供借阅审批手续的，应拒绝提供借阅服务。

3.1.3　利用档案资料的人员，应妥善保护档案，严禁在档案资料上涂改、涂画、划道、拆封和抽换。

3.1.4　档案资料利用者应遵守国家保密规定，对借阅的档案内容不准外传，造成不良影响者，后果自负。

3.1.5　办理档案资料利用手续时，要当面交接清楚，档案资料在归还时，档案人员要严格履行检查注销制度，发现有缺损、涂改、遗失者，要追究其责任，视情节轻重给予罚款处理，并报有关单位给予行政处分。

3.1.6　档案人员和查档人员要做好档案资料利用效果反馈记录，积累档案资料为企业增值创效服务的事例。

3.2　在线利用档案流程

3.2.1　档案系统中已上传电子原文的档案(不含涉密档案、特藏档案)，可进行网络查询和利用。

3.2.2　公司员工可凭中石化统一身份账号和密码登录公司主页上的“石化档案馆”(或在浏览器中直接输入 IP 地址：××. ××. ××. ××)进行在线浏览、下载等业务，具体操作说明见其首页上的“××档案在线利用操作手册”。

3.3　实体档案利用流程

3.3.1　公司内部人员到档案部门请求利用档案资料时，须办理“(单位)内部利用档案申请表”，档案部门人员对申请表各项内容核实无误后，办理借阅服务。

3.3.2　档案原件原则上不得借出。如有特殊需要，须经本单位领导和档案部门领导批准，方可借出，并办理登记手续。借出数量一般不超过五卷，归还后方可再次借阅；借出期限一般不超过五个工作日，如需超期延期使用，必须到档案部门办理续借手续。

3.3.3　公司对外提供档案利用(提供档案证据以外)，应由相关业务部门负责接待，并派专人陪同到档案部门办理查阅事项。

3.3.4　公司法律事务部门和相关业务部门陪同公司以外人员到档案部门

请求提供档案利用服务时，须办理“外部利用档案申请表”，档案部门人员应对申请表各项内容核实无误后，方可提供档案利用服务。

3.3.5 原公司职工和改制企业职工，凭原单位介绍信或改制企业单位介绍信，办理“外部利用档案申请表”(“接待部门”栏不填写)，经档案部门领导审批后，可查阅相关档案，但不允许借出档案。

3.3.6 公司内部人员利用特藏档案(指涉及国家秘密、企业核心商业秘密、知悉范围受控的档案，或珍贵的历史档案)须办理“利用特藏档案申请表”，档案人员确定申请表各项内容无误后，方可借阅。

3.4 特藏档案利用流程

3.4.1 决策档案利用须经部门公司分管领导审批；利用集体决策原始记录须报公司主要领导同意(领导班子会、党委常委会、党委全委会应分别报公司总经理、党委书记同意)。

3.4.2 涉密档案(含国家秘密、商业秘密)利用须办理“利用特藏档案申请表”，经利用部门领导审批(签字、盖章)、公司保密部门审批(签字、盖章)、档案部门审批(即档案管理员、档案室负责人和档案部门领导签字)后方可查阅。涉密档案不允许借出和复印。

3.4.3 会计档案利用须办理“利用特藏档案申请表”，经利用部门领导审批(签字、盖章)、主管部门领导审批(即财务部部长或副部长签字)、档案部门审批(即档案管理员和档案室负责人签字)后方可查阅和复印会计档案。

3.4.4 土地证、房产证等企业产权档案利用，须办理“利用特藏档案申请表”，经利用部门领导审批(盖章、签字)、主管部门领导审批(土地证由发展规划部部长或副部长签字，房产证由行政事务管理中心部长或副部长签字)、档案部门审批(即档案管理员、档案室负责人和档案部门领导签字)后方可查、借阅。土地证、房产证等产权档案不对公司以外单位(含改制单位)提供借出服务。

3.4.5 其他特藏档案的利用，须办理“利用特藏档案申请表”，经利用部门领导审批(盖章、签字)、主管部门领导和公司主管领导审批(即特藏档案所属业务主管部门和公司主管领导签字)、档案部门审批(即档案管理员、档案室负责人和档案部门领导签字)后方可查、借阅。

4. 检查与监督

4.1.1 档案管理中心负责档案借阅管理工作的监督与检查。

4.1.2 检查结果纳入公司绩效考核管理。

第十八章 档案信息化建设

一、档案信息化建设概述

（一）目标与原则

目标：馆藏档案数字化，增量档案电子化。

原则：坚持技术与管理并重，确保电子档案来源可靠、程序规范、要素合规。

（二）档案信息化建设的主要内容

档案信息化建设的主要内容包括馆藏档案数字化、电子文件归档与管理、电子档案移交接收、档案信息系统和数字档案馆建设等。

1. 馆藏档案数字化

馆藏档案数字化，要以需求为导向，从满足档案利用需求、保护和抢救档案原件需要出发，根据企业工作基础、人员力量、经费规模统筹安排档案数字化工作。档案数字化应注重基础工作的质量，建立数字化档案数据的管理制度，做好数据的存储、备份、运行、利用、迁移等工作。

2. 电子文件归档及管理

做好电子文件归档工作最重要的是建立电子文件管理规章制度和建设电子档案管理系统。电子文件管理规章制度的核心内容是明确电子文件归档范围、保管期限和电子文件管理相关部门的职责；电子档案系统建设的核心任务是满足业务系统电子文件归档要求，确保归档电子文件的真实性、可用性、完整性和安全性。

3. 电子档案移交接收

电子档案的移交与接收必须基于计算机信息系统来完成，档案部门应按照《电子档案移交与接收办法》的要求，开展电子档案形成状况调查，做好系统配置、设备配备、人员培训、制度建立等各项准备工作，稳步推进电子档案移交与接收工作。

4. 档案信息系统和数字档案馆建设

网络建设是数字档案馆建设的基础。在数字档案馆中，数字档案信息的传输、管理与利用主要依靠档案网络平台。

信息技术应用是数字档案馆建设的主要手段。要通过数字化、数据库、网络、软件开发、信息安全、迁移、海量数据管理等先进成熟技术的综合应用，实现数字档案馆的各项建设。

系统开发是数字档案馆建设的重要内容。开发应用符合功能要求的管理系统是数字档案馆建设的重点内容，是数字档案馆建设成功与否的重要体现。“收、管、用”是数字档案馆管理系统设计开发中应把握的基本功能需求。实现科学管理与共享利用是主要目标。

数字档案信息资源是数字档案馆的管理对象。数字档案信息资源的来源包括电子文件归档、传统档案数字化、档案信息共享、各种途径的委托保管四个方面。

二、电子文件与电子档案管理

电子文件是国家机构、社会组织或个人在履行其法定职责或处理事务过程中，通过计算机等电子设备形成、办理、传输和存储的数字格式的各种信息记录。电子文件由内容、结构、背景组成。

电子档案是具有凭证、查考和保存价值并归档保存的电子文件。电子档案与电子文件相比，除了具有凭证价值之外，还具有档案价值，即超出业务周期的保存价值。电子档案的概念一般在业务活动结束之后形成，而电子文件涵盖整个文件生命周期。

（一）电子文件管理

电子文件管理是指对电子文件的形成、接收、维护、利用及处置等进行高效和系统的控制，以保障电子文件的真实性、完整性、可用性和安全性，发挥电子文件的记录、凭证和资产作用。

1. 电子文件管理的目标

电子文件管理的基本目标是维护电子文件的真实性、完整性、可用性和安全性。真实性指来源的真实性，即文件由法定主体根据法定程序形成和流转，在后续的管理过程中未被误改或篡改。完整性指电子文件内容、结构和背景信息的完整，还包括同一业务活动形成的电子文件之间联系的完整性。可用性是指文件可以被查找、检索、呈现或理解。安全性是指电子文件在产生、传输、使用等过程中载体和信息的安全性。

2. 电子文件管理的基本内容

电子文件管理主要包括三个方面，一是电子文件的识别、版本控制、捕获、分类、鉴定、处置、移交、长期保存、检索、利用等；二是电子文件管理相关系统的建设工作，包括电子文件形成系统（业务系统）、电子文件管理系统、电子文件长期保存系统的设计或采购、系统实施、系统的运营维护等；三是制订电子文件管理规划、建立电子文件管理制度、设置合适的组织机构、开展电子文件管理培训等。

电子文件生命周期分为形成办理、归档管理、长期保存三个阶段，见图 18-1。形成办理阶段主要包括版本控制、处理流程设定和控制、编号、分类、元数据管理等；归档阶段主要包括电子文件的识别、捕获、分类、鉴定、利用、处置、元数据管理等；长期保存阶段主要包括收集、格式转换、迁移、利用、元数据管理等。在三个阶段中，电子文件管理的主体、要求、场所各有不同，需要涉及电子文件生命周期中多个机构和部门遵循相应管理要求，协同配合完成电子文件管理的各项业务活动。

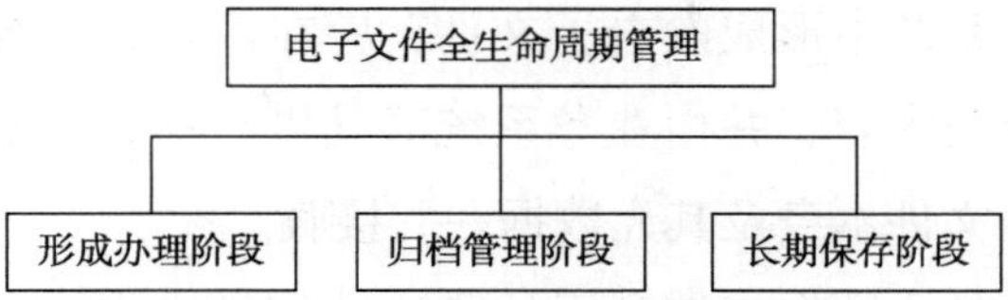

图 18-1　电子文件全生命周期的三个阶段

3. 电子文件归档和电子档案管理的职责与分工

（1）档案部门负责制定电子文件归档与电子档案管理制度，提出业务系统电子文件归档功能要求，负责电子档案管理系统的建设与应用培训；负责指导电子文件形成或办理部门按归档要求管理应归档电子文件；负责电子文件归档和电子档案编目、管理和处置等各项工作。

（2）电子文件形成或办理部门负责电子文件的收集、整理、著录和移交归档等工作。

（3）信息化部门负责依据标准建设业务系统电子文件归档功能，参与电子档案管理系统建设，为电子档案管理系统提供信息化支持。

（4）保密部门负责监督涉密电子文件归档和电子档案的保密管理。

（二）电子文件元数据管理

电子文件元数据是指描述电子文件内容、结构、背景及其管理过程的信息，伴随于电子文件整个生命周期，一般包括文件形成元数据、文件管理元数据及长期保存元数据。电子文件元数据管理主要包括两方面内容：一是制定、实施和维护元数据管理规则；二是形成、捕获和管理电子文件的元数据。

《电子文件归档元数据规范》（Q/SH 0761）将电子档案元数据从结构层次上区分为文件元数据、机构人员元数据、业务元数据、关系元数据 4 个二级域，再按信息用途细分为 8 个三级模块，即文件元数据域分为档案通用元数据、业务描述元数据、电子原文元数据 3 个模块，机构人员元数据域分为机构描述元数据、人员描述元数据 2 个模块，业务元数据域分为保护描述元数据、活动描述元数据 2 个模块，关系元数据域由关联描述元数据 1 个模块组成。

1. 业务系统电子文件元数据管理要求

对于内部业务系统中形成的电子文件，应在该业务系统开发与实施时规划元数据捕获节点与内容，并由业务系统对其进行捕获。对于外部接收的电子文件，应将电子文件本身及其元数据一并接收。

具有业务特点的、数据查询利用的描述性信息应作为电子文件元数据进行归档保存。不同单位的同一档案类数据应具有使用统一的元数据字段以进行管理。元数据的构成应遵循《电子文件归档元数据规范》(Q/SH 0761)。

同一业务中产生的电子文件应建立关联关系，并在元数据文件中进行描述，保持同一档案条目之间的完整性。若因业务检索利用，需对不同档案条目、不同档案类型的档案数据进行关联检索时，应在归档方案设计及电子文件归档时建立关联关系，并在元数据文件中进行描述。

示例

文书类电子文件的元数据

文书类电子文件的元数据包括文件实体相关的信息数据和记录电子文件拟制、办理活动的业务行为、行为时间和机构人员名称等信息数据。

(1) 文件实体相关的元数据包括：题名、文件编号、责任者、日期、机构或问题、保管期限、密级、格式信息、计算机文件名、计算机文件大小、文档创建程序等。

(2) 记录电子文件拟制、办理活动的业务行为、行为时间和机构人员名称等的元数据包括：发文的起草、审核、签发、复核、登记、用印、核发等；收文的签收、登记、初审、承办、传阅、催办、答复等。

2. 电子文件元数据管理职责

电子文件形成部门负责文件形成阶段的元数据著录工作，确保业务元数据的准确、真实和完整。

档案部门负责制订元数据方案，明确元数据移交要求，与电子文件形成部门、信息管理部门协调，保证元数据顺利捕获、维护和移交。

信息管理部门负责指导开展元数据方案的系统配置、维护以及元数据在系统中的存储、维护等工作。

3. 电子文件元数据归档格式

应根据电子文件归档接口及电子文件元数据形成情况确定电子文件元数据归档格式。

经业务系统形成的电子文件元数据根据归档接口确定归档格式，采用 Webservice、归档电子文件及其元数据规范存储结构两种方式的归档接口时，电子文件元数据可采用 ET、XLS、DBF、XML 等格式归档；采用中间数据库归档接口时，可与电子文件一并由业务系统数据库推送至中间数据库，也可由中间数据库导出数据库数据文件。

声像类电子文件元数据、在单台计算机中经办公、绘图等应用软件形成的电子文件，可以 ET、XLS、DBF 等格式归档。

4. 电子文件元数据封装

电子文件元数据封装方案是利用机器语言对元数据之间关系、元数据和电子文件之间关系的结构化表达。该方案中的元数据以文件保存元数据方案中的元数据为基础，增加了对封装包的描述信息。封装不仅可以作为电子文件长期保存的一种方法，也是一种有效的跨系统数据交换手段。根据《基于 XML 的电子文件封装规范》(DA/T 48)，采用 XML Schema 对元数据进行封装。

(三) 电子文件鉴定

电子文件的鉴定是指对文件的价值进行评估，判断其是否属于归档范围并划分其保管期限，同时，还应包括电子文件的真实性、可靠性、完整性和可用性检测。

1. 判断是否属于归档范围并划分保管期限

判断电子文件是否属于归档范围，应从企业的持续利用的需求出发，判定电子文件是否具有保存价值。业务系统生成的文本、图形、图像、数据等类型电子文件归档范围应参照纸质文件归档范围确定。音频、视频、多媒体等类型电子文件及数据库的归档范围应根据相关规定和需要确定。

电子文件保管期限和密级的划分工作，参照纸质文件材料保管期限和密级的有关规定执行。电子文件的背景信息和元数据的保管期限应当与内容信息的保管期限一致。应在电子文件的机读目录上逐件标注保管期限的标识。

2. 真实性、可靠性、完整性及可用性检测

（1）真实性和可靠性检测。

电子文件归档前，采用加密算法对待归档的电子文件进行认证，形成认证码。

电子档案管理系统接收到归档电子文件后，调用加密算法，通过将产生的认证码与原认证码进行比对的方式判断电子文件的真实性。

（2）完整性检测。

完整性检测主要包括电子文件信息完整性检测、元数据完整性检测及特殊格式电子文件配套软硬件完整性检测。

将归档电子文件与电子文件应有的构成要素进行比较，凡缺少应有构成要素的电子文件均视为不完整电子文件。例如：文书类电子文件一般包括正文及其附件、签发单、修改稿等，如有缺少即认定为不完整。

将电子文件元数据与元数据定义项进行比较，凡缺少应有元数据元素的，应确定为元数据不完整。

对需要特殊软硬件支撑才能显示或处理的电子文件，归档时应检查其所依赖的软硬件是否与电子文件一同收集。

（3）可用性检测。

主要检测电子文件的可理解性和可利用性，包括信息的可识别性、存储系统的可靠性、载体的完好性和兼容性。

收集不可识别电子文件特征，形成特征库。将收集归档的电子文件与不可识别电子文件特征库中的特征进行比对，从而确定不可识别电子文件。

采用防病毒系统检查电子文件有无病毒，防病毒系统的病毒库应处于最新状态。兼容性是指电子文件存储格式对特殊软硬件平台的依赖性，一般包括硬件和软件两个方面的检查，检查方法可参照采用信息系统开发中的 Beta 测试法。针对离线移交，应检查移交载体的完整性，即检查电子文件存储载体有无损伤，能否正常使用。需检查的离线载体数量较少时，可采用人工检查方式，数量较大时，应考虑采用专用检查系统。

（四）电子文件归档

1. 归档要求

（1）电子文件归档要求及功能应嵌入文件生成系统。

（2）企业各信息系统所形成的电子文件的元数据、背景信息，以及生成非通用电子文件格式的软件等应与电子文件一并归档。

（3）归档的电子文件数据格式应具备格式开放、不绑定软硬件、显示一致性、可转换、易于利用等性能。文字型电子文件一般采用 XML、RTF、TXT 格式；扫描型电子文件采用 JPEG、TIFF 格式；视频和多媒体电子文件采用 MPEG、AVI 格式；音频电子文件采用 WAV、MP3 格式。专用软件生成的电子文件原则上应转换成通用格式归档。版式文件格式参照《版式电子文件长期保存格式需求》(DA/T 47)执行，可采用 PDF、PDF/A 格式。其他类型电子文件如公务电子邮件，数据库文件，计算机辅助设计制造过程中形成的二维、三维矢量文件等特殊文件参照《电子文件归档与电子档案管理规范》(GB/T 18894)执行。

（4）电子文件应经鉴定、整理、审核后归档。

（5）加密的电子文件归档时应解密，必须加密归档的电子文件应与其解密软件和说明文件一并归档。

（6）文件形成部门应负责确保归档电子文件具备真实性、可靠性、完整性和可用性。

（7）电子文件归档前应由文件形成单位按照规定的项目对电子文件的真实性、完整性和有效性进行检验，并由负责人签署审核意见，检验和审核结果填入《归档电子文件移交、接收检验登记表》。如果文件形成单位采用了某些技术方法保证电子文件的真实性、完整性和有效性，则应把其技术方法和相关软件一同移交给接收单位。

（8）文件形成部门或信息管理部门应定期把经过鉴定符合归档条件的电

子文件向档案部门移交，并按档案管理要求的格式将其存储到符合保管期限要求的脱机载体上。

(9) 在进行电子文件归档工作时，应对归档电子文件的基本技术条件进行检测。检测内容一般包括硬件环境的有效性，软件环境的有效性及其信息记录格式、有无病毒感染等。

(10) 归档的电子文件由形成部门负责整理、立卷，档案部门予以协助、指导。

2. 归档时间

电子文件形成或办理部门应定期将已收集、积累并经过整理的电子文件及其元数据向档案部门归档，归档时间最迟不能超过电子文件形成后的第 2 年 6 月。

3. 归档方式

电子文件归档应基于安全的网络环境或专用离线存储介质，采用在线归档或离线归档方式，通过电子档案管理系统客户端或归档接口完成电子文件及其元数据的归档。

在线归档方式应结合业务系统、电子档案管理系统运行网络环境及业务实际，确定电子文件及其元数据归档接口并书面说明，归档接口通常包括但不限于 Webservice 归档接口、中间数据库归档接口、电子文件及其元数据的规范存储结构三部分。

对于无法实现在线归档的电子文件，采用离线归档的方式，将归档电子文件存储到专用离线存储介质，向档案部门移交归档。目前推荐采用的离线载体，按优先顺序依次为只读光盘、一次写光盘、磁带、可擦写光盘、硬磁盘等。不允许用软磁盘作为归档电子文件长期保存的载体。如采用光盘归档移交，应符合《电子文件归档光盘技术要求和应用规范》(DA/T 38) 的要求，如采用磁介质移交，应符合《磁性载体档案管理与保护规范》(DA/T 15) 的载体要求。

存储电子文件的载体或装具上应贴有反映其内容的标签，标签上应注明载体序号、全宗号、类别号、密级、保管期限、存入日期等，归档后的电子文件的载体应设置成禁止写操作的状态。特殊格式的电子文件，应在存储载体中同时存有相应的查看软件。将相应的电子文件机读目录、相关软件、其他说明等一同归档，并附《电子文件归档登记表》。对需要长期保存的电子文件，应在每一个电子文件的载体中同时存有相应的机读目录。

归档完毕，电子文件形成部门应将存有归档前电子文件的载体保存至少1年。

（五）电子档案存储与备份

1. 电子档案存储

（1）电子档案在线存储。电子档案的在线存储方式，应在电子档案管理系统设计开发时进行规划，选择的存储方式应有利于保证电子档案真实、完整、长期可用，有利于保证电子档案的安全，成本最小。应为电子档案及其元数据的安全存储配置与电子档案管理系统相适应的在线存储设备。电子档案管理系统应依据档号等标识符构成要素在计算机存储器中逐级建立文件夹，分门别类、集中有序的存储电子档案及其组件，并在元数据中自动记录电子档案在线存储路径。在线存储系统应实施容错技术方案，定期扫描、诊断硬磁盘，发现问题应及时处置。

（2）电子档案离线存储。重要的电子档案应进行一式三套离线存储，载体应具有较好的耐久性，载体选择标准依据《电子文件归档与电子档案管理规范》（GB/T 18894）规定，推荐采用的载体，按优先顺序依次为只读光盘、一次写光盘、磁带、可擦写光盘、硬磁盘等。不允许用软磁盘作为电子档案长期保存的载体。离线载体应按要求进行标识并按照磁性载体档案进行保管。三套载体最好采用异地保存。

离线存储载体管理按照《电子文件归档光盘技术要求和应用规范》（DA/T 38）和《磁性载体档案管理与保护规范》（DA/T 15）执行。

离线存储时，应按《电子文件移交与接收办法》（档发〔2012〕7号）和离线存储载体容量进行信息组织，不能用运维备份的文件组织方式进行离线存储，更不能用系统备份文件代替离线存储文件。

对磁性载体中的电子档案每满2年、光盘每满4年进行一次抽样机读检验，抽样率不低于 10%。

对磁性载体中的电子档案，应每 4 年转存一次，原载体同时保留时间不少于 4 年。

2. 电子档案备份

电子档案形成部门、档案部门、信息管理部门应制定电子档案备份方案和策略，实施电子档案及其元数据、电子档案管理系统及其配置数据、日志数据等备份管理，确保电子档案的真实、完整、可用和安全。

（1）电子档案近线备份与灾难备份。宜采用磁带备份系统进行近线备份，应定期对电子档案及其元数据、电子档案管理系统的配置数据和日志数据等进行全量、增量或差异备份。

电子档案数量达到一定量且条件许可时，可实施电子档案管理系统和数据库系统的热备份。

本单位建设灾难备份中心时，应将电子档案及其元数据、电子档案管理系统的灾难备份纳入规划之中，进行同步分析、设计和建设。电子档案的灾难备份和灾难恢复参照《信息系统灾难恢复规范》（GB/T 20988）等标准要求执行。

（2）电子档案离线备份。应采用一次写光盘、磁带、硬磁盘等离线存储介质，参照标准有《硬磁盘驱动器通用规范》（GB/T 12628）、《CAD 电子文件光盘存储、归档与档案管理要求 第一部分：电子文件归档与档案管理》（GB/T 17678. 1）《CAD 电子文件光盘存储、归档与档案管理要求 第二部分：光盘信息组织结构》（GB/T 17678. 2）《电子文件归档光盘技术要求和应用规范》（DA/T 38）等，备份内容包括电子档案及其元数据、电子档案管理系统配置数据、日志数据等。

电子档案离线存储介质至少应制作一套。可根据异地备份、电子档案珍贵程度和日常应用需要等实际情况，制作第二套、第三套离线存储介质，并在装具上标识套别。

应对离线存储介质进行规范管理，按规则编制离线存储介质编号，按规范结构存储备份对象和相应的说明文件，标识离线存储介质。禁止在光盘表面粘贴标签。

离线存储介质的保管除参照纸质档案保管要求外，还应符合下列条件：

① 应作防写处理。避免擦、划、触摸记录图层。

② 应装盒，竖立存放或平放，避免挤压。

③ 应远离强磁场、强热源，并与有害气体隔离。

④ 保管环境温度选定范围：光盘 17～20℃，磁性载体 15～27℃；相对湿度选定范围：光盘 20%～50%，磁性载体 40%～60%。具体要求见《磁性载体档案管理与保护规范》(DA/T 15)、《电子文件归档光盘技术要求和应用规范》(DA/T 38)。

应定期对磁性载体进行抽样检测，抽样率不低于 10%；抽样检测过程中如果发现永久性误差时应扩大抽检范围或进行 100%的检测，并立即对发生永久性误差的磁性存储介质进行复制或更新。

对光盘进行定期检测，检测结果超过三级预警线时应立即实施更新。

离线存储介质所采用的技术即将淘汰时，应立即将其中存储的电子档案及其元数据等转换至新型且性能可靠的离线存储介质之中。

确认离线存储介质的复制、更新和转换等管理活动成功时，再按照相关规定对原离线存储介质实施破坏性销毁。

(六) 电子档案保管

(1) 电子档案应存储到相应的专业档案管理系统或相应的存储载体。

(2) 脱机存储电子档案的载体或装具上应贴有注明载体序号、电子档案号、密级、保管期限、存入日期等内容的标签，电子档案载体应设置成禁止写操作的状态。

(3) 电子档案应一式三套，一套封存保管，一套异地保管，一套提供利用。

(4) 超过保管期限的电子档案的鉴定和销毁，按照纸质档案的有关规定执行，其删除和销毁应符合相关规定。对确认销毁的电子档案应有销毁文件目录存档。

(5) 重要的电子档案保管场所和利用场所应满足安全屏蔽要求，保障重要电子档案的保密安全。

（七）电子档案利用

（1）电子档案的提供利用应严格遵守国家、中国石化相关保密规定。

（2）应根据工作岗位、职责等要求在电子档案管理系统为利用者设置相应的电子档案利用权限。

（3）利用者应在权限允许范围内检索、浏览、复制、下载电子档案、电子档案组件及其元数据，并保证利用过程中电子档案不被非法篡改。

（4）电子档案及其元数据的离线存储介质不得外借，其使用应在档案部门的监控范围内。

（5）电子档案根据授权，在线或离线提供利用时，均应通过日志或其他方式记录利用过程，记录信息包括利用人、利用方式、电子档案档号、文件号、文件名、利用时间等。利用过程信息应作为电子档案元数据的一部分进行保存。

三、传统载体档案数字化

（一）档案数字化

档案数字化是指将档案信息转化为可应用于计算机等数字设备阅读、管理，满足网络传递与利用需要的数字化数据(信号)的处理过程。

1. 档案数字化基本原则

（1）坚持统一管理、统一标准、规范实施、确保安全的原则。

（2）坚持完整性和保护性的原则。对档案保存时间较久、载体面临损坏危险的档案应优先实施数字化；进行数字化时应综合考虑案卷或专题的完整性，避免电子档案信息不完整影响档案利用效果。

（3）要坚持目录优先的原则。对于馆藏量较大、基础工作比较薄弱的单位，应当优先建立文件级目录数据库，为开展全文数字化工作奠定基础。

（4）要坚持方便利用的原则。数字化的主要目的是方便利用。对已经数字化的档案，要及时鉴定，划分公开范围和控制使用范围，并将公开范围的档案及时向社会开放，确保可以公开的数字化档案向社会提供利用。

2. 档案数字化基本要求

纸质档案数字化应符合《纸质档案数字化规范》(DA/T 31)和《中国石化档案数字化规范》的要求，缩微胶片数字化应符合《缩微胶片数字化技术规范》(DA/T 43)的要求，录音录像档案数字化应符合《录音录像档案数字化规范》(DA/T 62)，档案数字化光盘盒盒纸和盘面的标识应符合《档案数字化光盘标识规范》(DA/T 52)。

3. 档案数字化基本方式

档案数字化的基本方式有扫描加工、信号转换、数码拍摄等，应根据档案载体形式不同选择相应的数字化方式。

4. 档案数字化工作基本流程

档案数字化包括档案整理、目录建库、数据采集、数据处理、数据质检、数据挂接、数据验收等基本工作流程。

(二) 纸质档案数字化

1. 档案整理

扫描前，按下述步骤对档案进行整理。

(1) 目录数据准备。按照《档案著录规则》(DA/T 18)等要求，规范档案目录内容，包括确定档案目录的著录项、字段长度和内容要求。如有错误或不规范的案卷题名、文件名、责任者、起止页号和页数等，应进行修改。

(2) 拆除装订。拆除影响扫描工作的装订物，拆除时应注意保护档案不受损害。

(3) 区分扫描件和非扫描件。按要求把同一案卷中的扫描件和非扫描件区分开。普发性文件区分的原则是：无关的重份文件应予以剔除，有正本的文件可不扫描原稿。

(4) 装订。扫描工作完成后，拆除过装订物的档案应按档案保管的要求重新装订。恢复装订时，应注意保持档案的排列顺序不变，做到安全、准确、无遗漏。

2. 档案扫描

（1）扫描操作步骤。

第一步，取出档案分别从两个方向将档案展开，观察是否有档案粘连、其他夹页、钉书钉或大头针等杂物。发现档案粘连，若对档案内容不影响，则进行分离处理，但不可造成档案破损；若对档案内容有影响，应立即处理并做好处理记录。发现其他杂物要进行清除。

第二步，将档案向进纸方向展开，观察是否有档案反相及档案四角曲折情况，若有进行处理。

第三步，对于档案中的“筒子页”，应当平摊开后进行整幅扫描，折子页、图纸、表格等应整页扫描。

第四步，打开计算机“扫描软件”开始扫描工作。

第五步，按照案卷标明的页码顺序从卷封开始扫描，案卷内每个扫描页码张均要扫描成单独影像页。遇有浮贴时，浮贴加原页扫 1 页，浮贴揭开之原页扫 1 页，若有多张浮贴重叠，每张浮贴均需单独扫描。

第六步，扫描过程中应认真核对图像编号顺序无误后进行扫描。

第七步，扫描过程中认真观察扫描图像质量，确保扫描影像的清晰完整，方向正确，没有歪斜、黑边。发现图像质量问题立即暂停扫描进行处理。

第八步，一个案卷的档案扫描完成后，应核对图像数与本案卷待扫描页数是否一致，若不一致则查明情况并做相应处理，一般情况为漏扫、多扫等。

第九步，一个案卷的档案扫描完毕后，应将档案按原始顺序放回。

第十步，在扫描过程中将确保电子影像数据准确并与纸质档案匹配，并且图片命名及组成符合要求。

（2）扫描工作要求。

① 纸质档案以不损伤档案原件为则，尽量保证纸张扫描时放置端正，以减少后期处理可能带来的图像失真。

② 对于大幅面档案采用大幅面扫描设备，遵循尽量展现档案原貌的原则。

③ 遇到档案资料纸张质地脆弱，不适合反复拆装订的档案资料，采用不拆卷扫描设备和方式进行扫描，如翻拍仪或零边距扫描仪。

④ 扫描时应根据纸张情况选用合适的扫描方法，对于纸张较薄的在纸张下方垫用相似条件的纸张作为参照物进行扫描。对特殊纸张或档案原件清晰度不高的，可通过增加分辨率，调整亮度、对比度等技术参数，直至扫描图像清晰为止。对于同一份档案，清晰度不同，特别是铅笔、钢笔、圆珠笔同时存在的，以文件主要部分的清晰为准。

⑤ 对于粘贴的纸张，将其一页页翻开扫描，然后将影像中的多余图像裁剪掉。

⑥ 条码部分图像不清，条码印制质量不好。找出档案，调整亮度参数后重扫。对亮度过高造成的扫描后图像杂点进行处理，但决不可改变任何原有笔迹。

⑦ 图像标题反向，档案放置反向。将反向档案找出，重扫并将原图像替换。

⑧ 图像部分内容反向，重扫并将原图像替换。

⑨ 图像角部、黑边、档案折角(边)。若影响档案内容，找出档案整理折角后重扫；若不影响档案内容，则用擦涂工具进行清除。

⑩ 图像重影。将重影档案及后一张档案一并找出重扫，并将原图像替换。

⑪ 图像太淡、不清，档案用淡蓝色墨水填写或用修正液涂改，找出该份档案，调整亮度参数后重扫并将原图像替换。由于亮度过高造成图像杂点，要对影响影像档案内容的杂点进行清除。

(3) 扫描色彩模式。扫描色彩模式一般有黑白二值、灰度、彩色等。具体要求页面为黑白两色，并且字迹清晰、不带插图的档案，可采用黑白二值模式进行扫描；页面为黑白两色，但字迹清晰度差或带有插图的档案，以及页面为多色文字的档案，可以采用灰度模式扫描；页面中有红头印章或插有黑白照片、彩色照片、彩色插图的档案，可视需要采用彩色模式进行扫描。

(4) 扫描分辨率。扫描分辨率参数大小的选择，原则上以扫描后的图像清晰、完整、不影响图像的利用效果为准。扫描分辨率应不小于 200dpi，如文字偏小、密集、清晰度较差、需进行 OCR 识别等，扫描分辨率应不小于 300dpi，需要进行高精度仿真复制的档案，扫描分辨率建议不小于 600dpi。

3. 图像处理

使用图像处理软件（Photoshop、数字化加工软件等）对扫描文件进行图像处理。

（1）图像数据质量检验。对图像偏斜度、清晰度、失真度等进行检查。发现不符合图像质量要求时，应重新进行图像的处理。

（2）纠偏。对出现偏斜的图像应进行纠偏处理，确保页面端正，无明显倾斜，倾斜度不大于 1 度。对方向不正确的图像应进行旋转还原，以符合阅读习惯。对于图像严重倾斜而致使图像无法处理的，需进行重新扫描。

（3）去污。对扫描过程中产生的污点、污线、黑边等影响图像质量的杂质应进行去污处理。处理过程中应遵循展现档案原貌的原则，不得去除档案页面原有的纸张褪变斑点、水渍、污点、装订孔等痕迹。

（4）裁边。保持扫描图像内容居中，上下左右四边尺寸合理，以档案原件大小为依据，去除电子图像多余的白边，注意图像的整洁与美观，不留文字版面外的暗影，无干扰信息，以缩小图像的容量，节省存储空间。

4. 图像存储

（1）存储格式。采用黑白二值模式扫描的图像文件，采用 TIFF 格式存储。采用灰度模式和彩色模式扫描的文件，采用 JPEG 格式存储。存储时的压缩率的选择，应在保证扫描的图像清晰可读的前提下，以尽量减小存储容量为准则。提供网络查询的扫描图像，也可存储为 PDF 格式。

（2）图像文件的命名。以该档号作为文件扫描后的图像文件命名。多页文件可采用该档号建立相应文件夹，按页码顺序对图像文件命名。

5. 目录建库

（1）目录建库应选择通用的数据格式。所选定的数据格式应能直接或间接通过 ML 文档进行数据交换。

（2）档案著录按照《档案著录规则》（DA/T 18）的要求进行，建立档案目录数据库。

（3）目录数据质量检查采用软件自动校对和人工校对方式。核对著录项目是否完整，著录内容是否规范、准确，发现不合格的数据应进行修改。

6. 数据挂接

（1）数据关联。以纸质档案目录数据库为依据，将每一份纸质档案文件扫描所得的一个或多个图像存储为一份或多份图像文件。将图像文件存储到相应文件夹时，要核查每一份图像文件的名称与档案目录数据库中该份文件的档号是否相同，图像文件的页数与档案目录数据库中该份文件的页数是否一致，图像文件的总数与目录数据库中文件的总数是否相同等。通过每一份图像文件的文件名与档案目录数据库中该份文件的档号的一致性和唯一性，建立起一一对应的关联关系。

（2）数据挂接及客户端图像留存。目录数据与图像数据通过质检环节确认为“合格”后，通过网络及时加载到数据服务器端汇总。数字图像自动搜索对应的目录数据，自动生成对应的电子地址数字图像文件名，并建立起一一对应的关系。

（3）图像数据应在扫描客户端留存，并定期刻制光盘保存。

7. 数据验收

（1）以抽检的方式检查已完成数字化转换的所有数据，包括目录数据库、图像文件及数据挂接的总体质量。一个全宗的档案，数据验收时抽检的比率不低于5%。

（2）目录数据库与图像文件挂接错误，或目录数据库、图像文件之一出现不完整、不清晰、有错误等质量问题时，抽检标记为“不合格”。

（3）一个全宗的档案，数字化转换质量抽检的合格率达到95%以上（含95%）时，验收“通过”。

合格率=抽检合格的文件数/抽检文件总数×100%。

（4）验收结论须经档案管理部门负责人审核、签字后方有效。

8. 数据备份

（1）经验收合格的完整数据应及时进行备份。

（2）为保证数据安全，备份载体的选择应多样化，可采用在线、离线相结合的方式实现多套备份。

（3）备份数据应进行检验。备份数据的检验内容主要包括备份数据能否打开、数据信息是否完整、文件数量是否准确等。

（4）数据备份后应在相应的备份介质上做好标签，以便查找和管理。

（5）工作单登记，填写《纸质档案数字化登记表》。

（三）照片档案数字化

1. 照片档案整理

照片档案进行数字化扫描前，应进行必要的整理。

（1）目录审核。目录审核主要核实目录的准确性，规范目录著录内容。有不规范或错误的题名、照片号、摄影时间、摄影者、底片号等，应对目录进行修改，为建立照片档案目录数据库做准备；已建立照片档案目录数据库的，则对已录入计算机的目录数据与原件进行检查核实。

（2）照片检查。检查照片保存状况，对照片破损、变形、污渍、霉斑、褪色等情况进行登记，在扫描前对照片的破损、变形、污渍、霉斑、褪色等情况不做任何技术复原，但在确保不会损伤照片的前提下，应对照片进行简单的清洁处理，如去除灰尘、污渍或霉点等，以提高扫描图像质量。

（3）整理登记。对照片档案整理过程进行登记，包括目录审核、修改情况、照片检查情况等，作为数字化其他工作环节的依据。

2. 照片档案数字化

（1）扫描。根据照片幅面的大小选择相应规格的扫描仪进行扫描。如照片幅面过大，可采用小幅面扫描后进行图像拼接的方式处理，照片有底片，且底片质量较好的，可采用底片扫描仪（胶片扫描仪）直接扫描底片转化为图像。

（2）扫描分辨率。分辨率一般应≥300dpi，确保扫描形成的图像清晰、完整，能印制出与原件同等尺寸、图像还原效果较好的照片，满足照片复制、出版、展览等多种档案利用需要。对于其他太大或太小的照片，扫描分辨率可做相应的调整；对于一些涉及重要历史事件和人物的照片，其扫描分辨率可在以上基础上适当增加。

（3）翻拍。采用数码相机翻拍照片时，应固定机身俯拍，不使用闪光灯。

（4）翻拍像素。数码相机翻拍像素的选择，应以翻拍形成的图像清晰、完整，印制出来的照片与原件接近为宜，一般不低于600万像素。单幅数字照片不小于3MB。

（5）填写工作单。登记照片档案数字化的方式，扫描的分辨率或翻拍的像素，大幅照片分小幅数字化的分解文件个数等。在登记的同时注意核对数字化的照片张数是否与档案整理登记的一致，发现漏扫或错扫时应及时补扫。填写照片档案数字化登记表。

3. 图像处理

包括纠偏、裁边、去污、修复、图像拼接等。

4. 图像存储

（1）图像存储格式。原则上选择JPBG或TIFF格式，建议采用无损压缩，存入统一的照片数据库。

（2）图像存储方式。按全宗、一级类目、二级类目、文件分级建文件夹存储。

5. 文件夹命名办法

各层文件夹的命名由相应档案类别的分类编码组成。

6. 数据挂接

参照纸质档案数字化。

7. 数据验收

参照纸质档案数字化。

8. 数据备份

参照纸质档案数字化。

（四）录音带、录像带档案数字化

1. 前期准备

（1）检查声像档案外观。检查录音带、录像带是否有断带、过紧或过松情况。有断带情况的，用胶带粘连等方式进行续接；过紧或过松的，用小棒转紧或用手轻轻拍松，使之能正常播放。为保证录音带、录像带的播放效果，在进行数字化前，对存放过久不常使用的录音带、录像带，必须进行倒进带处理，防止磁带粘连等情况。

（2）检查录音带、录像带的声音画面质量。在进行检查和倒进带处理后，应播放录音、录像片段，检查音质情况，并做好登记，以便对数字化后的效果进行比较。

（3）检查登记。对录音带检查情况进行登记，为数字化工作提供参考。

2. 数字化方式

把录音带、录像带的播放设备与计算机进行连接，通过计算机的音频采集卡、应用软件对录音带、录像带播放出来的音、视频文件进行录制，转化为数字文件。

3. 数字化主要参数

采样率：44.1kHz；量化级：24bit。

通道数：录音带以单声道录制的，以单声道(MONO)采样；录音带以多声道录制的，以立体声(STEREO)采样。

分辨率(像素)：不低于720×576dpi；帧数：25帧/秒；视频速率：8Mbit/s。

4. 工作单登记

对声像档案数字化工作进行登记，以备查考。填写音像档案数字化加工登记表。

5. 存储格式

音频档案数字化格式应选择WAV或MP3格式存储；视频档案数字化格式选用MPEG-2格式存储。

6. 存储方式

按全宗、一级类目、二级类目、文件分级建文件夹存储。

7. 文件夹命名办法

各层文件夹的命名由相应档案类别的分类编码组成。

8. 工作环境

声像档案数字化时必须远离强磁场等外部干扰。

9. 数据挂接、数据验收、数据备份

参照纸质档案数字化工作进行。

（五）实物档案数字化

1. 前期准备

（1）应对拟数字化的实物档案进行目录数据著录，并确保数据准确。

（2）对实物档案内容和载体质量进行检查，有残缺的应进行修补，并做好记录。

（3）对载体进行全面彻底卫生清理。

（4）设置拍照房间，具备侧主光、底光、顶光、背光等柔性照明和背景条件。

2. 拍照要求

（1）应采用数码照相机彩色拍照。

（2）拍照时要注意被拍摄物的图像要充满取景框。

（3）拍摄实物档案时，要进行多角度拍摄，真实全面反映实物档案特征。

（4）实物档案拍摄时的图像质量一般不低于600万像素。

（5）被拍摄物图像表面不能有反光面或反光点。

（6）拍摄的图像必须曝光正确，清晰。

3. 存储格式

根据保存目的，选择JPEG或TIFF格式存储。一般选择JPEG格式，特殊需要制作大幅面照片的选择TIF格式。

4. 存储方式

按全宗、一级类目、二级类目、文件分级建文件夹存储。

5. 文件夹命名办法

各层文件夹的命名由相应档案类别的分类编码组成。

6. 数据挂接、数据验收、数据备份

参照纸质档案数字化工作进行。

四、中国石化档案管理系统应用

（一）功能模块说明

1. 档案业务功能模块

（1）收集整编模块。在收集整编模块中，可对各业务系统产生的文件，移动载体移交的文件，外聘人员手工录入等产生的文件(包括原文)通过收集整编模块完成采集、整理、归档入库。

（2）档案管理模块。档案管理模块可以对归档的档案数据进行管理，包括档案打回、生成报表等功能，与收集整编的区别在于，此模块操作主要是针对正式档案进行操作。

（3）鉴定管理模块。鉴定管理模块可以查询、打印鉴定单据，以及维护鉴定流程的配置。鉴定流程配置需由拥有鉴定管理员模板用户操作。

（4）归档批处理模块。归档批处理功能用于处理从 OA、合同等系统归档到档案系统的批次数据。档案管理员可对归档源、组织机构匹配、元数据进行统一管理与调整。

2. 利用中心功能模块

（1）档案查询模块。该模块可对已归档的档案进行查询，可以用多种检索条件组合查询，对查询出的档案进行查阅、借阅以及查看电子原文等操作。

（2）借阅管理模块。管理档案借阅单，可以对借阅单进行查询，查看等操作。可以对纸质档案做出归还、借出、续借、催还等操作。

（3）利用率统计模块。可以对各类档案的利用情况做详细统计。

（4）工作量统计模块。可以针对某个人员或机构的工作量进行统计。

（5）单类档案统计模块。可以针对正式的档案数量进行自定义统计。

（6）多类统计模块。多类统计可统计除正式档案外的其他数据信息。

3. 库房管理功能模块

（1）库房管理模块。图形化管理库房，主要解决的是实现多楼宇、多楼层库房的图形化管理，在档案系统中建立可视化的虚拟库房，可以直接在界面上看到库房内部的排架情况，每个柜架上档案的案卷题名等。

（2）温湿度管理模块。温湿度管理实现对库房温度、湿度进行录入、查询、统计等，可以自动形成并打印库房温湿度变化曲线，便于库房管理员及时调整温度、湿度。

（二）系统操作指南

目前，总部正在推广档案管理系统三期，系统网址为：https：//ams. sinopec. com. 具体操作见该系统登录界面上的操作指南。

第十九章 档案宣传教育

档案宣传教育是指各级档案部门利用媒体、展览等多种手段面向企业、面向社会，宣传档案工作方针政策，普及档案知识，交流档案工作经验，为社会提供档案资源，将档案工作与社会联系起来的一项工作。

一、档案宣传教育基本要求

档案宣传教育要紧紧围绕党、政府、集团公司中心工作以及职工群众关心、关切和关注的热点，找准新时代档案宣传教育工作的着力点、切入点与落脚点，广开思路，以全新的视野与理念，充分体现档案宣传教育的时代性，运用好档案宣传的话语权，大力弘扬档案文化，不断提升档案工作知名度和影响力。

（一）把牢政治方向

档案工作承担着为党管档、为国守史、为民服务的职责，具有鲜明的政治性。档案宣传教育工作作为档案工作的一项重要内容，政治性、政策性都很强。做好宣传教育工作务必要提高政治站位，始终牢记“档案工作姓党”，增强政治敏锐性和政治鉴别力，提高政治能力，形成一种职业敏感，凡事首先从政治上进行考量，看是否符合党的路线方针政策，是否符合社会主义核心价值观，是否符合党和国家的根本利益，把讲政治贯彻宣传工作的始终。

（二）服务中心工作

企业是直接参与市场竞争的经济组织，必须以创造价值、实现盈利为目的。与此相适应，档案的宣传教育要与目前企业生产经营面临的新形势相结合，要利用档案资源宣传企业的经营思路和技术创新成果，宣传企业生产活动中涌现出的典型人物，增强受众对企业的了解，提升企业形象，增强员工队伍凝聚力，使档案宣传教育成为推动企业改革发展的强大动力。

（三）结合工作实际

要将宣传教育与档案实践紧密结合，发现、挖掘、提炼在档案收集、鉴定、保管、利用、开发、科研教育、对外交流、队伍建设等各个环节的典型事例、工作经验和宣传亮点，突出体现和展示档案工作公益性、服务性、实用性和趣味性的主题内容，大力宣传档案工作新成果、新发现、新理念，讲述内容更加贴近地气、贴近生活、贴近民生、体现民意，努力讲好档案故事，让职工群众从档案宣传活动中体会更多的亲切感、获得感、满足感，实现档案宣传效果最大化。

（四）坚持持久宣传

档案宣传教育是以解决人的思想认识问题和普及知识技术为主要目标的长期工作，需要循序渐进，长期坚持。例如可在档案馆、体育场、社区等公共娱乐、休闲场所举办巡回流动的宣传展览，让档案经常出现在公众面前；还可以在档案馆开辟档案信息陈列馆，展出珍藏档案；在网站开设专题专栏，并保证栏目的长期稳定和定期更新，培育职工群众的档案意识。

二、档案宣传教育的对象和内容

档案部门必须与社会各界加强联系，把档案工作延伸到各个领域，将档案宣传的对象由“档案界”扩大到社会各个领域。

（一）档案宣传教育对象

档案宣传教育的对象主要有三个层次。一是对档案专兼职工作者的宣传，二是对领导干部和其他社会组织的宣传，三是对普通群众即社会公众的宣传。档案宣传教育活动的对象应有针对性，宣传档案法律法规，其宣传对象应定位于领导干部、普通群众和档案工作者，以提高他们的档案法律意识和依法治档的自觉性；宣传档案馆馆藏，其宣传对象应面向普通群众或利用档案资料进行研究和创作的专业工作者，使他们详细了解馆藏内容，从而更好地为他们提供服务。

（二）档案宣传教育内容

1. 档案法治宣传教育

档案部门要深入学习宣传贯彻全面依法治国特别是推进依法行政、深化“放管服”改革的新部署新要求，进一步提高依法管档治档的意识和能力；及时做好新颁布法规制度和标准规范的宣传解读与教育培训，推动档案法规标准的贯彻实施。

2. 档案工作典型经验宣传教育

档案部门要大力宣传本部门贯彻落实党中央关于档案工作的方针政策、加快档案事业发展的有效举措；大力宣传档案部门服务党和国家中心工作、服务经济社会民生、服务人民群众的创新做法；大力宣传档案部门推进业务建设、电子文件归档和电子档案管理、数字档案馆(室)建设等重点工作的有益经验；大力宣传各单位深化档案机构改革、优化档案工作体制机制、加强新形势下档案工作的积极探索。大力宣传档案工作者为党管档、为国守史、为民服务的事迹。

3. 档案安全宣传教育

档案部门要深入学习宣传贯彻习近平总书记总体国家安全观，加强档案安全警示教育，深刻剖析安全事故教训，解读档案安全规章制度，普及档案安全工作常识，提高广大档案工作者的安全意识和防范化解风险隐患的能力；

广泛宣传国内外加强档案安全的有效措施以及相关领域的安全管理经验，推动完善人防、物防、技防相结合的档案安全防范体系。

4. 档案价值宣传教育

档案部门要充分利用历史事件纪念活动、国际档案日等时机，通过举办多种形式，深入挖掘档案资源，推出高质量档案文化产品，展示国家、企业改革发展的成就，大力宣传档案中的爱国主义精神和民族团结精神，宣传优秀传统文化、革命文化和社会主义先进文化，传承以“苦干实干”“三老四严”为核心的石油精神，弘扬以求真务实、精细严谨、家国情怀为主要内涵的石化传统。

三、档案宣传教育的主要方式

（一）媒体宣传

要采取撰写新闻报道、发表电视讲话、开展知识竞赛、发布工作动态、开辟专门的档案宣传及相关内容的新栏目等方法，在报刊、广播、电视等主流媒体上进行宣传，吸引群众注意力，扩大档案宣传教育影响面。在发挥传统宣传手段优势的同时，充分利用互联网、手机、客户端等新媒体，开辟宣传新途径、新方法，建立档案微信公众号、制作档案宣传微电影、开展档案宣传现场直播活动，真正用好用活新技术、新媒体，建立广电、纸媒、网络三维立体的档案宣传新格局，使档案工作宣传面更广、时效性更快、宣传效果更显著。

（二）档案展览

档案展览是为了配合各项工作的开展，按照一定的专题，系统地揭示和介绍档案馆（室）内所保存档案的内容的一种档案提供利用方式和档案宣传工作方式。档案部门可通过举办成就展览、效益展览、史料展览、教育展览等形式，从不同角度宣传档案和档案工作的重要性，宣传档案中珍藏的反映生产和建设的政治、经济、科研等重大事件、重大活动的史实，从而达到增加社会档案意识的目的。

展览既可以在档案馆内举办传统的实地展览，又可以在公园、广场等人流量较大的场所，或与展览有直接关联的工厂、社区、学校等地进行巡回展览。同时，还可以顺应互联网时代需求，举办网上展览。

（三）办班培训

档案教育培训按照参加人员不同，可分为兼职档案员培训、专职档案员培训和档案管理骨干培训；按照内容可以分为专题性培训和综合性培训；按照培训时间不同，可分为岗前培训和在岗培训；按照培训地点不同，可分为内部培训和外部培训。要将档案培训计划列入单位年度培训总体计划，将档案宣传教育纳入各类干部培训班、员工入职培训班，扩大档案宣传教育的受众面和覆盖面。分管档案工作领导、专兼职档案人员要定期参加档案培训班，不断增强档案意识，持续提高档案工作技能。

（四）专题教育

做好国际档案日系列宣传活动。档案部门要围绕国家档案局确立的主题，加强组织领导、协调各方力量，通过主题征文、专题展览、学术研讨、业务交流、知识竞赛等形式，广泛宣传档案和档案工作的作用，增强公众档案意识。如 2018 年 6 月 9 日，中原油田开展档案公众开放日活动(活动方案见本章附录)，邀请职工家属代表走进档案馆，通过收看档案工作宣传片、参观档案陈列室和档案库房，让职工群众近距离感受档案文化的独特魅力，取得了良好的宣传教育效果。

（五）发挥档案编研作品的宣传功能

注重企业需求，了解职工群众关注的热点，为编史修志提供翔实资料。提高档案编研的针对性、实用性、时效性，出版通俗易懂的出版物；并充分利用计算机技术和网络传播技术等传播渠道，加快档案编研产品的传播速度，全方位、各层次的开发利用档案信息资源，让全社会都认识到档案信息是社会信息的重要组成部分，认识到档案的地位和作用，逐步提高社会的档案意识。

附录

“国际档案日”系列宣传活动方案

6月9日是“国际档案日”，为充分发挥档案的社会教育功能，提高油田职工家属的档案意识，宣传档案和档案工作，促进档案文化建设，决定从6月9日开始，启动为期一周的“国际档案日”系列宣传活动。活动方案如下：

一、活动主题

档案见证改革开放。

二、活动时间

××××年6月9日—16日。

三、参加人员

油田直属机关、各二级单位和档案管理中心员工代表，社区居民代表。

四、活动安排

1. 开展“档案馆开放日”活动

邀请代表参观中心馆查档服务大厅、地质资料库房和人事档案库房，介绍油田重点库藏，讲解查档流程，重点介绍“异地查档、跨馆服务”等便民新举措。

2. 开展“档案展览进社区”活动

在文化宫广场、社区广场等地设立政策业务咨询点，现场悬挂宣传横幅、摆放宣传展板，印发《中华人民共和国档案法》《查档须知》等宣传资料，向公众集中宣讲档案知识，解答咨询查档事宜。

3. 观看档案宣传片

在油田档案管理中心二楼会议室，组织代表观看反映油田档案中心30多年奋斗征程的宣传片——兰台使命，增进社会各界对档案和档案工作者的了解，提高民众档案意识。

4. 参观档案历史陈列馆

在油田档案管理中心档案陈列室，由讲解员结合档案实物，向代表讲解油田档案见证企业改革开放的光辉历程，体现时代的进步和个人生活的巨大变化。

5. 开展“档案与我”工作研讨

通过档案人员与代表们面对面交流，明确档案工作服务方向和下步工作重点，增加档案工作者的职业自信，增强档案工作的亲和力和知名度。

五、活动要求

1. 加强领导、周密部署

本次系列活动是展示档案工作成果、增强社会档案意识、加强精神文明建设的重要文化活动。为加强领导，油田档案管理中心成立“国际档案日”宣传活动领导小组，中心主任任组长，各室负责人为小组成员。领导小组负责活动的统一安排和部署，办公室具体负责协调组织。

2. 明确责任、分工协作

各责任部门要积极参与到活动中来，相互配合、相互支持，加强交流与沟通，按照责任分工，认真抓好落实，确保各项活动顺利开展。

3. 突出主题、做好宣传

要充分利用传统媒体和新媒体，找准宣传活动切入点，做好国际档案日系列宣传活动的宣传工作，引导油田职工群众关注活动、参与活动，取得实效。

第二十章 档案工作考核评价

对所属机构的档案工作实行监督和指导，是档案法赋予档案部门的职责。中国石油化工集团有限公司《关于在深化改革中加强档案工作的指导意见》（中国石化办〔2019〕292 号）要求：各单位要提高档案部门的履职能力，要将档案工作纳入单位绩效考核，保证档案部门具有履行职责所必需的业务考核评价、检查、验收、责任追究等监督指导手段。

一、企业内部检查与考核

（一）目的

档案检查与考核的目的是督促档案法律、法规和相关规章制度的贯彻落实，不断加强档案管理，确保各类档案的完整与安全，更好地发挥档案资产的作用。

（二）内容

（1）针对企业各职能部门或承办部门，档案检查与考核一般包括以下主要内容：

① 档案管理规章制度执行情况。

② 相关领导和人员岗位职责落实情况。

③ 档案的收集、整理、归档情况。

④ 归档文件质量情况。

⑤ 档案的借阅利用情况。

（2）针对所属档案机构，检查与考核一般包括以下主要内容：

① 档案管理规章制度建设及执行情况。

② 档案组织领导、资源建设、开发与利用、基础建设、信息化建设、队伍建设、境外机构指导等工作开展情况。

③ 档案年度重点工作完成情况。

④ 根据上级要求和临时工作安排需要检查的事项。

（三）形式

档案检查与考核形式多样，最终目的是能将检查与考核结果纳入企业绩效考核，为档案部门履职提供手段。具体形式包括：

（1）纳入企业管理检查考核内容。该形式是将档案工作检查考核项目作为企业管理检查考核的一项专业内容，与企业岗位责任制检查工作相结合，检查情况纳入企业绩效考核(示例见表 20-1)。

表 20-1　××(单位)专业管理考核细则(档案管理部分)

要素/项目	执行依据	重点环节	考核内容	责任部门
档案管理	《××公司档案管理办法》	档案队伍建设	未明确分管档案工作的领导扣 0.2~0.5 分	档案部门
			未落实专(兼)职档案工作人员并将档案工作列入其职责范围或工作标准的扣 0.2~0.5 分	
		归档工作	未按时整理和归档，或归档文件质量不符合要求的扣 0.2~2 分	
			归档文件交接手续不完备的扣 0.2~1 分	
			产品鉴定会、科研课题鉴定会、重要设备开箱验收、工程竣工验收未通知档案部门参加的扣 0.2~1 分	
		档案借阅工作	档案借阅后未按要求及时归还的扣 0.2~1 分	
			借阅过程中出现档案丢失或破损的扣 0.2~2 分	

（2）纳入企业制度符合性检查内容。该形式是将档案管理制度纳入企业管理制度体系，通过企业开展的制度符合性检查对档案工作进行检查，检查情况纳入企业绩效考核。

（3）纳入企业精神文明建设目标责任考核。该形式是将档案管理作为企业精神文明建设工作任务之一，与企业精神文明建设考核工作相结合，考核结果与单位领导薪酬挂钩(示例见表 20-2)。

表 20-2 ××(单位)精神文明建设目标责任考核评分标准(档案管理部分)

类别	考核内容	考核标准	分值	考核部门
档案管理	落实档案(含地质资料)工作分管领导和具体负责部门，文件材料归档齐全、准确，确保档案安全	无分管领导或无责任部门扣 1 分；未明确兼职档案员扣 1 分	2	档案部门
		无归档制度扣 0.5 分		
		归档不及时，每延迟 1 个月扣 0.2 分		
		归档不齐全，每少一份文件扣 0.2 分		
		归档材料纸质与电子文件不一致，一份文件扣 0.2 分		
		归档信息录入不准确，每出现一处错误扣 0.2 分		
		档案借阅中，每损坏一份文件扣 1 分，每丢失一份文件扣 2 分		

(4) 纳入专项检查内容。该形式是将档案管理列入企业专项管理工作内容，与企业专项检查相结合，检查结果与单位经济效益挂钩，如将项目档案管理工作纳入已中交建设项目承包商考核内容。

(5) 单独检查。该形式是根据上级部署或本单位工作计划，由档案部门独立组织档案工作检查。检查内容包括全面工作或专项工作，检查情况纳入企业绩效考核(示例见表 20-3)。

二、集团公司档案工作评价

(一) 评价方式

(1) 各单位依据档案工作评价指标，结合实际，制定本单位档案工作实施细则。

(2) 单位自查。由各单位依据评价指标组织档案工作自查。

(3) 集团公司检查。集团公司综合管理部根据评价工作具体情况，组织开展部分单位档案工作考核评价检查，考核检查组由 3~5 人组成。

(4) 中国石化档案工作评价一般每年组织 1 次。

(二) 评价指标

中国石化档案工作评价指标包括组织领导、资源建设、开发与利用、基础建设、信息化建设、队伍建设、境外机构指导工作七大部分，具体评价指标见表20-4。

（三）评价程序

（1）各单位按照《中国石化档案工作评价规定》要求，组织开展年度档案工作检查评价，评价结束后形成自检报告，填写《中国石化档案工作检查评价表》。自检报告和《中国石化档案工作检查评价表》需经单位分管领导审核签字并加盖单位公章。各单位签字盖章后的自检报告和《中国石化档案工作检查评价表》(含评分依据证明材料的扫描件)通过电子邮件方式报送集团公司综合管理部。

（2）集团公司检查。根据各单位自查情况，综合管理部组织开展部分单位现场档案评价复核工作。

（3）评价排名的确定。综合管理部文件档案室根据各单位自查和集团公司复核情况，对各单位自评分进行审核，对属于总部评价的指标进行评分，最终形成各单位核定分。依据核定分，确定档案工作评价排名。档案工作评价排名分四个板块排名，四个板块分别是油田企业；炼化企业；油品销售企业；科研单位、石油工程、炼化工程公司、专业公司及事业单位。

（4）评价结果通报。集团公司综合管理部下发《关于档案工作对标评价情况的通报》，就评价结果进行通报。

（四）结果应用

（1）年度整体评价排序和单项评价排序前列的单位，通过一定形式在全系统总结推广经验；整体评价排序和单项评价排序后位的，要提出整改目标和措施。

（2）连续两年排序前列的，作为全国和中国石化档案工作先进集体和先进个人推荐评选的重要依据；排序后位的单位需上报整改报告。整改报告需经分管领导审核签字确认。

（3）如出现档案损毁、失泄密、丢失等重大安全事故的，按末尾排序。

表 20-3　××(单位)档案业务工作目标考核标准

序号	考核内容	标准分	考核依据	评分标准
1	对辖区单位档案业务指导培训及时，效果好，指导覆盖率100%	5	《管理类文件材料归档范围和保管期限表》、业务指导记录、兼职档案员培训记录、归档情况报告、档案管理网络图、归档考核表等材料	档案工作主管领导不落实的扣0.5分；兼职档案员网络不健全、档案管理网络图(或花名册)与实际不符的扣0.5分；未印发《管理类文件材料归档范围和保管期限表》的扣1分；未组织开展归档业务培训、中石化档案管理信息系统应用培训的分别扣0.5分；未严格按照规定进行归档考核，上报的考核表考核不准确的扣1分；归档考核表签字盖章不全的每项扣0.1分
2	辖区单位各门类应归档文件材料收集及时、齐全、完整、准确	15	单位组织机构图、归档范围、移交目录、归档考核表、档案实物	收集不齐全的，每大类扣1~2分；归档验收把关不严，造成归档文件材料存在签署不全、附件缺失等问题的扣0.5~1分；归档材料无移交目录的扣1分；移交目录格式不规范的扣0.5分；移交目录中无移交时间、经手人签名、移交双方不盖公章的，每类问题扣0.2分；新增电子文件归档不齐全的扣0.5~1分；归档电子文件与纸质文件内容、格式不一致的扣1分；完成年度档案征集工作的加0.5分；限上项目档案验收获得90分以上的加0.5分
3	按时完成各门类档案、资料的整理编目任务，电子文件整理符合规范，新增档案案卷质量达标率100%	15	各门类档案目录、资料目录、档案实物、归档电子文件	未按时完成整理任务的，每缺一大类扣2分；目录未打印完成的，每缺一大类扣1分；分类、保管期限划分有明显错误的分别扣0.5分；档号编制错误的，每一大类扣0.1~1分；卷内目录、备考表填写不规范的分别扣0.5分；卷内文件装订不整齐的扣0.5分；案卷(件)题名拟写不准确、封面填写不规范，分别扣0.2分；数码照片、电子文件整理不规范的，分别扣0.5~1分；已整理完成的电子文件未刻录光盘的扣1分

续表

序号	考核内容	标准分	考核依据	评分标准
4	完成本年度各门类新增档案的目录数据库建设，数据库著录准确率达到100%，库藏各门类档案目录数字化率达到100%	10	档案目录数据库	完成各门类档案数据库建设，每缺一大类扣1分；11月底之前，年度新增目录数据未入库的每类扣1分；字段内容录入错误的扣0.1~3分；案卷级与文件级件数不一致的每处扣0.1分；档号重复的每处扣0.1分；不宜公开的档案未按相关要求著录的，此项不得分
5	新增及库藏存档电子文件挂接入中国石化档案管理系统率达到100%	15	数字化加工成果	扫描件数、页数与年报不一致的扣0.1分；加工质量不符合《中国石化档案数字化加工规范》的扣0.1~2分；光盘刻录题名不规范、未写套别的每处扣0.1分；光盘无法读取的每张扣0.1分；未完成新增及库藏存档电子文件挂接入库任务的，挂接率每少10%扣0.5分；原文挂接无法识别的每处扣0.1分；原文挂接错误每处扣0.2分；挂接涉密档案原文的取消档案室及责任人评先资格
6	严格执行档案库房管理规范，档案资料保管安全，档案无水浸、虫蛀、污损、霉变、鼠咬等责任事故发生	10	巡查记录本、督查通报、现场检查	办公室、库房存放杂物的扣0.5分；库房卫生差、柜内灰尘较多的扣0.5分；整理完成和外借归还的档案不及时入库上架的扣0.5分；库房内超负荷使用大功率电器的扣2分；库房内吸烟扣2分；不按规定进行库房巡查的1次扣0.1分；不按规定填写温湿度记录的1次扣0.1分；档案发生水淹、虫蛀、污损、霉变、鼠咬等责任事故的，此项不得分，并取消档案室及责任人当年评先资格

续表

序号	考核内容	标准分	考核依据	评分标准
7	严格执行档案借阅制度，全年无档案信息失泄密及侵权事件发生	10	印签备案材料、借阅登记本所附介绍信、借阅登记本、催还单存根	发生档案丢失、泄密、侵权、损害企业利益事件的，取消档案室及责任人当年评先资格；未经过允许，私自公开发布档案信息的扣5分；档案借阅审批手续不全的每次扣0.2分；借出档案超出借阅期限未催还的每次扣0.2分；借阅登记项目登录不全、不准确的，借出档案或归还档案未及时进行登记或注销的，每处扣0.2分；不按时填写利用情况汇总表或汇总数据不准确的分别扣0.2分
8	创新档案服务方式，档案服务满意率达到98%以上	10	各门类目录、借阅登记本、反馈意见、现场调卷、表扬信等	因本人责任被利用者投诉的一次扣2分；服务电话无应答的一次扣2分。档案服务取得显著成效，受到书面表扬的，加0.1~0.5分
9	做好效益事例投稿工作，指导完成大事记、组织沿革的编写，上报利用档案典型案例3例以上	5	门户网站、对外报刊稿件统计情况，组织沿革、大事记等编研材料，借阅登记、反馈意见、典型案例汇编	未完成规定用稿指标的，每少1篇扣减相应分值；每超额完成1篇加0.1分，加满1分为止。组织沿革、大事记，每少1个单位扣1分；内容不全、格式不规范的扣0.5分。推荐的优秀服务创效案例和效益事例，无利用效果反馈记录的扣1分；效益事例编写数量未达标的，每少1例扣0.5分；编写体例不符合要求的扣0.2分
10	档案统计台账齐全规范，统计数据准确、及时，档案规范建账率100%	5	鉴定、销毁清册、移出审批单（证明）、移交目录、统计台账、借阅统计表、年报等	统计台账不齐全、不规范的，每缺一个门类扣1分；登记不及时的扣1分；数据填写不齐全、不准确的，每错误或缺少一个数据扣0.1分；移出档案无移交目录的扣1分。未按规定时间上报统计年报的，每延迟一天扣0.2分；统计年报填写不合格，每错误或缺失一个数据扣0.1分，签章不齐全的扣0.2分

表 20-4　中国石化档案工作检查评价表

被检查单位：		检查负责人：		
检查成员：		检查时间：		
评价总得分：		填表人：		
序号	评价标准	分值	自查得分	扣分原因
一	组织领导	25		
1	理顺档案管理体制，强化档案集约化管理。明确档案管理机构及职责，明确档案工作发展目标要求，明确档案管理部门负责人及岗位职责并纳入绩效考核范围，其中对开发利用服务的岗位、职责要有明确要求	7		
2	分管领导组织召开专题会议(或听取专项汇报)，研究档案工作突出矛盾问题，提出明确要求或意见	4		
3	档案工作纳入企业工作计划，在职代会或工作会议中对档案工作有明确要求	2		
4	定期召开档案工作会议，对工作完成情况有总结，对下一步工作任务有要求	2		
5	在企业一体化管理(内控管理、HSE 管理、质量管理等)对档案有明确管理要求	2		
6	主要职能部门将归档工作纳入业务工作流程，重点部门(建设项目、专项工作)纳入职责范围，明确部门负责人的领导责任	2		
7	明确文件材料形成者的归档责任及考核指标	2		
8	在企业管理检查考核中，明确档案工作检查考评项目指标	2		
9	档案专业人员享受与相关专业技术人员同等待遇	2		
二	资源建设	30		
1	以适应主业发展和文化建设的需要，建立健全企业核心档案资源管理体系，明确归档范围，做到归档文件材料指向清楚、责任明确、操作性强	6		

续表

序号	评价标准	分值	自查得分	扣分原因
2	建立和完善各类文件材料归档制度，确保以下核心档案归档得到落实：	20		
	(1)重要决策和重大事项的文件材料			
	(2)行政、党群、经营和生产技术管理类的文件材料			
	(3)经济合同归档管理			
	(4)专有技术、专利及科研成果的文件材料			
	(5)油气地质勘探资料			
	(6)企业权证、重要声像、奖牌证书等信用档案			
	(7)工程、设备、产品档案及设备、产品更新换代的文件材料			
	(8)与现实相符的油气管网、隐蔽工程总图及更新调整的依据文件			
	(9)安全事故调查处理的文件材料			
	(10)干部职工的人事档案，与干部职工聘用、辞退、定岗考核、奖惩、职工保险、房产出售的相关文件材料			
	(11)企业重要人物、典型人物的有关材料			
	(12)企业合资、合作项目的有关文件材料			
	(13)境外机构重要档案资料(或备份件)			
3	征集反映企业历史、文化遗产的重要特色档案、声像档案及书刊、报纸、回忆录等资料取得成效的	2		
4	落实重要声像档案报送工作	2		
三	开发与利用	25		
1	探索开发利用方式，促进核心档案向企业生产力、竞争力转化，为企业权益提供支持，取得创新成果	3		
2	体现“由个别查找向系统整理提升，由简单汇总向专题研究提升”转化，为生产经营、技术改造、重大活动提供保障，成绩突出	3		
3	体现“全局思维、战略思维、前瞻思维、创新服务”观念更新，提供企业决策信息产品，成效明显；获总部推广或省部级以上表彰	4		
4	有计划地利用档案开发传承企业文化的多种载体形式，编研成果突出(目标值：人员编制在20人以上的完成4项编研成果；10~20人的完成3项编研成果；5~10人的完成2项编研成果；5人以下的完成1项编研成果)	7		
5	积极参与企业文化建设，在专项、专题活动中提供档案支持，成绩突出	2		

续表

序号	评价标准	分值	自查得分	扣分原因
6	档案目录完整、分类准确，做到“家底清楚”	2		
7	档案查询利用记录全面、准确，体现查全率、查准率、利用效果和经济效益等项指标，确保涉密档案安全	2		
8	综合档案馆建立档案陈列室	2		
四	基础建设	10		
1	档案库房达到防火、防盗、防光、防虫、防鼠、防潮湿要求，新建档案库房达到国家《档案馆建筑设计规范》要求	2		
2	档案库房保持5%以上预留存储空间	2		
3	档案装具规范，案卷质量符合规范要求	2		
4	档案库房、业务技术用房、阅览室实行三分开	2		
5	建立档案灾害应急预案，纳入企业应急管理体系	1		
6	建立档案工作责任追究机制，落实奖惩制度	1		
五	信息化建设	15		
1	档案信息管理系统实现信息资源采集自动化、存储安全化、管理科学化、利用便捷化、服务人性化要求	4		
2	库藏档案目录数字化率100%	4		
3	档案原文数字化有规划、有方案，实现目标值80%以上	4		
4	纳入企业信息数据安全管理体系，落实档案数据安全备份机制	1		
5	积极探索档案信息化建设，创新提升并取得突破性进展	2		
六	队伍建设	15		
1	培育档案管理专业技术骨干并纳入集团公司档案管理专家库	2		
2	有掌握企业全局工作情况的骨干人员	2		
3	专职档案人员结构合理(5人以上管理机构目标参考值：大专以上学历80%以上；档案管理专业人员40%以上、信息技术专业人员10%以上、主营业务人员20%以上；40岁以上40%，30~40岁占40%，30岁以下20%)	3		
4	取得档案专业上岗资格证达到100%	3		

续表

序号	评价标准	分值	自查得分	扣分原因
5	档案部门负责人政治素质好、事业心强，有大局观，有较强的企业管理经验，推动档案工作取得实效	5		
七	境外机构指导工作 （以下指标适用于境外机构归口管理单位）	30		
1	落实境外机构档案工作指导检查，帮助境外机构解决实际问题	5		
2	协助境外机构研究制定档案工作措施、制度，具有较强针对性	5		
3	档案工作纳入境外机构考核指标并得到落实	5		
4	落实境外机构专（兼）职档案人员培训计划，效果明显	5		
5	建立境外机构核心档案管理制度，核心档案报送得到落实	5		
6	实现境外机构档案管理安全，未出现安全隐患	5		

主管领导：

第二十一章　档案管理违法违纪行为查处

档案管理违法违纪行为，是指违反档案管理法律、法规、规章的规定，积极或者消极地实施了违反规定的具体行为，产生了相应的不利后果，依法应当承担相应责任的行为。

一、档案管理违法违纪行为的界定

根据《中华人民共和国档案法》《中华人民共和国刑法》《地质资料管理条例》和中国石化《职工处分规定》《中国石化档案管理办法》《中国石油化工股份有限公司地质资料管理办法》等法律、规章、管理制度的相关规定，单位或个人的下列行为属档案管理违法违纪行为：

（1）抢夺、窃取国家所有的档案的。

（2）丢失属于国家所有的档案的。

（3）擅自提供、抄录、复制、公布属于国家所有的档案的。

（4）买卖或者非法转让属于国家所有的档案的。

（5）篡改、损毁、伪造档案或者擅自销毁档案的。

（6）将档案出卖、赠送给外国人或者外国组织的。

（7）不按规定归档或者不按期移交档案，被责令改正而拒不改正的。

（8）不按规定向社会开放、提供利用档案的。

（9）明知存在档案安全隐患而不采取补救措施，造成档案损毁、灭失，或者存在档案安全隐患被责令限期整改而逾期未整改的。

（10）发生档案安全事故后，不采取抢救措施或者隐瞒不报、拒绝调查的。

（11）档案工作人员玩忽职守，造成档案损毁、灭失的。

（12）未依照《地质资料管理条例》规定的期限汇交地质资料的。

（13）伪造地质资料或者在地质资料汇交中弄虚作假的。

（14）地质矿产主管部门、地质资料馆、地质资料保管单位违反《地质资料管理条例》规定，有下列情形之一的：

① 非法披露、提供利用保护期内的地质资料的；

② 封锁地质资料，限制他人查阅、利用公开的地质资料的；

③ 不按照规定管理地质资料，造成地质资料损毁、散失的。

（15）地质资料利用人损毁、散失地质资料的。

（16）未按照规定期限上交地质资料，影响股份公司地质资料利用工作的，经股份公司责令限期上交后逾期不交的。

（17）单位收集或购买的重要资料，不向本单位地质资料馆藏机构归档的。

（18）向股份公司外部披露和提供保护期内的地质资料的。

（19）泄露涉密地质资料中的保密信息的。

二、档案管理违法违规行为的查处程序

档案管理违法违规行为的查处，由各级档案部门按照国家、集团公司有关规定进行。属于泄密事件的行为，按照中国石化保密管理相关规定执行。属于中国石化职工处分规定范畴的，按照中国石化《职工处分规定》执行。具体流程见图 21-1。

三、档案管理违法违规行为的责任追究

（1）档案管理违法违规行为，由各级档案部门根据查处结果对相关责任人提出处理意见并执行。

（2）属于泄密事件的违法违规行为，按照中国石化保密管理相关规定进

行责任追究。

（3）属于中国石化职工处分规定范畴的，按照中国石化《职工处分规定》进行责任追究。

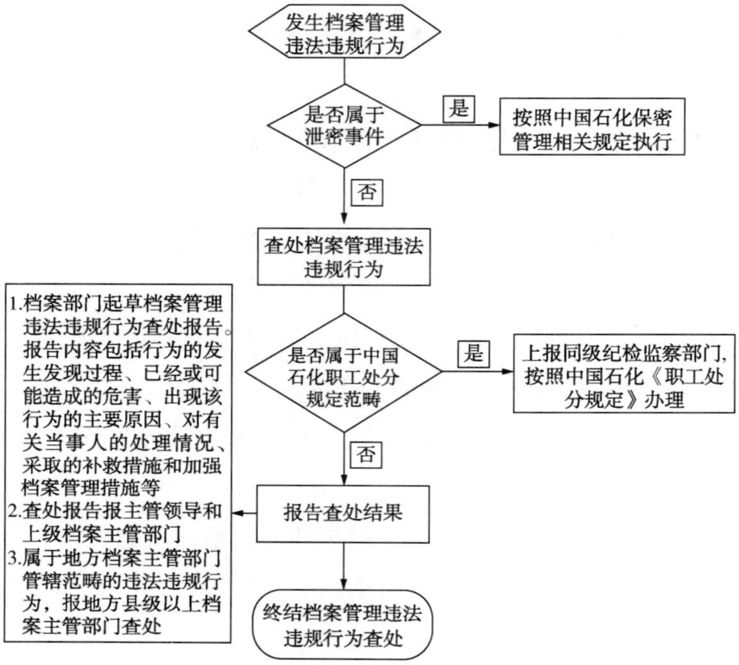

图 21-1　档案管理违法违规行为查处流程

四、档案管理违法违规行为查处的相关规定

（一）《中华人民共和国档案法》的相关规定

第四十八条　单位或者个人有下列行为之一，由县级以上档案主管部门、有关机关对直接负责的主管人员和其他直接责任人员依法给予处分：

（一）丢失属于国家所有的档案的；

（二）擅自提供、抄录、复制、公布属于国家所有的档案的；

（三）买卖或者非法转让属于国家所有的档案的；

（四）篡改、损毁、伪造档案或者擅自销毁档案的；

（五）将档案出卖、赠送给外国人或者外国组织的；

（六）不按规定归档或者不按期移交档案，被责令改正而拒不改正的；

（七）不按规定向社会开放、提供利用档案的；

（八）明知存在档案安全隐患而不采取补救措施，造成档案损毁、灭失，或者存在档案安全隐患被责令限期整改而逾期未整改的；

（九）发生档案安全事故后，不采取抢救措施或者隐瞒不报、拒绝调查的；

（十）档案工作人员玩忽职守，造成档案损毁、灭失的。

第四十九条 利用档案馆的档案，有本法第四十八条第一项、第二项、第四项违法行为之一的，由县级以上档案主管部门给予警告，并对单位处一万元以上十万元以下的罚款，对个人处五百元以上五千元以下的罚款。

档案服务企业在服务过程中有本法第四十八条第一项、第二项、第四项违法行为之一的，由县级以上档案主管部门给予警告，并处二万元以上二十万元以下的罚款。

单位或者个人有本法第四十八条第三项、第五项违法行为之一的，由县级以上档案主管部门给予警告，没收违法所得，并对单位处一万元以上十万元以下的罚款，对个人处五百元以上五千元以下的罚款；并可以依照本法第二十二条的规定征购所出卖或者赠送的档案。

第五十条 违反本法规定，擅自运送、邮寄、携带或者通过互联网传输禁止出境的档案或者其复制件出境的，由海关或者有关部门予以没收、阻断传输，并对单位处一万元以上十万元以下的罚款，对个人处五百元以上五千元以下的罚款；并将没收、阻断传输的档案或者其复制件移交档案主管部门。

第五十一条 违反本法规定，构成犯罪的，依法追究刑事责任；造成财产损失或者其他损害的，依法承担民事责任。

（二）《中华人民共和国刑法》的相关规定

第三百二十九条 【抢夺、窃取国有档案罪】抢夺、窃取国家所有的档案的，处五年以下有期徒刑或者拘役。

【擅自出卖、转让国有档案罪】违反档案法的规定，擅自出卖、转让国家所有的档案，情节严重的，处三年以下有期徒刑或者拘役。

有前两款行为，同时又构成本法规定的其他犯罪的，依照处罚较重的规定定罪处罚。

（三）《地质资料管理条例》的相关规定

第二十条 未依照本条例规定的期限汇交地质资料的，由负责接收地质资料的地质矿产主管部门责令限期汇交；逾期不汇交的，处 1 万元以上 5 万元以下罚款，并予以通报，自发布通报之日起至逾期未汇交的资料全部汇交之日止，该汇交人不得申请新的探矿权、采矿权，不得承担国家出资的地质工作项目。

第二十一条 伪造地质资料或者在地质资料汇交中弄虚作假的，由负责接收地质资料的地质矿产主管部门没收、销毁地质资料，责令限期改正，处 10 万元罚款；逾期不改正的，通知原发证机关吊销其勘查许可证、采矿许可证或者取消其承担该地质工作项目的资格，自处罚决定生效之日起 2 年内，该汇交人不得申请新的探矿权、采矿权，不得承担国家出资的地质工作项目。

第二十二条 地质矿产主管部门、地质资料馆、地质资料保管单位违反本条例规定，有下列情形之一的，对直接负责的主管人员和其他直接责任人员依法给予行政处分；造成损失的，依法予以赔偿：

（一）非法披露、提供利用保护期内的地质资料的；

（二）封锁地质资料，限制他人查阅、利用公开的地质资料的；

（三）不按照规定管理地质资料，造成地质资料损毁、散失的。

地质资料利用人损毁、散失地质资料的，依法予以赔偿。

第二十三条 非法披露、提供利用保密的地质资料的，依照保守国家秘密法的规定予以处罚。

（四）中国石化《职工处分规定》的相关规定

第三十五条 在会计、统计工作中，有下列行为之一的，给予警告或者记过处分；情节较重的，给予记大过或者降级处分；情节严重的，给予撤职、留用察看或者开除处分：

（一）编造、提供、披露虚假财务会计报告及相关信息，或者隐瞒重大财务会计事项的；

（二）伪造、变造会计档案或者统计资料的；

（三）隐匿、故意销毁依法应当保存的会计凭证、会计账簿、统计资料的；

……

第三十九条 在组织人事管理工作中，有下列行为之一的，给予警告或者记过处分；情节较重的，给予记大过或者降级处分；情节严重的，给予撤职、留用察看或者开除处分：

……

（五）篡改、伪造、隐匿、故意销毁人事档案等资料的；

……

第四十六条 违反保密以及网络安全有关规定，有下列行为之一的，给予警告或者记过处分；情节较重的，给予记大过或者降级处分；情节严重的，给予撤职、留用察看或者开除处分：

（一）违反保密规定，导致失密、泄密事件发生的；

（二）窃取、泄露国家秘密或者企业商业秘密、工作秘密的；

（三）丢失重要文件、档案或者其他资料的；

（四）未经授权，在各类媒体上披露影响企业利益和信誉信息的；

……

（五）《中国石化档案管理办法》的相关规定

7.2 各单位应当实行档案工作责任追究制度。有拒绝归档、玩忽职守，篡改、伪造、泄密、盗窃、倒卖、丢失、损毁、灭失档案等行为的，根据《中华人民共和国档案法》和《中国石油化工集团有限公司职工处分规定》给予追责和处分，造成损失的责令赔偿。

(六)《中国石油化工股份有限公司地质资料管理办法》的相关规定

9.2 在股份公司地质资料管理工作中，有下列行为之一的单位和个人，给予一定处罚：

9.2.1 伪造地质资料，或者在地质资料汇交、上交中弄虚作假的。

9.2.2 未按照规定期限汇交地质资料，影响股份公司矿权登记工作的。

9.2.3 未按照规定期限上交地质资料，影响股份公司地质资料利用工作的，经股份公司责令限期上交后逾期不交的。

9.3 有下列行为的单位和个人，除责令限期改正外，由股份公司根据情节轻重和造成损失的大小，对直接负责主管人员或责任人员给予行政处分或经济处罚；对触犯法律的，移交司法机关依法追究法律责任。

9.3.1 单位收集或购买的重要资料，不向本单位地质资料馆藏机构归档的。

9.3.2 向股份公司外部披露和提供保护期内的地质资料的。

9.3.3 因玩忽职守造成地质资料损毁和散失的。

9.3.4 私自出卖或变相出卖、倒卖地质资料的。

9.3.5 泄露涉密地质资料中的保密信息的。